Way Out: Sichere Hilfe für missbrauchte Kinder

Andrea Brummack · Dagmar Klink

Way Out: Sichere Hilfe für missbrauchte Kinder

Was hilft und was heilt

 Springer

Andrea Brummack
Gomaringen
Baden-Württemberg, Deutschland

Dagmar Klink
Mössingen, Deutschland

ISBN 978-3-662-62840-9   ISBN 978-3-662-62841-6 (eBook)
https://doi.org/10.1007/978-3-662-62841-6

Die Deutsche Nationalbibliothek verzeichnet diese Publikation in der Deutschen Nationalbibliografie; detaillierte bibliografische Daten sind im Internet über http://dnb.d-nb.de abrufbar.

© Der/die Herausgeber bzw. der/die Autor(en), exklusiv lizenziert durch Springer-Verlag GmbH, DE, ein Teil von Springer Nature 2021
Das Werk einschließlich aller seiner Teile ist urheberrechtlich geschützt. Jede Verwertung, die nicht ausdrücklich vom Urheberrechtsgesetz zugelassen ist, bedarf der vorherigen Zustimmung der Verlage. Das gilt insbesondere für Vervielfältigungen, Bearbeitungen, Übersetzungen, Mikroverfilmungen und die Einspeicherung und Verarbeitung in elektronischen Systemen.
Die Wiedergabe von allgemein beschreibenden Bezeichnungen, Marken, Unternehmensnamen etc. in diesem Werk bedeutet nicht, dass diese frei durch jedermann benutzt werden dürfen. Die Berechtigung zur Benutzung unterliegt, auch ohne gesonderten Hinweis hierzu, den Regeln des Markenrechts. Die Rechte des jeweiligen Zeicheninhabers sind zu beachten.
Der Verlag, die Autoren und die Herausgeber gehen davon aus, dass die Angaben und Informationen in diesem Werk zum Zeitpunkt der Veröffentlichung vollständig und korrekt sind. Weder der Verlag, noch die Autoren oder die Herausgeber übernehmen, ausdrücklich oder implizit, Gewähr für den Inhalt des Werkes, etwaige Fehler oder Äußerungen. Der Verlag bleibt im Hinblick auf geografische Zuordnungen und Gebietsbezeichnungen in veröffentlichten Karten und Institutionsadressen neutral.

Einbandgestaltung: deblik Berlin, mit einer Illustration von Ursula Breinl.

Planung/Lektorat: Heiko Sawczuk
Springer ist ein Imprint der eingetragenen Gesellschaft Springer-Verlag GmbH, DE und ist ein Teil von Springer Nature.
Die Anschrift der Gesellschaft ist: Heidelberger Platz 3, 14197 Berlin, Germany

Für uns alle

Vorwort

Wer durch liebende Hände gegangen ist verändert sein Leben. Denn es ist ein natürliches Gesetz, dass nichts so fest im Gedächtnis bleibt wie das, was uns unmittelbar berührt. Wir merken uns Dinge, die unter die Haut gehen. Das gilt im schlechten Sinn (Gewalt) ebenso wie im guten Sinn (Heilung). Darum können Berührung und Bewegung ein Ausweg sein. Nahezu aus jeder Krise.

Berührung prägt uns Menschen und wir lernen mit ihrer Hilfe extrem gut. Dafür habe ich eine knappe Formel gefunden: *Touch Trains*. Diese zwei Wörter haben noch eine zweite Bedeutung: *Trains* bedeutet auf Englisch *Züge,* wie die anatomischen Bahnen, die durch unsere Körper laufen.

Diese *Anatomy Trains* betten die Nerven in ein eigenes Wahrnehmungsorgan ein. Vielleicht haben Sie unter dem Namen *Faszien* schon davon gehört. Wenn wir mithilfe von Faszien therapeutisch arbeiten, sind wir mit dem unbewussten und mit dem bewussten Nervensystem gleichzeitig in Kontakt. Das hat große Vorteile. Zum Beispiel finden wir so neue Wege, um sexuelle Traumata zu verarbeiten.

Eine kleine Gruppe von Menschen, die ebenso wie ich die Formel *Touch Trains* nutzen, macht sich auf den Weg. Wir arbeiten in einem Grenzbereich der Gesellschaft, wo missbrauchte Kinder Hilfe finden – oder auch nicht.

Man nennt es Dunkelfeld, wenn sexuelle Gewalt nicht ans Licht kommt. Statistiker sprechen vom Dunkelfeld besonders dann, wenn niemand Anzeige erstattet. Auch das, was in vielen Fällen totgeschwiegen wird, oder was unerkannt bleibt, zählt dazu. Alles rund um das Thema Missbrauch, das irgendwie unklar und durcheinander ist, gehört wesentlich mit zu sexueller Gewalt.

Wir wirken dagegen. Dabei nutzen wir Hilfsmittel, wir arbeiten mit kreativen Medien. Wir stabilisieren und gleichen aus – in Zusammenarbeit mit Eltern und verschiedenen Fachleuten. Meistens setzen wir dabei eine flache Holzkiste ein, mit Ton gefüllt. Eine einfache Box. Dieses Setting ist *Arbeit am Tonfeld.* Wir finden neue Perspektiven mit diesem Feld. Kinder können allen Schmerz in den Ton reingeben, dann sind sie entlastet. Aggression wird zu Kraft. Ohnmacht wird zu Selbstbestimmung. Es ist zu schaffen.

Kinder lieben Spannung und Spiel. Sie lösen sexuelle Traumata nicht logisch, sondern mit dem, was sie mit ihrem vitalen Sensor als gut erkennen. Das sind oft hilfreiche Handlungen. Jemand ist da, der die Kinder tröstet, sie beschützt und ihnen Sicherheit gibt.

Ich wünsche mir, dass mehr dafür getan wird, dass Mädchen und Jungen sexuelle Traumata lösen. Viele Ausbildungen sind noch lückenhaft, was die Lösungen und Hilfsquellen dazu angeht. Im sozialen Bereich zum Beispiel fehlt oft das Handwerkzeug. Dabei sitzen Sozialarbeiterinnen und Sozialarbeiter an der richtigen Stelle, sie bringen Herzlichkeit, Wärme und Licht, und sie öffnen Perspektiven, wo Familien mit Schmerz und Not leben.

Kinder wollen sich beschützt und geehrt fühlen. Und engagierte Profis im sozialen Bereich können das erreichen. Sie spüren die vitalen Bedürfnisse von Kindern. In einer gerechten Welt könnten engagierte Sozialarbeiterinnen und Sozialarbeiter ihrem Herzen folgen und missbrauchten Kindern sicher helfen. Ich tue alles dafür, dass das so wird – im Interesse von Kindern und Jugendlichen und einer besseren Welt.

Ich weiß, wie erschöpfend soziale Arbeit sein kann und kenne ihre mentale Last. Und ich weiß auch, wie sensibel man auf verletzte Kinder eingehen muss, damit sie sich nicht verschließen. Die Kinder, mit denen ich arbeite, schaffen es, die eigene Entwicklung wieder aufzunehmen. Auch dann, wenn sie etwas Schlimmes erlebt haben. Sogar dann, wenn es weiter geschieht.

Hier im Buch geht es um Know-how, das es so bisher noch nicht gab. Dagmar Klink ist Psychologin und hat mich als Co-Autorin fachlich begleitet. Wir geben Ihnen ein freundliches Buch an die Hand. Es ist ein Text wie eine Ambulanz: Er ordnet, er fängt auf, er verpflastert – und er möchte Sie ermutigen.

Was Ihnen begegnen wird, sind Fakten und Fallgeschichten, die ich angereichert habe mit Poesie, mit Fragmenten aus hartgesottenen Kriminalromanen, *serial killer novels* und aus Gesprächen und Briefen.

Einige Schriftsteller haben mir ihre Stimmen geliehen, damit ich anschaulicher schreiben kann. Dabei habe ich mir Freiheiten genommen. Manche Textstellen sind total verfremdet. Die Fallgeschichten beruhen auf wahren Begebenheiten. Alle Namen sind geändert.

Beim Lesen können Sie Gefühlsbilder entwickeln. Tauchen Sie ein und fühlen Sie mit, dann werden Sie beim Lesen verändert. Sie werden vom guten Geist der Möglichkeiten geküsst …

Und noch eine wichtige Sache: Es geht um harten Stoff. Bitte sorgen Sie gut für sich – lesen Sie nicht weiter, wenn es Ihnen an die Nieren geht. Ich möchte Sie einladen, hin und wieder eine Pause zu machen. Ich glaube, das ist wichtig, damit Sie nachkommen, mit der Schwere. Wir lotsen Sie sanft wieder zurück in lichtere Regionen. Dennoch wird es Stellen geben, die Sie so aufwühlen, dass Abstand notwendig ist, um wieder zur Ruhe zu kommen.

Das Bildmotiv von Ursula Breinl auf dem Einband ist entsprechend freilassend. Man bleibt mit dem Blick hängen und fragt sich: ist das ein Weg hin zu dem Haus, oder weg von dem Haus, ist es eingekeilt zwischen zwei Bergen, oder liegt es geschützt im Tal? Die Bäume: stille Wächter? Zeugen? So vielschichtig und mehrdeutig wie es der Situation beim Thema Missbrauch entspricht. Das Bild spricht von Fragilität. Und allenfalls am Rand noch vom Machtgefälle.

Ich danke allen, die mir geholfen haben, eine gute Schreibhand für diesen Text zu entwickeln. Mit besonderem Dank an die, die mir erlauben, über ihr Leben zu schreiben. Und nochmal besonderen Dank an die Menschen, die überall auf der Welt dafür schuften, dass es Kindern und Jugendlichen gut geht.

- Es geht um Taten. Und dennoch finden Sie im Buch Erklärungen in Kästchen. Ganz am Ende ist ein Leitfaden, die Mini-Farm. Wenn Sie für Kinder oder Jugendliche sorgen, die sexuelle Gewalt erlebten, helfen Ihnen diese Informationen, um gut mit ihnen umzugehen.
- Wenn ich über Eltern schreibe, meine ich damit alle Erwachsenen, die elterliche Verantwortung für Kinder und Jugendliche tragen – auch in Systemen, die die Familie ergänzen, wie beispielsweise in der Jugendhilfe.
- Wer innehält, bekommt inneren Halt. Ich glaube: Hier passiert Heilung. Geben Sie sich ab und zu die Zeit. Das öffnet den Heilraum, es vertieft und verwurzelt.

Gomaringen, Andrea Brummack
Deutschland

Inhaltsverzeichnis

1	**Missbraucht – was heißt das eigentlich?**	1
2	**Störfelder sexueller Gewalt**	5
2.1	Die verlorene Sprache	5
2.2	Die ersehnte Nähe	7
	Literatur	9
3	**Zwei Schlüssel für innere Ruhe und Gleichgewicht**	11
3.1	Kraft der Stille	11
3.2	Der Tastsinn – unser wichtigster Sensor	12
	Literatur	19
4	**Sexuelle Übergriffe bewältigen**	21
4.1	Boden unter den Füßen	21
4.2	Umkehrbilder des Schweigens	34
4.2.1	Umkehrbild: Das Sofa	36
4.2.2	Umkehrbild: Eine Mutter	39
4.2.3	Umkehrbild: Gemeinschaft	44
4.2.4	Umkehrbild: Ein unerschrockenes Vorbild	48
4.2.5	Umkehrbild: Mörderische Wut	55
4.2.6	Umkehrbild: Würde	61
4.2.7	Umkehrbild: Zeit	66
4.2.8	Umkehrbild: Heilschlaf	76
4.2.9	Umkehrbild: Finsternis	80
4.2.10	Umkehrbild: (fort)bewegen	90
4.2.11	Umkehrbild: (ab)schütteln	101
4.2.12	Umkehrbild: Der Rahmen	107

	Literatur	121
5	**Therapie mit Hand und Fuß**	**125**
	5.1 Was können die Hände?	125
	5.2 Transformation	129
	Literatur	146

Danke 147

Die Mini-Farm 148

Missbraucht – was heißt das eigentlich?

Sexuelle Gewalt reicht vom Benutzen und Beschmutzen ohne sichtbare Zeichen am Körper, über alle möglichen Eingriffe in den Körper, mit blutigen Striemen und anderen Spuren auf der Haut, über lebensbedrohliche Überfälle, bis hin zu Attacken mit tödlichem Ausgang. Als wäre ein Kind ein Ding, an dem ein Anderer seine Aggressionen auslassen oder seine Macht ausüben darf.

Für Überlebende bedeutet das Wort missbraucht die ungeschminkte Wahrheit: Jemand hat etwas mit mir gemacht, das mich verändert hat. Mindestens einmal. Er oder sie hat mich vom Leben abgehalten, etwas durchtrennt. Ich wurde geschädigt bis über die Grenze zum Unsäglichen. Ich habe Schmerzen. Sie sind verborgen – vor mir und vor Anderen. Sie führen dazu, dass ich komische Sachen denke und fühle und mich seltsam benehme. Damit ich aufatmen, mich entspannen und befreien kann, brauche ich ein Verständnis davon, was in meinem Leben passiert, einen (gefühlten) Sinn in dem, was geschieht, Erlebnisse der eigenen Wirksamkeit und Transformation, also Veränderung.

Lea ist drei Jahre alt. Sie sitzt mit mir zusammen an einem stabilen Tisch. Auf der Fläche vor uns ruht eine Kiste aus Holz, die mit Ton gefüllt ist. Die Mittagssonne scheint in den Raum. Von der Martinskirche gegenüber tönen Glockenschläge herein. Vergnügt sehen wir uns an.

Der cremeweiße Ton fühlt sich toll an: Er ist weich und geschmeidig. Das lebhafte Kind hat seine Finger tief eingegraben. Lea strahlt über ihr ganzes, rosiges Gesicht. Die Pausbacken glühen. Ihre Augen leuchten. Dann wendet sie sich wieder der Kiste zu.

„Das ist doch schwarz!", behauptet sie plötzlich. Ihre Stimme klingt hart. Das passt nicht mehr zu dem Bild vor meinem inneren Auge: eine grüne Wiese. Hier könnte eine freundliche Landschaft für Rehe und Hasen entstehen, ein Bach, an dem die Finger spazieren gehen, und wo Tiere interessante und schöne Dinge tun. Wir spielen weiter in

der Therapie. Wir spinnen Geschichten und wecken Gesundheit, im wohligen Kontakt mit dem Material.

Später in derselben Sitzung legt Lea ihre molligen Hände in eine Schüssel, die ich für Wasserspiele mitgebracht habe. Im kühlen Wasser kommt sie zur Ruhe. Wir atmen. Die Zeit macht, was sie will. Wir sagen nichts. Wozu auch in dieser Zeitschleife? Die Mädchenhände liegen mit der Innenfläche nach unten beieinander. Leas Ausdruck ist verträumt, sie seufzt zufrieden. Die Situation wird seltsam unwirklich. Alles um uns herum ist ungeheuer klar, und mich streift der Gedanke, wir hätten den Himmel berührt. Dann schaut Lea zu mir hoch, als käme sie zurück aus einer anderen Welt. „Schön warm", betont sie.

Ich könnte staunen. Aber ich kenne die typischen Ausrutscher, mit denen Kinder auf Unglück antworten. Solche Fehler kommen erst harmlos daher. Sie entpuppen sich jedoch unweigerlich zu krassen Problemen. Hier und jetzt, im Therapieraum einer Beratungsstelle, bleibe ich neutral, lasse alles zu und warte, wie es weiter geht. Bisher zähle ich drei Merkmale für ein Trauma, ein überwältigendes Ereignis, das das Gehirn stört.

Lea empfindet im Wasser die falsche Temperatur, sie verkennt hell als super-dunkel und sie badet ihre Hände mit einem sonderbar himmlischen Flair, das nicht zu einem Kind passt. Eher zu einer Großmutter, alt wie das Meer, die sich ausruht, vielleicht von harter Arbeit oder von zu-schwer-getragen-und-zu-viel-gesehen.

Kann ich aus diesen Seltsamkeiten auf sexuelle Gewalt schließen? Nein, natürlich nicht. Aber ich merke auf, als Lea mir erzählt, dass ihr Vater ihre Scheide reibt, wenn sie mit ihm alleine ist.

Ich erfahre in zig Varianten von sexuellen Übergriffen. Was mich interessiert ist das Dahinter. Hinter der Fassade und unter den Worten. Wenn Sie möchten, reisen Sie mit mir in meine abgefahrene Welt. Ich zeige Ihnen, wie Kinder die Folgen von sexuellen Übergriffen hinter sich lassen.

Wie kommen wir direkt auf den Grund? Und wie schnappen wir da unten nach der richtigen Leine, dem Lebensfaden, der Richtschnur? Und wie behalten wir die Orientierung? Auf den Grund gehen ist das eine – gesund zurückkommen das andere.

Die 16-jährige Ruth Schibalsky hat einen Überfall erlebt. Jemand hat sie angegriffen und verwundet. Es hat nicht viel gefehlt und sie wäre verblutet. Aber für sie ist das Schlimmste, dass sie sich fühlt, als würde sie verrückt. Ich habe bei einem Thrillerautor eine Inspiration gefunden, um die Situation zu beschreiben:

Es ist normal, dass Ruth jetzt durch den Wind ist. Nach einer Attacke ändert sich das Gleichgewicht im Gehirn. Die Chemie, die Hormone und das Nervensystem sind durcheinander. Die traumatische Reaktion; das ist wie ein Instinkt. Ein Mensch bleibt darin noch eine Weile, wenn die Bedrohung schon vorbei ist, für alle Fälle. Aber Ruth

1 Missbraucht – was heißt das eigentlich?

kann ihr Gehirn davon überzeugen, dass es loslässt. Und wie macht sie das? Sie findet Hilfe. Sie geht los und spürt Techniken auf, die sie dabei unterstützen. Dann helfen ihr die Therapeuten, die ihr am meisten zusagen, und sie kommt wieder ins Lot.

Genau so wie Ruth Schibalsky richten wir die Aufmerksamkeit auf das Gute und auf das, was jetzt Sinn macht. Wir gehen den gesunden Weg, und indem wir ihn gehen, entsteht er. Sie fragen sich vielleicht: „Gibt es keine Tabletten, die da helfen, oder kann sie sich nicht einfach hypnotisieren lassen?" „Nein", sage ich. „Und ein Schlag auf den Hinterkopf hilft auch nicht."[1]

In diesem Buch wandern wir zwischen verschiedenen Welten hin und her. Zwei davon sind die Blickwinkel *Psychoedukation* und *Handlungsorientierung*.

▶[**Psychoedukation** bedeutet, dass jemand etwas bewusst über ein psychologisches Thema lernt, damit er es möglichst gut bewältigt. Wer mehr weiß kann besser mit den Tatsachen umgehen. Ein Ziel ist das Empowerment. Das heißt, man ist stärker und kommt jetzt alleine weiter.]

Mit einem Grundwissen über Traumafolgen verstehen Menschen sich selbst besser und auch ihre Kinder. Das ist zum Beispiel wichtig für Verhalten, das schräg und unlogisch aussieht, und dennoch nach einem Trauma ganz richtig und normal ist.

Das psychoedukative Vorgehen stößt bei Kindern, die klein sind, die behindert sind oder fremdsprachig, an Grenzen. Dazu kommt eine Art Gratwanderung, die Sie unbedingt kennen müssen: Kinder unter zwölf Jahren sollen auf keinen Fall auf das Reflexionsvermögen angesprochen werden. Denn es kann Psychosen auslösen, wenn jemand von einem Kind erwartet, dass es sich genau erinnert, dass es lange überlegt, vernünftig nachdenkt oder bewusst reflektiert.

Psychoedukation kann sein:

- Information
- Trost
- *Skills* (Selbsthilfestrategien, die Sie von Traumafachberatern lernen)
- Angstreduktion
- Glätten von stürmischen Gefühlen
- Trauerarbeit
- Entlastung von Schuld- und Versagensgefühlen
- Abmildern der vermeintlichen Einmaligkeit des eigenen Schicksals

---

[1] Michael Robotham, *Amnesie*, Goldmann, 12. Auflage 2011, Seite 40.

- Erfahrungsaustausch mit anderen
- Kontakt mit Menschen, die etwas ähnliches erlebt haben
- Kontaktaufnahme mit Selbsthilfegruppen

▶[**Handlungsorientierung** meint, dass die stärkste Aufmerksamkeit auf den Taten liegt. Es geht um praktisches Lernen. Eine Therapie ist nach diesem Verständnis ein aktiver Verlauf. Die schöpferischen Prozesse bestimmen die Organisation der Heilung. Dabei wirken Kopf, Herz und Hand und alle Sinne zusammen.]

Das handlungsorientierte Konzept geht von einer konkreten Situation zur Übung aus, um neue Gedanken, Muster und Prinzipien zu finden. Jedes Lernen und jedes Wachstum kann handlungsorientiert geschehen: Schulunterricht, Handwerkerlehren, Persönlichkeitsentwicklung, Selbsterfahrung, Therapie u.s.w.

Für Kunsttherapeuten liegt es auf der Hand, etwas für den therapeutischen Gewinn zu **tun**. Sie setzen sich von der Verbalschule ab. Sie betonen die Wirksamkeit von handelndem Lernen. Ich verstehe auch Denken als Handeln. Eine solche Tat ist zum Beispiel Ruminieren, eine gedankliche Bewegung wie Wiederkäuen. Damit neutralisieren Menschen ein Trauma, sie machen es für den Kopf verdaulich und können es besser ins Leben einsortieren.

Störfelder sexueller Gewalt 2

Sexuelle Übergriffe sabotieren die Sprache: Wir verlieren sie auf unterschiedliche Weise. Außerdem zerstören sexuelle Übergriffe mitmenschliche Nähe: Wir können sie nicht mehr einfach zulassen und genießen.

2.1 Die verlorene Sprache

In Krisen überleben wir leichter mit einem klaren Notfall-Plan. Unser Körper handelt taktisch klug und schnell. Auf Gefahr hat er drei Antworten: *Flight, Fight, Freeze*. Lauf schnell weg, kämpfe, erstarre – frier dich erst einmal ein.

Der Körper kennt noch einen weiteren Schutz: den Stopp im Sprachzentrum, dem Broca-Areal. Das ist eine Schaltstelle hinter der mittleren Stirn. Ein traumatischer Schock blockiert dort die verbale Sprache. Wir können uns mündlich nicht mehr mitteilen. Manchmal geschieht das nur teilweise, manchmal absolut und vollständig.

Dieser Sprachverlust rettet Menschen vor dem psychischen k. o. – auf seine eigene Weise. Die unsäglichen Dinge können nicht besprochen werden und müssen damit nicht noch einmal schmerzhaft wiedererlebt werden. Diese Schranke fürs Sprechen dämmt den vollen Niederschlag und schenkt einen vorläufigen Schutz. Die schockierenden Tatsachen versinken leichter. Sie gehen nicht verloren, und doch spart jemand, der verstummt, erst einmal Kraft. Er kann weiterlaufen, im eingeschränkten Modus, ohne zu zerbrechen oder auseinander zu fallen. Der Körper haushaltet mit seiner Energie, darum verschiebt er die Konfrontation mit den hässlichen Ereignissen auf später.

Vielleicht ist gerade keine Hilfe abzusehen oder der Druck ist zu groß. Vielleicht droht weitere Gefahr. Zudem schmerzt es, wenn wir nah an etwas Übles ran müssen. Da scheint es besser, wenn das Bewusstsein die ganze Tragweite des Geschehenen vorläufig nicht abkriegt.

Als ich ein Kind war erlebte ich ein Zugunglück auf dem Weg von der Schule nach Hause. Dieser Unfall von einem Regionalzug, der an einem Bahnübergang in ein Familienauto fuhr, verschlug mir die Sprache. Ich war etwa zwölf Jahre alt. Erst drei Jahrzehnte später konnte ich sinnvoll über den Vorfall sprechen – an einem Stück, ohne zu stottern, zu unterbrechen, zu weinen oder zu krampfen. Und ohne mich zu schämen.

Im Rückblick sehe ich es vor mir: Wir kurven im weinroten Bähnle durch das Ammertal. Ein heißer Sommertag. Bis eben habe ich vor mich hin gedöst und an Mitschüler oder Hausaufgaben gedacht. Plötzlich ein Ruck. Die Eisenbahn hält abrupt. Alle Wagen stehen still. Ich schaue auf den Bahndamm, auf die Böschung. Da liegen Schweine. Kein Ton ist zu hören.

„Oh! Dass sie nur leben! Dass sie nur leben!", ruft eins der Weiblein auf der Bank mir gegenüber. Zwei Marktfrauen in Kittelschürzen fahren regelmäßig vom Dorf in die Stadt zum Markt und wieder zurück. Sicher alte Freundinnen. Die Frauen sind aufgesprungen und starren aus dem Fenster. Ich wundere mich über die Aufregung. Dann sehe ich, dass die Schweine Menschen sind. Dick sind sie, echt ... und nackt. Tot. Verrenkt. Sie liegen reglos im Staub, wie ausgekippt.

„Keine Kleider", denke ich. Betrachte den offenen Leib des einen, die Innereien sichtbar, die Beine nicht. „Hat bestimmt geraucht, alles schmutzig." Ich höre wieder nichts.

Viele Schulkinder sind Fahrgäste, auch Pendler. Ein Schaffner öffnet die Türen, wir steigen aus. Ziemlich weit oben die Schwelle, schwierig zu springen auf den Schotter mit wackeligen Beinen. Dann den Anschluss nicht verlieren, ich tappe betäubt mit allen anderen im Pulk. Der Ton schaltet wieder an. Schreie. In mir zittert etwas. Mein Bauch schwappt. Zu Hause bringe ich nur heraus: „War verspätet", und vermeide den Kontakt. Das Todesstöhnen behalte ich im Ohr.

Dieses Erlebnis habe ich geschluckt und über Jahre stumm mit mir herumgetragen. Bis die Worte nicht mehr fehlten. Ich konnte aber sehr, sehr lange nicht darüber sprechen.

Wie ist es dann erst bei einem sexuellen Übergriff? Da gibt es zudem das Tabu: „Du darfst nicht über *sexuelle* Themen sprechen."

Und oft kommt ein Verbot dazu – vom Täter und auch von seinen Helfern, wenn es welche gibt. Das klingt so: „Wenn du darüber sprichst, muss deine Mutter sterben, dann schlage ich dich, ich tue dir weh, ich töte dein Meerschweinchen, alle lachen dich aus, keiner glaubt dir, du bist erledigt, und ich sorge dafür, dass das so bleibt."

„Also *kann* ich es nicht sagen, und ich *darf* es nicht sagen." Aussprechen ist doppelt unmöglich.

2.2 Die ersehnte Nähe

Eine besondere Härte sexueller Gewalt folgt aus dem erzwungenen Kontakt über den Hautsinn. Denn das, was wir am eigenen Leib erfahren, bleibt unvergesslich – das gilt für Lust und Freude ebenso wie für Gewalt. Wo Nähe missbraucht wird, folgen schwere Schäden, sagt der Wissenschaftler Martin Grunwald. Von ihm wissen wir: Nähe ist von Geburt an lebensnotwendig. Und sie bleibt wichtig, damit wir uns lebendig fühlen und voller Vertrauen weiter gehen. Liebevoller Hautkontakt ermöglicht den besten Start ins Leben.[1]

Wer möchte nicht geborgen sein, verbunden mit sich und anderen? Menschen sind soziale Wesen, und die soziale Interaktion ist stark an den Hautsinn gebunden. Wir haben unglaublich viele Rezeptoren und Nervenenden. Sie sind auf der Haut, unter der Haut, im Bindegewebe, in den Muskeln, tief im Körper, in den Organen. Sie nehmen ständig wahr. Sie erkennen Berührung und Druck, Temperatur, Vibrationen und auch jedes Dehnen von Gewebe. Die genaue Anzahl der verschiedenen Rezeptortypen ist unbekannt. Es gibt aber Schätzungen, die sagen, dass es allein in der Haut zwischen 300–600 Mio. sind.[2]

Die Nervenzellen vermitteln zwischen Innen und Außen, zwischen Selbst und Umwelt, fremd und zugehörig. Der Hautsinn und alle anderen Sinne stehen im stetigen Austausch miteinander und im Dialog mit bewussten oder unbewussten Hirntätigkeiten. Wir leben vital, mittendrin im Körper-Karussel. Und so lernen wir auch. Wir begreifen die Welt mithilfe des Tastsinns.

Die falsche Dosis geht direkt unter die Haut. Wer davon betroffen ist, verliert den Anschluss an sich selbst und auch an andere. Der innere Zusammenhang bröckelt, er kann total auseinander fallen. Martin Grunwald spricht davon, dass Menschen die ersehnte Nähe auch in grober Gewalt suchen können. Sie richten die Grobheit im Extremfall gegen sich selbst oder andere.

Susanne verbringt ihre Kindheit in einem ganz normalen Dorf unter abgebrühten Schurken. Die Männer im Haus kennt sie als Schläger und als Trinker. Die Frauen dulden und leiden. Sie haben entsprechend wenig zu geben.

Als junge Frau entkommt Susanne diesem Ort in eine genügsame Ehe. Die Tage vergehen ruhig im Haushalt. Das Reihenhaus gefällt ihr gut. Sie wird Mutter von drei

---

[1] Martin Grunwald im Interview mit Annette Lübbers: *Zauber der Berührung – Sehnsucht nach echter Nähe.* Natur und Heilen, Heft Nr. 11, 2013, Seite 15.
[2] Martin Grundwald: *Haptik: Der handgreiflich körperliche Zugang des Menschen zur Welt und zu sich selbst.* https://haptiklabor.medizin.uni-leipzig.de/fileadmin/res/pdf/publikationen/buchbeitr/2012_haptik_der_handgreiflich_koerperliche_zugang_transcript.pdf Seite 4, zugegriffen am 10.09.2020.

Mädchen. Sie versorgt ihren Mann und die Kinder mit Sorgfalt und mit Liebe. Sie denkt, dass sie glücklich ist.

Plötzlich, beim Abendessen, weckt der Weingeruch im Atem ihres Mannes eine Erinnerung. Sie kann nicht mehr am Tisch sitzen bleiben. Alle unangenehmen Gefühle platzen in ihr auf. Sie brechen in einer Explosion aus ihr heraus. Sie will es nicht, aber nichts und niemand darf mehr in ihre Nähe kommen.

Von da an schläft Susanne keine einzige Nacht mehr – sie liegt wach. Sobald sie die Augen schließt, drängen sich Bilder auf, wie ihr Vater die Mutter verprügelt, sie verfolgt, die steile Treppe in den Keller, mit einer Hacke in den Händen, wütend, ... außer sich ... voller Hass ... mit lautem Geschrei.

Susanne ist keins von den Kindern gewesen, die von einer liebevollen Mutter Kakao und Kekse bekommen. Mit Überfluss gesegnet? Null. Sie erinnert sich, wie sie Klassenkameraden nachlief, und was sie hoffte ... sie blieb immer ausgeschlossen.

Heute beobachtet Susanne argwöhnisch, wie ihr Mann mit den Töchtern umgeht. In ihr entstehen schwarze Fantasien. Und Wut bedrängt sie. Ist sie jetzt verrückt geworden? Sie erschrickt vor sich selbst. Was ist in ihr los? Panik kommt nach oben. Wie soll sie das unterdrücken?

Die Angstattacken lähmen sie. Hilflos sieht sie dabei zu, wie kalte Flammen die Idylle verbrennen. Der Brandherd ist in ihr.

Dann überfällt sie wieder Schwere, lähmt sie, in allem. Trotzdem keine Ruhe. An keinem Ort. Nicht zuhause, nicht draußen, nicht in Gedanken. „Es soll aufhören, ich will nicht mehr ..."

Die schöne heile Welt! Susannes Mann fällt aus allen Wolken. Besonders bestürzt ist er über die Todeswünsche seiner Frau. Die unsichtbare Quelle: ein Riss, den er bisher übersehen hat. Susanne geht in Stücke.

Eine Erinnerung aus der Kindheit durchlebt sie jetzt besonders häufig. Die Szene hält hartnäckig an ihr fest. Sie klebt und klebt, das Kopfkino wiederholt die Vorstellung, und Susanne kann nicht raus. Es ist nichts Gutes. Susanne ist noch klein, vier oder fünf Jahre alt. Sie sitzt bei ihrem Großvater in seinem Gewächshaus im Schrebergarten. Er nimmt sie auf den Schoß. Sie trägt ihr blaues Kleid. Das Wetter ist schön, es ist warm. Sie kann die Sonne auf den Glasscheiben und den Staub in der Luft fast riechen.

Das kleine Mädchen schmiegt sich mit dem Rücken an den alten Mann. Er widmet ihr seine Zeit. Wie schön. Susanne möchte bitte Frieden. Seine warmen Hände umfassen ihren Bauch. Sie schaut umher. Sie betrachtet die Pflanzen. Ihr Blick bleibt an den Holzgittern hängen, wo die Gurkenpflanzen ranken.

Die grünen Früchte sind hart und prall. Opa hat etwas Großes in der Hose. Das spürt sie genau. Opa sagt etwas. Jemand sagt etwas. Ist das ihre eigene Stimme? Opa greift in ihre Unterhose. Ihr wird schlecht. Er fasst unter den Stoff und schiebt das harte Ding in sie hinein. Es tut weh. Sie erstarrt. Er küsst sie. Sie glaubt sich übergeben zu müssen. Und dann blendet sie die Gedanken aus.

Susanne wird später als Jugendliche und dann auch noch als junge Frau wieder vergewaltigt. Das lebt in ihr weiter, sie trägt Lasten wie wenige andere Menschen. Sie kann die Botschaften ihrer Körpersprache nie so steuern, dass ihr Wunsch nach Nähe erfüllt wird. Die Sehnsucht bleibt.

Das klingt als Mind-Set dann ungefähr so: „Ich tue alles, um ein bisschen Nähe zu erwischen. Und ich bin es gewohnt, dass man mich übergeht, dass es hart wird und dass es weh tut."

Wer mehr Glück hat, ist vielleicht nur mit dem Mind-Set unterwegs: „Umarme mich, aber fass mich nicht an", und er geht so durch die Welt. Es gibt viele Mind-Sets. Solche, mit denen wir uns vor Verletzungen schützen, solche, mit denen wir uns selbst schaden, solche, die andere Menschen verwunden. Und solche, die Veränderung nicht erlauben oder aber leicht zulassen.

▶[**Mind-Set,** auch Mentalität, bezeichnet ein vorherrschendes Denk- und Verhaltensmuster eines Menschen. Wir gehen davon aus, dass es veränderbar ist. Therapeuten nutzen für die Veränderung des Mind-Sets verschiedene Technologien.]

Ein Beispiel für eine Technologie des Denkens und Sprechens ist NLP.[3] Die Bezeichnung für Neuro-Linguistisches Programmieren soll ausdrücken, dass Vorgänge im Gehirn (= neuro) mit Hilfe von Sprache (= linguistisch) auf der Basis systematischer Handlungsanweisungen veränderbar sind (= Programmieren).

Eine Methode ist dann intensiver und auch wirksamer, wenn ihre Anwender mehrere Sinne ansprechen. Das wären beispielsweise die klassischen fünf Sinne: Das Sehvermögen der Augen, der Geruchssinn der Nase, der Hörsinn der Ohren, der Geschmackssinn der Zunge, der Tastsinn der Haut.

Literatur

Grunwald, M.: Homo Hapticus. Warum wir ohne Tastsinn nicht leben können. Droemer, München (2017)
Bachmann, W.: NLP – Wie geht denn das? Eine Einführung in die Kunst des Fragens und des systematischen NLP. Junfermann, Paderborn (1998)
Robotham, M.: Amnesie, 12. Aufl. Goldmann, München (2011)

---

[3] Winfried Bachmann: *Neuro-Linguistisches Programmieren. Wie geht denn das? Eine Einführung in die Kunst des Fragens und des systematischen NLP.* Paderborn: Junfermann, 1998.

Link

Grunwald, M.: Haptik: Der handgreiflich-körperliche Zugang des Menschen zur Welt und zu sich selbst. https://haptiklabor.medizin.uni-leipzig.de/fileadmin/res/pdf/publikationen/buchbeitr/2012_haptik_der_handgreiflich-koerperliche_zugang_transcript.pdf, S. 4. Zugegriffen: 10. Sept. 2020

Zwei Schlüssel für innere Ruhe und Gleichgewicht

Es gibt sensible Bereiche, in denen wir besonders verletzbar sind. Umgekehrt können wir genau an diesen Stellen ansetzen, um wieder Kraft zu schöpfen. So, wie der Schaden entsteht, kann er auch wieder gehen.

Jemand kann in ein Unglück fallen, aber auch wieder herauskommen. Man kann den Anschluss verlieren an sich selbst, aber man kann ihn auch wiederfinden. Wir wissen, dass wir Traumafolgen lindern können. Wir können sie abmildern. Manchmal können sie sich sogar vollständig in Luft auflösen – als wäre nichts geschehen.

3.1 Kraft der Stille

Das Aha-Erlebnis meines Lebens ist: Ich komme ohne Worte aus. Nach dem Zugunglück richtete ich Antennen für alles Nichtsprachliche auf. Dann baute ich mir einen Sendemast und setzte beides ein. Ich lernte, dass der Körper immer spricht. Sein innerer Raum ist reich an Ausdrucksmöglichkeiten, die unübertroffen direkt sind. Später konnte ich mir dann sagen, dass ich mit diesem Dialogfeld nicht alleine bin.

Wir Menschen haben Teil aneinander, in einem sozialen Feld. Wir haben einen Gemeinschaftssinn. Und wir können ihn ganz gezielt trainieren. Wir erkennen – und wir werden erkannt. Wir verständigen uns untereinander als die Lebewesen, die wir sind – tierisch miteinander verwandt. Dieses natürliche Wechselspiel lässt sich verfeinern und vertiefen. Damit können wir regelrecht durch Wände gehen.

Nonverbale Kommunikation folgt uralten Gesetzen der Lebendigkeit. Zum Beispiel hat Handeln immer Vorrang vor Sprache. Menschen reagieren auf das, was sie sehen. Viel mehr als auf das, was ich zu ihnen sage. Mit allem, was wir tun, machen wir deutlich, wer wir sind und was wir wollen.

In der Stille vermitteln wir die wichtigen Botschaften. Sie ist wie ein Kraftwerk für uns, eine Quelle für Gesundheit. Die *eine* Sprache, die die ganze Wahrheit ausdrücken kann, ist die Stille. Die Regeln der Seele gelten hier. Wo ist es still, wenn nicht in der Seele? Hier schöpfen wir Sinn.
Wie kultivieren Sie Stille?

3.2 Der Tastsinn – unser wichtigster Sensor

Martin Grunwald ist Psychologe – und gleichzeitig ist er *der* Fachmann für den menschlichen Tastsinn. Seine Studien zu Überlebensvorteilen für Frühgeborene durch Berührungsqualität sind weltweit bekannt. Er berät Industrieunternehmen zu Wettbewerbsvorteilen ihrer Produkte durch Berührung. Seit 1996 ist Martin Grunwald Gründer und Leiter des Haptik-Forschungslabors an der medizinischen Fakultät der Universität Leipzig.

▶ [**Haptik** ist die Lehre vom Tastsinn. Das ist alles, was mit Berührung zu tun hat. Wir erleben Haptik als ein System von Wahrnehmungsreizen, in dem viele Sinne miteinander verwoben sind. Ihre biophysiologischen Grundlagen sind Berührung und Bewegung, sensorische und motorische Informationen.]

Die haptische Wahrnehmung:

- Die Wahrnehmung mechanischer Reize in Form von Druck, Vibration und Gewebsdehnung (Oberflächensensibilität)
- Die Fähigkeit, die Stellung und Bewegung der Gliedmaßen und des eigenen Körpers im Raum wahrzunehmen (Tiefensensibilität = Propriozeption). Die Bewegungswahrnehmung wird auch Kinästhesie genannt.
- Die Wahrnehmung der Organe und ihrer Tätigkeiten (Viszerozeption)
- Schmerzwahrnehmung
- Temperaturwahrnehmung

Laut Martin Grunwald wüssten wir ohne Haptik nicht, dass wir existieren. Denn ihre Eigenart ist, dass sie uns das eigene körperliche Dasein bewusst macht. Wir denken uns nicht selbst, sondern wir fühlen uns. Mit geschlossenen Augen, im Supermarkt, im Schwimmbad, nach dem Aufwachen oder während wir spazieren gehen. In jeder Millisekunde können wir unsere Anwesenheit mit Gewissheit

3.2 Der Tastsinn – unser wichtigster Sensor

empfinden.[1] „Ich bin in dieser Welt. Ich bin hier sicher. Ich bin mir gewiss. Ich bin gut zu mir. Es ist sicher. Ich bin da."

Dabei ist nicht nur die äußere Körpergrenze die Schnittstelle, an der wir unsere Lebendigkeit als wahr erfahren. Wir leben rundum nach dem Kontaktgesetz. Alles an uns reagiert auf Kontakt, von außen nach innen und inwendig bis in die Mikro-Organisation unserer Zellen. Alle biologischen Lebenssysteme machen das so – vom Einzeller bis zum Mehrzeller.[2]

Wenn wir zum Beispiel einen mordsmäßig knatternden Pups fahren lassen, fühlen wir dieses Kontaktgesetz so richtig mit Genuss. Mit dem Tastsinn genießen wir – auf der Haut und unter der Haut – das Erlebnis der eigenen Vollständigkeit und Ganzheit. Gleichzeitig korrigiert ein strenger innerer Sittenrichter den „schlechten" Ton dieser Vitalität, die wir eigentlich so gerne bestätigt wissen.

Die lebenserhaltende Kraft der Haptik beginnt beim Embryo und begleitet uns das ganz Leben. Jede Berührung unseres Körpers wird biologisch und psychologisch verwertet, das muss uns nicht unbedingt bewusst sein. Selbst wenn wir einfach nur sitzen oder liegen, analysiert und steuert die Haptik jederzeit unseren körperlichen Status. Wir können beim Tasten Oberflächenunterschiede erkennen, die so klein sind, dass wir sie ohne Hilfsmittel nicht sehen würden. Eine kurze Umarmung kann angenehme Gefühle auslösen, die viele Stunden oder gar Tage andauern.[3]

Martin Grunwald gibt Berührung den Rang eines Lebensmittels. Sie hat direkten Einfluss auf die Seele. Das kindliche Wachstum und die psychische Stabilität sind davon abhängig, dass Menschen sich körperlich genug berühren, sagt Martin Grunwald und ich denke wie er. Ebenso wichtig ist Berührung für das gute Miteinander in Partnerschaften. Die Haptik bestimmt jeden Lebensbereich. Sie ist unser größtes und einflussreichstes Sinnessystem. Ich schließe mich Martin Grundwalds Überzeugung an, dass selbst geringste Störungen dieses Systems den Lebensvollzug eines Menschen gefährden.[4] Wie jemand sich entwickelt und wie er in seine Umwelt eingebettet ist, hängt davon ab, was er haptisch erlebt und wie zufrieden er damit ist.

Der Dialog zwischen Bewegung und Berührung beginnt für uns Menschen ganz am Anfang, schon in dem kleinen Menschenkeim im Mutterleib, wie Martin

---

[1] Martin Grunwald: *Homo Hapticus. Warum wir ohne Tastsinn nicht leben können.* München: Droemer, 2017, Seite 10.
[2] ebenda, Seite 25.
[3] Martin Grunwald: *Homo Hapticus. Warum wir ohne Tastsinn nicht leben können.* München: Droemer, 2017, Seite 10.
[4] ebenda, Seite 130.

Grunwald schreibt. Als wir uns in unserer Mutter bewegten, gab es sofort eine enge Rückmeldung unserer Bewegung. Wir streiften durch das Fruchtwasser oder berührten die Gebärmutterwand. Bei jeder Bewegung unserer Mutter veränderte sich der Druck von Organen und Flüssigkeit auf unserer Haut. Bereits ab der sechsten Woche nach der Befruchtung hat das ungeborene Kind einen Tastsinn. Bewegung und Berührung lassen uns nach und nach entdecken, wer wir sind und wer unser Gegenüber ist. Sie bereiten uns auf die soziale Wirklichkeit vor, die uns außerhalb der Gebärmutter für den Rest unseres Lebens erwartet.[5] Erste Berührungen sind das künftige ABC der Gefühle – und wir bilden mit ihnen bereits vor der Geburt unser Körperschema. Kinder entwickeln im Mutterleib mit ihrer Aktivität und den begleitenden Tasterlebnissen ein Konzept ihres Körpers.

▶[Mit dem Begriff **Körperschema** versucht man etwas in ein Wort zu fassen, was uns gedanklich schwer zugänglich ist. Seine Aufgabe ist zu beurteilen, was an unserem Körper hinten und vorne, oben und unten ist. Nur so gelingt es dem Organismus, einen Bezug zwischen dem eigenen dreidimensionalen Körper und der dreidimensionalen Außenwelt herzustellen.]

So haben wir laut Martin Grunwald auch mit geschlossenen Augen ein sicheres Empfinden für die räumlichen Aspekte unseres Körpers. Ebenso können wir jederzeit angeben, wo im Raum sich unsere Gliedmaßen und unser Kopf befinden. Vereinfacht kann man das Körperschema als Bewusstheit über das eigene körperliche Selbst verstehen.[6]

Martin Grunwald beschreibt, wie wesentlich das Körperschema für den Menschen ist. Fehlt diese innere Kartierung, das Koordinatensystem der eigenen Körperlichkeit, löst sich der Mensch aus der Grundstruktur seiner Wirklichkeit. Mit katastrophalen Folgen für sein Leben. Wer seinen Körper anders erlebt, als er tatsächlich ist, wird unstabil.

Das Körperschema auf der Stufe eines ungeborenen Kindes befindet sich noch in den Anfängen und dennoch ist es die Voraussetzung für alle koordinierten Bewegungen. Die pausenlose haptische Auseinandersetzung von Körper und Umwelt führt dazu, dass wir unterscheiden können, was körperlich innen und räumlich außen ist. So haben wir ein Abbild davon, wer wir räumlich sind. Später ist das Körperschema die Grundlage für den Aufbau eines Ich-Bewusstseins.[7]

---

[5] ebenda Seite 39.
[6] Martin Grunwald: *Homo Hapticus. Warum wir ohne Tastsinn nicht leben können*. München: Droemer, 2017, Seite 42.
[7] ebenda, Seite 43.

3.2 Der Tastsinn – unser wichtigster Sensor

Laut Martin Grunwald ist der Mensch ein Kuscheltier, das seine wichtigsten Botschaften nicht durch Sprache, sondern durch Berührungen vermittelt. Der Forscher weiß, dass die Sinneszellen in unserer Haut überlebenswichtige Signale an unser Gehirn senden: Du bist geliebt, du bist geborgen, du bist lebendig. Martin Grunwald sagt, dass das menschliche Gehirn mit jeder sanften Berührung den Botenstoff Oxytocin ausschüttet. Dieser stärkt unser Immunsystem, schützt vor krankmachendem Stress und lässt uns Glück empfinden.[8] Er fördert Vertrauen, stärkt die Persönlichkeit, schenkt inneren Schutz und innere Sicherheit, vermindert Ängste und vertieft die Beziehung zu Mitmenschen. Wenn man ihn fragt, sagt der Forscher:

„Die Sehnsucht nach Berührung ist ein Grundbedürfnis des Menschen. Ein Baby, das nicht berührt, nicht umarmt, nicht gehalten wird – verkümmert schnell oder stirbt schlimmstenfalls. Unsere körperliche, geistige und soziale Entwicklung ist ohne Berührungsreize undenkbar. Die Botschaft vom Leben kann nur über körperliche Stimulation Eingang in unser Bewusstsein finden. Fehlt diese Botschaft, verliert das Leben selbst seinen Sinn. Ein Mensch, der in seiner Kindheit einen elementaren Mangel an körperlicher Zuwendung erlebt hat, wird sein Leben lang die Sehnsucht danach verspüren und dennoch Mühe haben, echte Nähe zuzulassen. […] Heute wissen wir: Angemessene Entwicklung ist direkt an Berührungsimpulse und an die Kontaktaufnahme in Form von Ansprache und Blickkontakt gekoppelt."[9]

Wachstum und Lernen – und ganz besonders die Sprachentwicklung – sind abhängig vom Tastsinn. Der Tastsinn bestimmt die Qualität unserer Beziehungen, das Gedächtnis des Körpers und seine Identität. Darum sind Berührungen so wichtig. In der richtigen Dosis und in der richtigen Qualität.

„Viele Erwachsene versuchen, ihre Defizite in diesem Bereich über Sprache und Denken, also Kognition, zu kompensieren. Aber das geht nicht. Wenn Sie jemanden richtig gern haben, dann wollen Sie ja nicht nur E-Mails schreiben, dann wollen Sie diesen Menschen auch berühren. Dieser Wunsch ist ganz tief in uns verwurzelt."[10]

Menschen können Sex mit Nähe verwechseln. Dabei ist Gehaltenwerden tatsächlich manchmal besser als Sex. „Die Menschen sehnen sich nach echter Nähe", so Grunwald „nicht nach mehr Sex. Wahre Nähe entsteht aber nur dann, wenn ein

---

[8]Martin Grunwald im Gespräch mit Annette Lübbers: *Zauber der Berührung – Sehnsucht nach echter Nähe*. Natur & Heilen Heft Nr. 11, 2013, Seite 13.

[9]Martin Grunwald im Gespräch mit Annette Lübbers: *Zauber der Berührung – Sehnsucht nach echter Nähe*. Natur & Heilen Heft Nr. 11, 2013, Seite 13 f.

[10]ebenda, Seite 15 f.

Mensch sich ganz auf einen anderen einlässt, also für den anderen fassbar wird. Das passiert nur in verlässlichen, vertrauensvollen Beziehungen, die uns spüren lassen, dass wir einander halten und aushalten können."[11]

Helen Keller (1880–1968) wurde mit neunzehn Monaten taub und blind. Das war ein schlimmer Einschnitt in ihr Körperbild und natürlich in ihr Leben. Eine Heilung war aussichtslos. Das Mädchen verwahrloste und verfiel. Alle glaubten, sie könnte kein normales Leben mehr führen. Aber das stimmte nicht. Als fünf Jahre später die Lehrerin Anne Sullivan die kleine Helen unter ihre Obhut nahm, kam sie wieder in Kontakt mit ihrer Umwelt. Anne Sullivan war frisch mit einer modernen Ausbildung angereist, direkt in die Familie der Kellers, die in den amerikanischen Südstaaten ein privilegiertes Leben führte. Anne selbst hatte ihre Eltern früh verloren und eine schwere Kindheit in einem Waisenhaus verbracht. Aber sie war klug. Und sie hatte gelernt, sich durchzusetzen. Diese Fähigkeiten brauchte sie jetzt.[12]

Anne Sullivan brachte außerdem eine brandneue, für Blinde entwickelte Sprache der Hände mit. Sie unterrichtete die kleine Helen mittels Tastsinn. Das Mädchen war zuvor jahrelang umhergestreunt, hatte wie ein wildes Tier gegessen und mit Wutanfällen ihre Familie tyrannisiert. Sie war nicht zu bändigen gewesen, ließ sich nicht waschen oder die Haare kämmen, hielt es nicht bei Tisch aus, hatte ihr Zimmer komplett verwüstet und sie hatte innerlich aufgegeben. Wie sollte sie etwas vom sozialen Leben verstehen, wenn sie niemanden hören oder sehen konnte?

Nach fünf Jahren waren alle am Ende. Aber jetzt kämpfte eine junge Lehrerin um das Kind. Und das Wunder geschah. Eine erstaunliche Entwicklung fing an: Helen vertraute auf die Nähe und den Rückhalt von Anne Sullivan. Wer die Geschichte kennt, weiß, dass der Durchbruch mit einem Bild begann. Mit sehr viel Ausdauer gab Anne Sullivan dem Mädchen Helen Gegenstände in die Hand, ließ sie die großen Sachen wie Häuser oder Bäume oder Brunnen mit den Händen abtasten, und schrieb ihr dabei gleichzeitig den Begriff in der Gestensprache für Blinde mit den Fingern in die Hand.

Haus. Baum. Brunnen. Wasser. Helen begriff den Zusammenhang erst Monate später.

Harte Zeit. Kampfmonate. Dunkle Phase.

Und dann ging alles ganz schnell. Helen lernte Begriffe zu entwickeln und sich ihrer Umwelt mitzuteilen. Sie absolvierte die Schule, sie beendete erfolgreich ein Universitätsstudium und wurde eine weithin bekannte Schriftstellerin und Rednerin.

Die erwachsene Helen Keller half vielen taubblinden Menschen im Alltag. Ihr Motto war: „Ich bin blind, aber ich sehe; ich bin taub, aber ich höre."[13] *Die Beziehungssicherheit, die sie hautnah erlebte, wandte die Dinge zum Guten. Ihre Lehrerin stand*

---

[11] ebenda, Seite 17.

[12] Joseph Lambert: *Sprechende Hände. Die Geschichte von Helen Keller*. Aus dem Amerikanischen von Johanna Wais. Köln: Egmont Grafic Novel, 2015

[13] Wikipedia: *Helen Keller* https://de.wikipedia.org/wiki/Helen_Keller abgerufen am 03.08.2019

3.2 Der Tastsinn – unser wichtigster Sensor

*ihr haptisch **und** emotional zur Verfügung. Sie gab ihr sozialen Halt und vermittelte den Weg zur Heilung.*

Das können wir auch so machen. Beim sexuellen Missbrauch passiert ein Einschnitt – durch krasse, unwillkommene Berührung. Das geschieht sowohl psychisch als auch emotional. Es hat soziale und vitale Folgen. Missbrauch sprengt die Normalität und fügt eine Wunde zu – in das Körperschema und damit ebenso in die Lebensgeschichte.

Der Schaden hat dazu noch eine weitere fiese Dimension: Einzelne Anteile des Bewusstseins können sich abkoppeln. Als würden sie den Leib tatsächlich verlassen. Vielleicht ist nur die Verbindung unterbrochen. Auf jeden Fall bedeutet es, dass die Person, die das erlebt, sich selbst verliert. Solch ein Selbstverlust hat weitreichende Folgen. Aus medizinischer Sicht trägt er Krankheitsnamen und die wiederum haben unterschiedliche Schweregrade. Desorientierung. Depersonalisation. Dissoziation.

Im Alltag ist ein typisches Beispiel für Selbstverlust, dass jemand sich selbst in einer Meditation verliert und danach nur knapp wieder zurück in die wirkliche Welt kommt. Unerfahrene Anleiter von Entspannungsgruppen können das missverstehen. Darum kann es passieren, dass sie auf traumatisierte Menschen verständnislos reagieren, sie abwerten oder ihnen eine Schuld zuweisen.

Aber wir wollen ja erreichen, dass die Wunde sich schließt; und zwar so, dass es in der Tiefe, von der Basis her, zu einer Umkehr führt. Vom Selbstverlust zum Selbstgewinn. Darum korrigieren wir den Riss am besten direkt an der Schadstelle. Ich halte Berührung, Kontakt, Nicht-Sprachlichkeit für ideale Schlüssel zum Bewältigen. Der Tastsinn ist der erste und wichtigste Sinneskanal. Damit ist die Haptik eine zentrale Programmiersprache für gesunde Entwicklung. Für ein Kind ohne Worte, haptisch verletzt, führt sie zu einer veränderten Sicht, etwa das Motto: „Ich bin schweigsam, aber ich teile mich mit."

▶[Das Körperschema kann sich im Zusammenspiel der Sinne mit den motorischen Systemen erholen. Berührung (Sensorik) und Bewegung (Motorik) gehören untrennbar zusammen. Dieses natürliche Zusammenspiel, die **Sensomotorik,** erschließt Potenziale für Therapie und Prävention. Denn Entwicklung ist wie ein Zusammenspiel von Bewegung, Sinnesrückmeldung und Lernen.]

Besonders hilfreich: Die durch sexuelle Übergriffe verzerrte Wahrnehmung kann so geraderücken. Es ist ein großartiges Gefühl, wenn jemand seiner eigenen Wahrnehmung wieder traut. Wenn er oder sie die gestohlene Sinnlichkeit mit allen Sinnen zurückerobert.

Ich war verblüfft, als ich erkannt habe, dass jeder einzelne Moment im Leben eines Menschen eine sensomotorische Handschrift trägt, die er irgendwann verinnerlicht hat, zum Beispiel als Säugling und Kind. Diese in optimalen Lernaltern einverleibte Bewegung ist ein Grundbaustein von Reifungsprozessen im Gehirn. Von Sprache, Vertrauen, von Orientierung und innerem Gleichgewicht, sportlichen und schulischen Leistungen. Vorausgesetzt ein Kind erfährt bestimmte externe Bewegungen und Berührungen durch Mitmenschen. Mit sensomotorischen Rückkopplungsprozessen können Bausteine der Entwicklung in beliebigen Lebensaltern nachreifen.[14]

Die sensomotorische Phase bezeichnet die ersten Lebensmonate von Kindern, in der sie die Grundlagen für jede weitere Entwicklung legen. Der Schwerpunkt verlagert sich erst später hin zu Objektivierungsprozessen, bei denen das *Ich* beteiligt ist. Dennoch hört die Sensomotorik niemals auf. Wir brauchen alle eine Identität. Das Körperbild ist ein Teil davon, ein Grundbaustein unserer Identität. Die Sensomotorik bestimmt diese Identität, sie bestimmt sie lebenslänglich.

In dieser Logik ist der Stellenwert der Hände besonders groß. Sie haben Einfluss auf die Lernstruktur von Menschen. Was wir greifen und wie wir greifen bestimmt darüber, wie weit wir etwas geistig erfassen können. Die Handentwicklung und Reifungsprozesse des Gehirns sind aneinander gekoppelt. Die Hände formen menschliche Entwicklung, und sie verwirklichen sie zu einem großen Teil. Darum ist die schulische Perspektive eines Kindes davon abhängig, wie seine Hände gestalten.

Tonfeldtherapeuten nutzen die haptischen Rückkopplungsprozesse der Hände für seelische Gesundheit. Sie interessieren sich für die Bewegung, in der das Leben stattfindet und in der die Hände das Leben ausformulieren. Die Hand-Auge-Hirn-Achse ist für Tonfeldpraktiker der ideale Kommunikationsweg, der wie ein Ladekabel für neue Möglichkeiten funktioniert. Jemand nimmt mit den Händen Kontakt auf zu seinem Nervensystem. Die Faszien ummanteln Nerven, Muskeln und Organe. Feedback entsteht. Die innere Sensomotorik ist das Wahrnehmungsorgan, das Erholungsprinzip und die Inspirationsquelle für die Therapie. Der Trainer setzt einen präzisen Wahrnehmungsimpuls, den das Kind in seinen haptischen Lebensvollzug, in sein Körperschema, umsetzt. Das Kind ergründet sein Leben.

---

[14] Danke an dieser Stelle an meinen Kollegen Benjamin Weber in Rellingen bei Hamburg für die gemeinsamen Überlegungen.

Literatur

Grunwald, M.: Homo Hapticus. Warum wir ohne Tastsinn nicht leben können. Droemer, München (2017)
Lambert, J.: Sprechende Hände Die Geschichte von Helen Keller. Aus dem Amerikanischen von Johanna Wais. Egmont Grafic Novel, Köln (2015)
Lübbers, A.: *Zauber der Berührung – Sehnsucht nach echter Nähe*. Natur und Heilen Heft Nr. 11 (2013)
Wikipedia: Helen Keller. https://de.wikipedia.org/wiki/Helen_Keller. Zugegriffen: 3. Aug. 2019

Ebenfalls lesenswert

Bundesarbeitsgemeinschaft der Kinderschutzzentren (Hrsg.): Kinderkörper – Kinderschutz. Das Verständnis des Körpererlebens von Kindern für die Arbeit im Kinderschutz. Dokumentation des Fachkongresses Stuttgart 7.–8. Dezember 2006
Katz, D.: Der Aufbau der Tastwelt. Wissenschaftliche Buchgesellschaft, Darmstadt (1969)

Sexuelle Übergriffe bewältigen

4.1 Boden unter den Füßen

Wann immer ein Kind sexuell missbraucht wurde, ist die erste gute Frage: Wie kriegen wir Boden unter den Füßen? Und die zweite: Wer ist wir? Um wen geht es da?

Um es ganz klar zu sagen: Im Umfeld eines geschädigten Kindes gehören alle dazu. Neutralität gibt es nicht. Jeder ist auf seine eigene Weise betroffen. Ob er es leugnet oder ob es ihn scheinbar kalt lässt. Ob es ihn verwirrt oder verärgert. Ob er zerschlagen reagiert oder schon abgehärtet ist.

Der Nachteil ist, dass alle sich gegenseitig anstecken – mit den emotionalen, den gefühlsmäßigen Reaktionen. Es geht um viele weiche Knie, in vielen verschiedenen Rollen. Egal, ob Mutter oder Vater, Lehrer, Geschwister, Berater, Tante oder Therapeut, jeder schwingt instinktiv mit.

Umgekehrt bedeutet das zum Glück: Egal, an welchem Ende wir anpacken, immer ist es für etwas gut. Wo fester Boden entsteht, da gibt ihn auch jemand weiter. Stabilität steckt an. Das gesamte Umfeld profitiert vom kleinsten Schritt jedes Einzelnen nach vorne.

Die goldenen Regeln
1. Reagieren Sie ruhig und überlegt. Allzu heftige Reaktionen belasten Kinder und lassen sie verstummen.
2. Gehen Sie davon aus, dass Sie Boden unter den Füßen verloren haben – auch dann, wenn Sie es nicht spüren.
3. Achten Sie auf Ihre eigene Zeit, Ihr eigenes Maß und Ihre innere Stimme.

4. Für die Seele gilt: Sie strebt danach, vollständig und ganz zu sein. Umso mehr, wenn sie verletzt wurde.
5. Vielleicht wissen Sie schon, dass eine Narbe bedeutet: „Ich habe überlebt." Die Narben sind der Beweis dafür, dass jemand stärker ist als das, was ihn aufhalten wollte.
6. Die Hälfte ist getan, wenn Sie Hilfe holen und sie auch annehmen können. Kinder haben die Fähigkeit, von beliebig vielen wohlmeinenden Mitmenschen das abzupflücken, was sie brauchen.
7. Das Vergangene ist nicht vergangen. Es reicht ein Blick, um den gesamten Körper in Angst und Schrecken zurück zu versetzen. Den Film im eigenen Gedächtnis kann man nicht einfach hinter sich lassen. Wohin man auch geht, er wird überall gespielt.
8. Sobald ein verletztes Kind eine sichere Verbindung spürt, kann es sich verwandeln: vom erleidenden Objekt in einen aktiv Handelnden. Geben Sie einem Kind Selbstvertrauen und fordern Sie es auf zu handeln. Dann kann es innere Ruhe und Gleichgewicht fest verankern.
9. Wir können eingefahrene Muster ändern, wenn wir sie in einem sicheren Umfeld zulassen und ihnen dann einen neuen Weg weisen.
10. Bei den Folgen von sexuellem Missbrauch verhält es sich wie mit einer fremden Sprache. Wer sie verstehen will, fängt am besten ganz von vorne an; versetzt sich also in einen Basis-Zustand, in dem es still ist, urtümlich, gründlich, dabei frei und verbunden zugleich.

Im Alltag ein Kraftfeld der Stille finden
Was? Eine Basis gründen, statt vernünftig miteinander zu sprechen? Ja, das Kraftfeld der Stille. Es ist eine sichere Grundlage. Und leicht zu erreichen, denn es ist sowieso immer da. Diese Basis wurde schon Seelengrund genannt, Selbst, Seele, Intuition, höheres Selbst oder wahres Selbst und anderes. Ich weiß nicht, ob es ein Zentrum ist in unserer Mitte oder ob es größer ist als der einzelne Mensch. Vielleicht umfasst es uns wie ein göttliches Prinzip und reicht weit über uns hinaus? Eins weiß ich: Wir begegnen ihm in der Stille. Wenn wir seelisch Kontakt aufnehmen, mit der eigenen Seele, mit der Seele von anderen, dann in einem Kraftfeld der Stille.

Jemand hat vom Bilderreich der Seele gesprochen, und tatsächlich scheint das Unbewusste in Bildern zu denken. In diesen inneren Landschaften kennen wir uns unter Umständen wenig aus. Obwohl wir jede Nacht träumen. Das Unbewusste sorgt mit seiner seelischen Arbeit für uns. Man kann nicht nicht mit ihm in Kontakt sein.

4.1 Boden unter den Füßen

Wir versteifen uns gerne auf eine Welt, in der das seelische Erleben, das Unbewusste, wenig Raum hat. Dennoch ist es immer und überall da und mit uns.

Was wir ganz besonders brauchen, um mit Missbrauch umzugehen, ist ein schwingendes Kraftfeld der Stille. Menschen mit innerer Stärke haben es. Wie machen sie das, und wie finden sie dazu?

Manche sagen, der beste Zugang ist atmen. Andere schwören auf die Formel: Eine Minute Zeit für mich.[1] Sie bauen in ihren Alltag regelmäßige Zeiten ein, in denen sie ganz bei sich sind. Meditation zählt, Träume und Andacht ebenfalls – ob in der Natur, in der Kunst, Religion oder in der Sexualität.

Wer meditiert, kennt die Lücke, in der er sanft am Grund aufkommt. Träumer, Tänzer, auch Liebende stranden mitunter auf dieser wortlosen Ebene. Künstler und Geistliche besinnen sich auf diesen Grund und bauen etwas davon in ihre Arbeit ein. Sie sind darin geübt, einfach da zu sein – für sich, bei sich. Einen kleinen Moment weiter, im nächsten Atemzug, ist es Für-andere-da-sein.

Auf dieser tiefen, unverstellten Ebene begegnen Menschen einander ohne Worte. Diesen Grund teilen wir – weltweit. Und wir teilen uns darin mit.

Es gelten drei Leitsätze:

1. Grund: Wir geben dem seelischen Erleben Raum.
2. Resonanz: Wir schwingen uns aufeinander ein.
3. Abstinenz: Wir verzichten Kindern gegenüber auf den eigenen Vorteil.

Was ist mit Grund gemeint? Ich veranschauliche es Ihnen mit einem Märchen. Erinnern Sie sich an Frau Holle?[2]

Eine Witwe hat zwei Töchter: Die eine ist das Stiefkind, ungeliebt und von allen in der Familie schikaniert. Außerhalb der Familie ist sie als ein angenehmer Mensch bekannt. Man nennt sie allgemein die Goldmarie. Die andere Tochter ist faul und mürrisch – aber das Herzenskind ihrer Mutter. Jetzt kommt es so: Goldmarie springt in einer besonders unglücklichen Situation in einen tiefen Brunnen. Sie verliert die Besinnung. Man könnte glauben, ein Unglück wäre geschehen. Tatsächlich ist es anders, denn das Märchen spricht zu uns in Bildern. Der Brunnen steht für den Weg ins tiefe Innere. Als die Goldmarie unten aufkommt, ist sie auf ihrem Grund angekommen. Sie findet sich auf einer grünen Wiese, wo die Sonne scheint und viele Blumen stehen. In dieser Landschaft geht sie weiter und kommt zu einem Backofen, der ist voller Brot. Das Brot ruft: „Ach, zieh mich raus, zieh mich raus, ich bin schon längst ausgebacken."

---

[1] Spencer Johnson: *Eine Minute für mich*. Deutsch von Lieselotte Mietzner. Reinbek bei Hamburg: Rowohlt Taschenbuch, September 2002.
[2] Grimm, J., Grimm, W.: *Kinder- und Hausmärchen gesammelt durch die Brüder Grimm*, Frankfurt am Main: Insel Verlag, 1. Auflage 1974, Erster Teil, Seite 168 f.

Das Mädchen hört auf den Ruf. „Sieh mal an, ich muss nur zugreifen, es ist reichlich vorhanden. Wenn ich mir nehme, bin ich selbst reichlich vorhanden." Die Goldmarie tritt herzu und holt mit einem Brotschieber alle fertigen Brote nacheinander heraus. Danach geht sie weiter und kommt zu einem Baum, der hängt voller Äpfel und ruft: „Ach, schüttel mich, schüttel mich, die Äpfel sind alle miteinander reif." Da schüttelt das Mädchen den Baum und die reifen Äpfel fallen wie Regen. Goldmarie schüttelt bis keiner mehr oben ist. Als sie die Äpfel auf einen Haufen gesammelt hat, geht sie weiter.

Die Goldmarie begegnet auf ihrem Weg der Frau Holle, einer weisen Frau. Diese auf den ersten Blick erschreckende Frau nimmt das Mädchen in ihren Dienst. Frau Holle ist freundlich zu Marie und sättigt sie vollauf – im Gegenzug zu fleißiger Arbeit im Haus der Seele. Als das Mädchen spürt, dass sie satt geworden ist, reif und ausgebacken, als sie ihren Weg zurück in die obere Wirklichkeit gehen möchte, bestärkt die Frau Holle sie in diesem Wunsch. Goldmarie ist herangereift, und zum Zeichen dafür, welche Erfüllung sie am Grund finden konnte, überschüttet die alte Frau sie über und über mit Gold. Ein Hahn ruft am Ende ihren Namen aus: „Kikeriki. Kikeriki. Die Goldmarie ist wieder hie." Die Identität ist bestärkt. Das Mädchen ist stärker geworden, ihre Persönlichkeit ist gewachsen.

Wir müssen es einfach nur tun – die Dinge, die getan werden sollen. Und wir brauchen nur hinschauen und zugreifen.

Es ist nicht gut, wenn Kinder zu früh auf ihren Grund geworfen werden. Das richtige Zeitfenster dafür ist in der Adoleszenz. Ebenso ist es nicht gut, wenn Jugendliche dann, wenn es so weit ist, mit den existenziellen Fragen allein gelassen sind. Genauso blöd ist es, wenn Erwachsene ihre Kinder von ihrem Grund abhalten. Wenn sie die Dinge an der Oberfläche halten. Was richtig wertvoll ist: Wenn Kinder mit Erwachsenen zusammen sein können, die ihnen reichlich Grund zur Verfügung stellen. Weil die Großen zum Beispiel ihrer inneren Frau Holle begegnet sind. Weil sie zur rechten Zeit ernten konnten. Weil sie ihren Seelengrund kennen, weil sie Grund haben und ihre Persönlichkeit eine starke Basis hat. So sitzen sie nicht ungestillt neben ihrem Kind und warten noch lange darauf, dass es ihnen die Brote aus dem Ofen holt.

Das ist noch nicht alles: Erwachsene sind für Kinder auf vielerlei Ebenen verantwortlich. Denn Kinder gewinnen ihren Standpunkt im Leben erst noch. Eltern stellen dafür ihren persönlichen Grund zur Verfügung. Zum Beispiel, indem sie Vorgaben machen; an Zeiten, an Räumen, an Freundlichkeit, Freiheiten oder engem Schutz.

Sie geben innere Bilder vor, die sie regelrecht säen oder einpflanzen. So geben sie einen Eindruck von ihrer Wahrheit und Eigenheit. Das gewährt einem Kind eine Perspektive. Gebende Eltern schenken ihren Kindern einen Einblick in den eigenen Zustand, und das schenkt einem Kind innere Stärke. Es macht einen Unterschied, ob der Vater einen Bart trägt, eine Schürze, ein Notizbuch oder einen gestreiften

Bademantel. Dasselbe gilt für die Mutter. Hat sie ein Kleid an, grüne Hosen oder eine Schwimmweste? Ist sie in der Küche, im Garten, vor Gericht? Tanzt sie? Kocht sie? Bestraft sie, und wenn ja, für was?

Als Paar geben die beiden Großen das familiäre Gleichgewicht vor, in dem ein Kind sein eigenes Gleichgewicht findet. So wie Eltern zueinander stehen, tragen sie die Verantwortung für die Wärme und die Herzlichkeit im Haus. So wie sie emotional verfügbar sind, stillen sie Beziehungs-Bedürfnisse ihrer Kinder. Das sind die grundlegenden Elemente einer erfüllten Kindheit. Auf diese Weise bilden Familien einen tragfähigen gemeinschaftlichen Grund.

Ein Kind im Arm zu halten, kann zum Beispiel Sicherheitsbedürfnisse erfüllen: „Ich halte dich im Arm." „Ich bin für dich da. Ich beschütze dich … auch dann, wenn ein Hund dir Angst macht. Und bei Gewitter und wenn ein Sturm in dir tobt."

Wenn Sie Ihrem Kind erlauben, alleine zur Schule zu gehen, kann das zum Beispiel Unabhängigkeits-Bedürfnisse erfüllen. Ausgesprochen: „Ich denke, du kannst jetzt mit dem Fahrrad in die Schule fahren." Wenn Sie ein Kind auf diese Weise ermutigen, ist es hilfreich, wenn das, was Sie sagen, auf jeden Fall übereinstimmt mit dem, was Sie tun. Wenn Sie sagen: Ich höre dir zu, dann hören Sie zu.

Auch: „Ich zeige dir, wie man Freunde gewinnt." oder: „Ich begleite dich auf dem Weg zum Fußballtraining, und du setzt dein Talent ein." Wenn wir ohne Widersprüche vorleben, was wir sagen, vermittelt das dem Kind die wesentliche Wahrheit, dass es etwas bewirken kann. Dieses Bewirken-Können, das ist Selbstwirksamkeit.

Mutter und Vater be-eltern ihre Kinder, indem sie ihre Beziehungs-Bedürfnisse erfüllen – oder nicht.

Wenn Sie die Nähe eines Kindes genießen und die klare Botschaft übertragen: „Ich genieße deine Nähe", sagt das einem Kind, dass es wertvoll und geliebt ist, und dass es sich lohnt, auf der Welt zu sein.

„Ich genieße deine Nähe nur dann, wenn du mir nützt", vermittelt eine andere Botschaft. Ist sie unfair? Oh ja. Tatsächlich ist dieses gefährliche Spiel eine Form von seelischem Missbrauch. Es reibt Kinder auf und verunsichert sie. Es hat das Zeug dazu, Kinder von Grund auf und für immer zu schwächen. Und noch etwas: Seelischer Missbrauch macht Mädchen und Jungen anfällig für sexuellen Missbrauch.

So wie Sie für Ihr Kind da sind, ist es genau richtig und gut. Auch wenn Sie manchmal nicht klar unterscheiden, ob das, was Sie tun, tatsächlich für Ihr Kind gut ist oder nur für Sie selbst. Wir können lernen zu unterscheiden, ob es gut ist für's Kind, ob es gut ist für die Familie. „Ist es gut für uns beide?" Natürlich sind wir unbewusst. Natürlich laufen alte Muster in uns ab, während wir Kinder erziehen. Natürlich ist es schwierig, sich selbst auf die Schliche zu kommen. Egal auf welche Weise Sie Verantwortung für Kinder haben, eine Familie zu sein, hat hundert Haken, bei denen man sich immer wieder selbst ertappen kann. Es ist kein Hexenwerk, so einen Haken aufzuspüren und zu ändern.

Auch den stillen Dialog zu führen, ist einfacher, als Sie vielleicht denken. Wir sind alle dafür gemacht. Wir sprechen mit Taten und mit Bildern. Wir teilen denselben Garten in unserer unterirdischen Beziehungswelt. Das Gras strömt einen angenehmen frischen Geruch aus, die Sonne scheint. Die Erde flüstert, wenn es regnet. Blumen besprenkeln die Wiesen am helllichten Tag mit ihren lebendigen Farben. Und wenn Schwarz mit ins Spiel kommt, wenn der Garten bedroht ist, wenn ein Unwetter aufzieht, dann verstehen wir sehr genau, dass es um etwas Ungutes geht.

▶[Das Wort basal bedeutet von der Basis her, vom Fundament. **Basales Verstehen** meint ein grundlegendes Verstehen. Es ist die Kontaktfähigkeit auf tiefen Ebenen neben dem Bewusstsein, wie zum Beispiel Verhaltensweisen. Es geht um Instinkt, um Bewegungswahrnehmung, Mitgefühl, Resonanz. Auch dann, wenn wir diese Schauplätze gerade nicht parallel auf dem Schirm haben.]

Wir können im psychologischen Kontakt nicht die Gefühlsebene ausblenden, die Beziehungsebene nicht, das Empfinden nicht und nicht die Sinnes-Ebene. Im Gegenteil: Wenn wir bewusst auf basales Verstehen setzen und Handlungsdialoge ins Spiel bringen, intensivieren wir jeden therapeutischen Gewinn. Der Kontakt kann über den Körper und die Körpersprache aufgebaut werden. Dabei sind Laute, aber auch Gesten, Wiederholungen und auch innere Haltungen wie zum Beispiel Zuversicht einige Kommunikationsmittel, die zur Verfügung stehen.

Es geht um Taten. Und darum, dass diese Taten sprechen. Psychotherapie ist etwas anderes als nur ein Austausch von Worten. Und sie ist mehr. Sie ist realer Kontakt auf verschiedenen Ebenen, die ineinandergreifen. Dieses Verständnis modellierte Günter Heisterkamp in seinem Buch *Basales Verstehen*. Sein Buch ist ein wirklich meisterhafter Zug. Ich möchte Sie auf die Worte neugierig machen, die Günter Heisterkamp ausgesucht hat. Wir können sie gut brauchen, wenn wir in einem Arbeitsfeld mit missbrauchten Kindern umgehen. Denn alles, was unterschwellig passiert, hat hier doppeltes Gewicht. Ich glaube, dass bestimmte Begriffe helfen, das Unterschwellige zu fassen und damit gut umzugehen. Sie finden die Begriffe im Inhaltsverzeichnis bei Günter Heisterkamp und die Fallbeispiele dazu jeweils im Buch.[3] Es sind Ausdrücke wie:

- Mittelbares und unmittelbares Verstehen

---

[3] Günter Heisterkamp: *Basales Verstehen. Handlungsdialoge in Psychotherapie und Psychoanalyse.* Stuttgart: Klett-Cotta, 2002.

4.1 Boden unter den Füßen

- Gewahrwerden
- Atmosphärische Wirklichkeit
- Klima
- Wechselseitige Behandlung
- Qualitäten der therapeutischen Situation
- Agieren als Drehpunkt der Behandlung
- Enactment
- Hinderliche und förderliche Enactments
- Schöpferische Enactments
- Unmittelbare Wirkfaktoren des psycho-therapeutischen Dialogs
- Leibliches Erleben
- Freude

Das Interview mit Sarah Gran
Wir kommen jetzt an einen Punkt, wo Taten sprechen. Jeder Mensch kennt leidvolle Erfahrungen. Aus Verletzungen und Wunden kann Weisheit entstehen, eine Weisheit, die uns befähigt, andere zu heilen. Dafür brauchen wir uns nicht zu studierten Experten auszubilden. Akademiker können uns zwar kurieren, und dennoch können einige Verwundungen nur von Menschen geheilt werden, die selbst durch leidvolle Erfahrungen gegangen sind. Ich habe sehr vielen Menschen zugehört, die sexuelle Übergriffe erlebt haben. Zum Beispiel Sarah Gran, die mir die Zeit für ein ausgiebiges Interview geschenkt hat. Ihre Geschichte ist eine Heilungsgeschichte voller Taten. Sie beginnt damit, dass Sarah Gran den Zugriff vom Gewalttäter schon als Kind beendete.

Sarah Gran wurde früh von ihrem Vater missbraucht. Sie war ihm als kleines Kind hilflos ausgeliefert, und sie konnte nicht sagen, was los war. Aber sie konnte die sexuellen Übergriffe beenden, denn die Eltern lebten getrennt und räumlich weit auseinander. Sarah wurde immer dann krank, wenn sie bei ihrem Vater zu Besuch war. So endete der Umgangskontakt, als sie im Schulalter war. Viele Jahre später erreichte die inzwischen erwachsene Frau eine Nachricht – von den Philippinen. Ihr Vater liege im Koma, das Ende stehe bevor, sie sei Alleinerbin.

Sarah Gran ist heute vierunddreißig. Ich bin ihr oft im Hausflur begegnet. Heute treffen wir uns für ein Interview.

Jetzt sitzen wir uns gegenüber. Ich habe die Tür vom Sprechzimmer im Rücken. Sarah Gran hat den sicheren Platz, eine Wand ohne Fenster hinter sich, den ganzen Raum genau im Blick. Wir sind ungestört. Sarah Gran ist eine große, schlanke Frau, sportlich und selbstsicher. Ich mag ihr Lachen. Und sie hat meinen Respekt, weil sie offen und frei über die überstandenen Dinge spricht. Sie hat eine Lücke gefunden, die sie mit ihrem Leben füllt. Sie hat Bedrängnis und Leid erlebt, bewältigt, und sie ist weitergegangen.

Sie strahlt jene Ruhe aus, die aus dem mutigem Hinsehen, aus der Auseinandersetzung mit der Bestie entsteht.

Das Diktiergerät nimmt auf.

„Was hat dich gerettet?"

„Mein Körper. Ich bin immer krank geworden, wenn ich zu meinem Vater fahren sollte. Meine Eltern waren geschieden. Und immer, wenn ich ihn besuchen sollte, am Wochenende und in den Ferien, wurde ich krank und hab einen Aufstand gemacht. Einmal musste er nachts von Den Haag bis nach Remingsheim fahren, weil ich geschrien und nicht mehr aufgehört habe."

„Hast du Erinnerungen?"

„Ja ... Gefühlserinnerungen, ja. Ich kann mich eher an Gefühle erinnern, die ich dort hatte, als Kind, dort ... Er war dann mit einer Französin verheiratet, und die haben dann in Den Haag gelebt, und in Frankreich. Und bis ich sieben war, war ich ja zu Besuch. Ob alle Ferien, nur Pfingsten oder so, keine Ahnung. Da müsste ich meine Mum fragen, das weiß ich nicht. In Den Haag war ich da viel dann, und ... das hat sich dann irgendwann aufgelöst. Ich erinnere mich an Gefühle, die ich dort hatte, die waren nicht gut ... die waren einfach blöd. Die waren einfach richtig blöd."

Sarahs Augen flackern umher. Auch dann noch, als sie weiterspricht.

„Ich seh mich, wie ich dasitze, und ich weiß sogar, mit was ich gespielt hab, bis hin, dass ich weiß, was. Ich hab ein Bilderbuch ausgemalt. ... Und wie die Wohnung aufgebaut war ... und da hab ich ganz scharfe, zum Teil ganz scharfe Erinnerungen. Und ich weiß, dass ich mich da nicht gut gefühlt hab. Und das hat ja aufgehört, dann, dass ich nicht mehr zu ihm kam, in den Ferien, als ich da einen Aufstand gemacht hatte, so hats angefangen, und er mich nachts mal heimfahren musste, weil ich irgendwie nicht mehr zu bändigen war ... Und dann hatte ich Fieber bekommen, und da hätte ich meine Ma auch gerne nochmal gefragt, dazu, wie das denn war. Ich wurde krank davor ... immer ... kurz davor."

Sarah Grans Vater zieht nach Amerika, nach Texas, er wohnt in Asien und schließlich auf den Philippinen. Sie sieht ihn nicht wieder. Erst als sie 33 Jahre alt ist, kommt eine Nachricht von seiner französischen Ex-Frau: „Sarah, du bist jetzt die Einzige, ihm geht's überhaupt nicht gut."

Ich frage Sarah: „Was hat er denn gehabt?"

„Leberzirrhose ... Trinken! Trinken hat er gehabt."

„I got to talk to you!" Sarah Gran ahmt eine hohe Fistelstimme mit französischem Singsang nach. „You're the only person now." Sarah lacht leise in sich hinein.

„Und dann war auf einmal klar, dass ich ... dann war klar, dass ich die einzige bin. Nicht klar, ob ich was machen will ... oder muss. Also, müssen schon gar nicht. Also, es war klar, dass ich die einzige Person bin, die da irgendwie medizinische Ansagen machen darf. Hab ich aber auch nicht so ... kapiert. Hab ich zur Kenntnis genommen,

4.1 Boden unter den Füßen

aber's hat noch gar nix mit mir zu tun gehabt, und ich glaub ... da, nochmal ein oder zwei Tage ... hatte ich, äh ... ich weiß gar nicht mehr, wie sich das zugespitzt hat. Ich glaub, die Mamsell war halt mit den Ärzten in Kontakt per Telefon, und ich vermute, dass sie mir gesagt hat, du musst da hin. Ich glaub, so hat sie's mir gesagt. Und äh, dann hatte ich einen ... Termin ... war ich bei meiner Therapeutin, und ... der hab ich das erzählt.

Ja, eine Therapeutin, da bin ich, wie ich sie brauche, und die bezahl ich aus eigener Tasche. Und da bin ich, und die hat mich irgendwie so gefragt: Und was wollen Sie jetzt machen? Oder so ähnlich, und die Frage hat voll reingehauen ... und ich hab gesagt: Tja, ich mach gar nix." Sie lacht leise.

„Einen Scheiß mach ich. Ich hab Flugangst, nebenbei, starke Flugangst, und oh Gott ... aber ich fliege. Übel. Tausend Tode, die ich da sterbe, aber ... ja übel. ... Also auf jeden Fall, ich bin da raus aus der Therapie und meine Füße haben mich zum nächsten Reisebüro getragen ... Lufthansa-Reisebüro, und Frau Schneider hat sich ganz kräftig um mein Anliegen gekümmert und nen Flug, nen sehr guten Flug, der bezahlbar war, rausgelassen, und dann hab ich bei der Arbeit angerufen und gesagt: Ich flieg morgen wohin." Sie lacht wieder.

„Und dann war da so ne Entschlossenheit da und es war ganz klar, ich muss ... also, ich muss dahin. Ich muss sehen, was da los ist. Ich muss es mit meinen eigenen Augen sehen. Irgendwie war das dann klar."

„Wie alt warst du da?"

„Letztes Jahr. Ich bin vierunddreißig ... da war ich dreiunddreißig."

Die Philippinen liegen im westlichen Pazifischen Ozean. Sie gehören zu Südostasien. Sie bilden den fünftgrößten Inselstaat der Welt. Das Klima der Philippinen ist tropisch. Die Bevölkerung ist sehr jung und im Schnitt 23 Jahre alt. Die meisten Menschen besitzen wenig, sie sind freundlich und einfühlsam und sie nehmen viel hin. Auf der Insel Cebu Island liegt die gleichnamige Hauptstadt Cebu City. Auf den Philippinen sind die staatlichen Krankenhäuser unterfinanziert und prekär ausgestattet. Andererseits sind Ärzte und Krankenpfleger sehr gut ausgebildet. Die Behandlung erfolgt kostenlos, Medikamente hingegen müssen die Patienten selber bezahlen.

Sarah Gran berichtet von der Begegnung mit ihrem todkranken Vater. Sie sitzt an seinem Bett im Krankenhaus in The City of Cebu. Er ist schwach. Das Beatmungsgerät und andere Schläuche zwingen ihn zu liegen. Er ist hilflos und ausgeliefert. Er kann nichts sagen. Die Rollen sind umgedreht. Sarah Gran hat die Macht, wie ihr Vater sie hatte, als sie klein war. Gedanken ziehen durch ihren Kopf. Rachefantasien, Pläne, Erinnerungen, Träume. Ihr wird klar: Jetzt kommt's drauf an. Was ich jetzt tue, was ich jetzt entscheide, bestimmt für immer darüber, wer ich bin.

Alles was ihr jetzt mit Besonnenheit gelingt, was still ist und bedacht, wird sie heilen. Sie hat es in der Hand. Auf die lange Bank schieben, ausweichen und herauszögern – damit ist es vorbei.

„Also, das war so da ... so auf ne ... Entdeckungsreise zu gehen. Und weil ich ... und das ist mir heute klar, dass die menschliche Psyche wirklich völlig verrückt sein kann, dass der Kern aber unantastbar ist. Das ist es, was sich für mich jetzt gesetzt hat ... und was mir wirklich so total Halt und Sinn im Leben gibt. Was ich damals schon geahnt hab, und wo ich mich auf den Weg gemacht hab, Beweise dafür zu suchen."

„Für deinen Kern ...?"

„Ja. Und auch wie mein Vater, so verrückt das ist, wie er sich verhält, dass das kein schlechter Mensch ist. So ... dass der auch ne Würde hat, dass er seine Gründe hat."

„Dass man auch, wenn man sich selbst verloren hat, seine Würde hat?"

„Ja", sagt Sarah Gran.

„Und auch wer kein Mitgefühl mehr hat, auch seine Würde hat?"

„Ja."

„Und auch wenn man im Wahn lebt?"

„Ja. Und das ist, da ... hat ne Reise begonnen. Eine Forschungsreise."

Sarah Gran überprüft von nun an alles. Ihr Handeln. Vor jedem Schritt. Bei jedem Entschluss. Sie fragt sich: Ist es wahr? Ist es wesentlich? Und ist es wohlwollend?

Sarah wiederholt leise, wie nur für sich selbst: „Und dann bin ich da hingeflogen. Zehn Tage. Und dann ist er ja aber gestorben, weil ich veranlasst hatte ... am Schluss ... dass sie ein blutdruckstabilisierendes Mittel absetzen. Das war an nem Sonntag, und der Flug zurück ging am Mittwoch oder Donnerstag. Und ich wusste: Ich muss zurück, es gibt keine Hoffnung mehr, es gibt da nichts zu tun. Und dann hab ich da entschieden, mit nem gewissen Kalkül, was auch Beerdigung angeht ... und mit dem Nichtwissen, wie lange geht das noch, wenn das Medikament abgesetzt wird, an dem Sonntag, das jetzt zu machen, weil ich nämlich jetzt bald fliegen muss. So ... hch... Und er ist dann innerhalb von fünfzehn Minuten gestorben, als es abgesetzt war."

„So schnell. Warst du dann dabei? Dann hast du deinem Vater beim Sterben zugesehen?"

„Ja."

„Hast du ihn berührt? Beim Sterben?"

„Ja ... stell dir vor. Und direkt im Augenblick des Todes stand ich am Fußende. Da war gar kein Platz, links und rechts die Maschinen. Ich hab auch alle immer wieder rausgeschickt. Da auf den Philippinen, doppelte Servicekräfte, sag ich mal, also ständig Leute rumgeschwirrt, anders als bei uns, wo man also immer gucken muss, wann man mal jemanden im Krankenhaus bekommt."

Ein Gedankensprung.

„Meine Mutter war ja dabei. Sie ist mitgeflogen. Ich hab ihr das dann erzählt und sie hat gesagt, ich komm mit, ich lass dich da nicht alleine hin."

4.1 Boden unter den Füßen

Sarah Gran nimmt einen tiefen Atemzug.

„Ich hatte erst mal gleich ... eine ... Rechnung in die Hand gekriegt. Nicht: Aha, jetzt ist ne Tochter da, sondern: Sind Sie die Tochter, hier da zehntausend US-Dollar heutiger Stand. Gut, dass Sie da sind, die Dialyse wollten wir heute Abend absetzen. Weil sie nicht bezahlt wird. Zahlen Sie's? Können Sie's jetzt zahlen? Und solche Situationen acht Tage am Stück. Dann bei einer Bank ... Dinge noch zu klären, wir waren in seiner Wohnung, haben die Papiere durchgeguckt, und ... also ... energetisch waren diese zehn Tage unglaublich anstrengend. Das Fliegen hin und zurück. Da gab's heftige Turbulenzen mit Sandsturm über Dubai. Ich hab zu meiner Ma gesagt: Ich ergebe mich jetzt ... bitte, ich will nicht mehr. Aber gut, dass sie dabei war. Es war auch schwer. Und es ist eine Geschichte, die uns irgendwie verbindet. Und ich hab ... als ich das erste Mal ... als wir alle rausgeschickt haben, und wir standen da, meine Ma und ich, an beiden Seiten von seinem Bett ... ähm, das hat mich unerwartet total berührt. Dass ich da mit meinen Eltern stand. Ich hatte, also ... ich würd sagen, so was wie'n Zirkel, der sich da gebildet hat ... Also, es war völlig unerwartet. Ja, damit hatte ich überhaupt nicht gerechnet, wie das ist, wenn ich das erste Mal mit meinen Eltern wieder vereint bin ... Also, wie auch immer, es war ne heftige Zeit, aber irgendwie war es auch richtig so, dass sie dabei war.

Ich hab immer mal wieder mit ihm gesprochen. Ich hab ihm auch gesagt, was ich mache ... also er hat reagiert. Ich bin mir sicher, dass er wusste, dass ich da bin. Er hat mich gehört. Und er wollte sich mir mitteilen, aber's ging nicht. Das war so, da war so'n Dings, n Intubator, Beatmungsgerät im Mund, ja, und ... äh, magst du n Bild sehen? Ich frag das deshalb, weil wenn mir Leute was erzählen, ich wär immer neugierig auf'n Bild ... äh, wenn ich das check jetzt, öm ... aha. Hm, Handy ... Technik, mannomann ... Der sterbende Papa ist irgendwie nicht drauf ... Okay, ich hab nicht meinen sterbenden Vater ... aber ein Foto von mir und meiner Mum auf dem Nachtmarkt."

Sarah hat im Handy ein Bild ausfindig gemacht, das sie und ihre Mutter zeigt an einer Theke, beide blond und schön, erschöpft und doch strahlend.

„Hm, er sah nicht gut aus ... und die Augen ganz gelb. Aufgedunsen, ganz schrecklich riechende Wundstellen am ganzen Körper, aufgelegen, vom Liegen ... ging ganz schnell, und ... aber der muss zu Hause schon ... ganz arg unbeweglich gewesen sein ... konnte das Haus schon gar nicht mehr verlassen. Er hat geschrieben gehabt, einem Freund, ich hab Zugang zu seinem Mail-Account, das ist mein ... meine Recherche-Stelle, die ich jetzt noch dosiert nutze. Hin und wieder guck ich rein. Wenn ich was such und das ist echt Gold wert, weil ... und auch pragmatisch – Zugänge zu Bankkonten – hat es mir ermöglicht, zu wissen: Was ist da? Und sicherstellen, dass keine Schulden da sind, dass diese Wohnung jetzt wirklich ihm gehört, also ein wahnsinniges Informationszentrum.

Und auch ganz viel Verstörendes. Er war ja, ist ... war halt ... sexuell orientiert ... interessiert an Ladyboys. Bilder und Videomaterial, er schickte zum Teil auch Bilder von sich selbst, und das sind jetzt ... da begegnet mir immer wieder was, das ist jetzt nix, was ich äh ... sehen muss. Aber's erschüttert mich auch nicht. Aber da hab ich einiges schon gesehen, wo ich ... was ich eigentlich jetzt nicht unbedingt sehen muss."
Sarah Gran räuspert sich.

*„Und es ist **sein** Account, ich merk da auch ihm gegenüber ... merk ich, hey, äm, das geht mich auch wirklich ... auch ... das geht mich nichts an. Ja. Ich hatte was Seltsames bemerkt bei mir ... ich hatte, als er gestorben war, und da die Leute da so rumgesprungen sind, ich hatte eine Art Instinkt ... wollte ihn für mich haben, wie eine Beute, und die wollten den eigentlich herrichten, das ist aber nicht passiert. Also er hat sich dann praktisch entleert, und das Tuch, in dem er gestorben ist, ich dachte, die haben uns weggeschickt, damit er hergerichtet wird, ich dachte, die richten den jetzt halt her, nichts passiert. So außer halt die Schläuche und Kabel ... alles weg. Und so wurde er auch direkt in dieses Krematorium reingefahren, ja ... Fand ich nicht schlimm, auch das Krematorium ist ... habe ich, glaub ich, schon erzählt, gell, also da ist man halt dabei, und da wird alle paar Minuten, oder ... weiß ich nicht ... jede halbe Stunde der Ofen aufgemacht, und geschürt, und dann zum Schluss kommen die Knochen raus, also die großen Oberschenkelknochen, die verbrennen nicht. Die werden dann gemahlen. Und dann war ich eigentlich voll mit seinem ... Staub. Ich stand mitten drin. Asche.*

Dann gab's die in ner Plastiktüte, das wurde feingemahlen, genau, das war Asche, feingemahlen, direkt aus dem Ofen raus, und dann so pfffsch, Plastiktüte." Sarah Gran macht eine Geste, als gäbe ihr jemand eine Tüte zu halten.

„Und dann, wir hatten eine Urne mitgebracht, weil wir hatten, seit Jahren anscheinend in seiner Ferienwohnung am Meer, hat er irgendwann mal von ner Geschäftsreise nach Hong Kong, hatte seine Helferin gesagt, eine Urne gekauft. Wunderschöne Keramik-Urne. Die ham wir dann mitgenommen, da kam die Plastiktüte rein, ja."

Sarah Gran holt nach. Zeit. Eltern. Komprimiert. Sie selbst wendet die Situation zum Guten. Sie kriegt den Vater, den sie gebraucht hätte. Natürlich hatte sie es sich anders vorgestellt. Aber sie bekommt die volle Ladung Vater und sie kann ihn wie eine Beute an sich nehmen. Mit allen Sinnen. Sie traut ihren Augen nicht. Die Knochenmühle kreischt und dröhnt. Seine Asche legt sich auf ihre Kleidung, auf ihre Haut, sie atmet ihn sogar ein. Den Geschmack auf der Zunge. Unmittelbar und intensiv.

„Äh doch, die Touristen, diese Leute waren eher irritiert davon, dass wir ... hm. ... 'You burned your Dad!' und so. Aber er hatte ja auch niemanden vor Ort. Es gab ... ja ... die Geliebte und Leute aus der Kneipe, wo wir welche getroffen hatten, wo ich dachte, die waren ausgewanderte US-Amerikaner, die waren mega-bestürzt, so: 'Terrific und Wow und Huhuhuhu!' Aber im Krankenhaus hab ich die nicht gesehen zum Beispiel. Ich glaub, da gab's niemanden.

Und dann sind wir heimgefahren, zurück zur Ferienwohnung, meine Mama und ich und der Daniel und die Lottlott, die Mamsell, und mittendrin diese Urne, die ich festgehalten hab, die halt noch voll warm war, und dann ... das war, ich kam gar nicht auf die Idee, die mitnehmen zu wollen oder so, die blieb dann bei Lottlott, da steht sie jetzt. Die steht bei Lottlott."

„Wer war Daniel noch mal?"

„Ein Saufkumpel von meinem Dad. Der, von dem die Notfallmeldung kam."

4.1 Boden unter den Füßen

Sarah Gran atmet aus. Sie sieht mir direkt in die Augen. Ihr Blick ist klar. Ein leichtes Glühen in ihrem Gesicht sagt mir: Etwas hat sich gewendet. Wir sind über eine Schwelle getreten. Wir haben emotional eine tiefere Ebene betreten. Und Neuland.

Soweit der Auszug aus dem Interview mit Sarah Gran. Dabei hat eine stille und wortlose Kraft den Prozess begleitet. Zu manchen Zeiten hat Sarah ihre neue innere Stärke mit Handlungen vorbereitet, die ich aus anderen Heilungsgeschichten kenne.

Wir könnten ihnen philosophische Namen geben, wie *Einheiten* oder *Ereignisse,* oder auch *Enactments* – wie Günter Heisterkamp das tut. Es sind bildhafte Momente, die etwas zum Guten wenden. Am besten kann ich sie als Sprachbilder oder als Umkehrbilder bezeichnen. Mit der Zeit habe ich sie gesammelt und dann in Kategorien geordnet. Denn sie wiederholen sich in vielen unterschiedlichen Heilungsgeschichten. Den bildhaften Moment, wie Sarah als Kind beschützt zu Hause bleibt, ordne ich zum Beispiel einer Regel zu, die Fachstellen gegen sexuelle Gewalt empfehlen. (Mini-Farm A.3.)

Neben praktischen Regeln haben bestimmte Umkehrbilder die Kraft, Kindern zu helfen, die Folgen von sexuellen Übergriffen zu lösen. Die Szene, in der Sarahs Mutter sagt: „Natürlich komme ich mit." können wir zum Beispiel in die Gruppe einordnen, in denen eine Mutter zur guten Wende beiträgt.

Als Sarah die Begegnung am Sterbebett erzählte, hörte ich genau zu. Das vergesse ich nicht. Das war ein starker Aha-Effekt für mich. Die Rollen zwischen Vater und Kind kehrten sich um – erst war Sarah hilflos und stumm (als kleines Kind), dann war ihr Vater hilflos und stumm (im Krankenhausbett). An diesem Punkt wurde ich auf die Umkehr aufmerksam. Später bekamen bestimmte Ereignisse immer deutlicher einen klaren Gesundheits-Wert. Nach und nach setzte ich die Umkehrbilder klipp und klar für den therapeutischen Gewinn ein.

Landen statt fliegen

Stellen Sie sich vor, Sie fliegen mit einem alten Doppeldecker durch einen schweren Sturm. Sie haben kleine Kinder dabei und Sie möchten die Kinder beschützen. Sie möchten sicher landen. Und stellen Sie sich vor, in Ihnen wohnt ein kleiner starker Kerl. Er weiß, was notwendig ist und er setzt die Ziele. Wenn er mal ins Trudeln gerät, dann nicht lange oder nur deshalb, weil er auch mal Ruhe braucht.

Dieser Kerl ist psychisch das sogenannte „Ich". Man kann ihn nicht sehen. Und doch lebt er in unserem Bewusstsein wie ein Held. Er ist ein Teil von dem Teil in Ihnen, der dieses Buch liest.

Er behält den Horizont im Blick, gibt die Richtung vor, und wenn es hart auf hart kommt, geht er als Letzter von Bord. Die miese Gefühlslage „Hohe-Wellen-bei-schwerer-See" schreit nach diesem Ich-Kapitän. Er geht niemals weg. Mitten im Orkan ortet er die Signale und hält sich daran. Er steuert mit allen Mitteln in Sicherheit. Er kennt die Wegweiser und die Zeichen. Einige Signale gelten besonders viel – im Fahrwasser der Gewalt. Sie führen in ruhige See oder an Land. Ehe man sich versieht, kann etwas Schönes passieren, etwas Wunderbares[4], wie Chris Cleave schreibt, und dann dreht sich der Wind. Ein Schiff fährt im Hafen ein. Jemand lächelt wieder. Atmet freier. Kommt an.

Immer wenn so ein Wegweiser auftaucht, passiert etwas Gesundes. Wir können es bewusst wahrnehmen und wir können es spüren, mit dem Bauchgefühl. Also können wir auch Zeichen setzen, die die Kraft zu einer Wende haben, zu einer Umkehr. Mit voller Absicht – oder auch aus Versehen, das ist nicht so wichtig.

Solche positiven Trigger können reale Gegenstände sein, aber auch laufende Bilder, also Szenen, Träume, Situationen und Erinnerungen. Jemand kann mit der Aufmerksamkeit auf ein solches Signal viel bewirken. Eine Situation wechselt von doof zu schön, von krank zu gesund, von beschädigt zu intakt. Umkehrbilder wirken im lebendigen Alltag und im psychotherapeutischen Dialog.

4.2 Umkehrbilder des Schweigens

Umkehrbilder stellen einen Hebel dar, wie eine elementare Kraft, mit der das Gesunde dem Kaputten, dem Unerhörten entgegentritt. Denn das Unbewusste arbeitet in Bildern. Manche Bilder funktionieren wie ein Nadelöhr, durch das jemand hindurch muss, andere wie ein Punkt, um den etwas auskristallisiert. Und einige nehmen uns einfach mit – wie ein Aufzug. Ein Umkehrbild kündigt die gute Zukunft an und es ist zugleich der Weg dorthin.

Bei Missbrauch und Gewalt sind einige Signale typisch dafür, eine Umkehr zum Guten einzuleiten. Das sind ein Sofa, eine Mutter, Gemeinschaft, ein unerschrockenes Vorbild, mörderische Wut, Würde – etwas Kleines wie ein Kern –, Zeit, Heilschlaf, Finsternis, (fort)bewegen, (ab)schütteln und ein Rahmen.

Anders gesagt: Sorgen Sie dafür, dass ein Sofa bereit steht und dass, wenn möglich, eine Mutter beim Kind ist. Stärken und respektieren Sie die Mutter. Immer. Vertrauen Sie auf die Gemeinschaft. Seien Sie als Vorbild da, wenn es geht. Lernen Sie die Würde des Menschen als unzerstörbar kennen und sehen Sie sie in etwas Kleinem wie einem Kern (den Sie vielleicht schon in den Händen halten). Seien Sie großzügig mit Zeit. Achten Sie auf mörderische Wut im Umfeld, wo immer sie sich zeigt, und verteilen Sie sie besonnen. Gehen Sie klug mit ihr

---

[4]Chris Cleave: *Little Bee*. dtv, 2011, Seite 17.

4.2 Umkehrbilder des Schweigens

um. Nutzen Sie Heilschlaf, wo immer Sie darauf aufmerksam werden. Fürchten Sie sich nicht vor der Finsternis, das Böse gehört dazu. Fortbewegen kann als Gehen zwischen Orten vorkommen, auch als Umzug im Sinn von Wohnungswechsel, als Tanzen, Ballsport oder Klinikaufenthalt. Abschütteln als Umkehrbild gibt es so ähnlich wie Fortbewegen in allen möglichen Formen, da kann man nur staunen. Und schließlich geben Sie den Dingen einen Rahmen. Dem, was geschieht und dem, was Sie tun.

Ein Umkehrbild kann eine Geschichte sein, erlebt, erzählt oder gelesen, eine Metapher, eine Zeichnung, ein Foto, ein Ding, das wir mitbringen, eine Szene und auch ein Mensch, dem wir begegnen. Es kann ein Gegenstand sein, der nur gedacht ist, so wie ein Traum. Es kann ein tatsächlicher Gegenstand sein, wie ein dunkles Zimmer, ein zerrissener Teddybär oder eine Schlittschuhbahn.

Das Umkehrbild kann ein Prozess sein, wie das Zerreißen des Teddys, ein Ereignis, zum Beispiel jede Woche Hockeytraining, eine Handlung oder ein Wunsch. Es kann etwas sein, das über uns hinausgeht, wie vielleicht ein Glaube. Und auch das gesprochene oder gedachte Wort, also eher fluffige, abstrakte Ereignisse, nicht zum Anfassen. In uns finden immer wieder solche in-sich-abgeschlossene-Ganzheiten statt, in der Wirklichkeit, im lebendigen Prozess. So etwas wie gute Absichten zum Beispiel. Aber Vorsicht, gute Absichten alleine sind nicht genug.

Sehen Sie: Ein Umkehrbild ist wie eine therapeutische Intervention, die etwas Entscheidendes zur Wende beiträgt, wie ein Tick hin zum Guten, ein Auslöser für Gesundheit.

Möchten Sie Kinder besser verstehen? Dann brauchen Sie Zugang zu tieferen Ebenen. Wenn Sie Umkehrbilder verstehen, ergibt sich automatisch der richtige Weg. Sie wissen dann, was Sie anbieten können. Sie wissen, wie Sie Fehler vermeiden und Möglichkeiten öffnen. Der Handlungsdialog öffnet die Türen zum basalen Verstehen. Nichts ist so wichtig wie das.

Stellen Sie sich vor, eine heilsame Information muss durch viele verschiedene Türen. Zum Beispiel das Gefühl für innere Ruhe und Gleichgewicht. Jede Tür öffnet sich entweder durch Ziehen oder durch Drücken. Solange Sie intellektuell um Verständnis kämpfen, öffnet sich die Tür nicht. Das ist wie beim Rechthaben. Dann erreicht die Information ein Kind nicht. Dazu kommt ein Trick der Natur: Ein Kind, das verletzt wurde, grenzt seine Welt durch eine Mauer ab. Keiner kommt rein. Wenn Sie die Mauer besser kennen, können Sie die Türen leichter finden. Und die Eintrittskarten. Ein gutes Rüstzeug dafür sind Bilder ... lebendige, berührende Bilder.

Der Haken: Die meisten Menschen übergehen diesen Teil der Kommunikation. Sie holen ihn nicht ins Bewusstsein. Sie übersetzen ihn nicht und deshalb erkennen sie ihn so schlecht. Und genauso übergehen sie die anderen nonverbalen Signale von Kindern. Wenn Sie auf Beziehungsqualität achten, auf basales Verstehen und auf Bilder im Handlungsdialog, dann ändern Sie genau das Problem. Spätestens jetzt, wo es notwendig ist. Die Macht der inneren Bilder und der stille Dialog öffnen ungeahnte Chancen und Möglichkeiten.

4.2.1 Umkehrbild: Das Sofa

Ein Sofa ist das erste Bild, das ich festhalte: Sitzen auf dem Sofa. Spielen auf dem Sofa. Ausruhen, anlehnen, kuscheln, lachen und weinen auf dem Sofa. Kummer teilen.

Das Sofa steht für einen sicheren Ort. Es ist weich und fest zugleich. Seine Lehne stärkt den Rücken. Manche Mütter stillen auf dem Sofa im Warteraum in Ruhe ihr Baby, während ihr großes Kind nebenan im Therapieraum mit mir arbeitet. Manche Kinder verkleckern das Sofa, krümeln darauf oder schmieren etwas in die Ritzen. Das Sofa hält allem stand, und das Beste ist: Wenn die Familie das nächste Mal kommt, ist es wieder sauber. Das Sofa hebt die Spuren auf. Schmutz und Reinigung tun ihr Gutes, wie selbstverständlich, nicht nur drüben im Therapieraum, sondern auch hier auf dem Sofa. Jemand sorgt hier an diesem Platz für Kinder.

Als ich eine Couch bekam, stellte sie – Päng! – im selben Moment ein Signal für innere Ruhe und Gleichgewicht dar. Sie lud zum Gebrauch ein, gleich am ersten Tag. Meine Couch war klug: Sie drängte darauf, abgenutzt zu werden. Seither ergreife ich jede Gelegenheit, in der sie nährt und heilt. Auf ihrer Sitzfläche verpflastere ich Kratzer und Schürfwunden, pflege und tröste, biete Kekse an und etwas zu Trinken.

Falls mein Sofa reden könnte, würde es sagen: „Hey, willkommen, fühl dich von mir eingeladen. Ich bin stabil wie die Erde. Ich umarme dich und ich lasse dich jederzeit frei. Nichts an mir engt ein, ich mache mich weit und breit und ich bin einfach da." Wir kippen das Böse aus, und das Sofa schluckt und schluckt, zu allem fähig. Seine Fläche ist imprägniert gegen die Nacht; eine Formulierung, die der Dichter Jannis Ritsos mir leiht.[5]

Ein Beispiel: Für Stefan, der nicht bei seiner Familie leben kann, ist das Sofa stundenweise eine Heimat. Denn zu Hause wurde sein Körper schon für Sex verkauft. Hier bei mir umarmt ihn großzügig eine solide Couch. Sie beschützt ihn ohne einzuengen. Er lümmelt rum – statt in Problemen zu waten.

---

[5]Jannis Ritsos: *Die Umkehrbilder des Schweigens*, Frankfurt: Suhrkamp, 2001, Seite 87.

4.2 Umkehrbilder des Schweigens

Der Junge fühlt sich wohl. Wir schauen zusammen Bilderbücher an, wir durchstöbern ein Regal und wir spielen Ich-sehe-was-was-du-nicht-siehst. Bis zu dem Tag, an dem er ausspricht, was er Schlimmes erlebt hat. Danach ist es für alle sichtbar – die zweischneidige Situation liegt offen. Ab hier ermittelt die Kripo.

Sofas sind leicht zu vermeiden (einfach daran vorbeigehen) und sie sind auch leicht zu verlassen (einfach wieder aufstehen). Wenn wir hier sitzen, kann ein Unwetter leichter vorüberziehen. Selbst dann, wenn der Tatort ein Sofa war – es war immer ein anderes als dieses, hier und jetzt. Sofas unterscheiden sich nämlich krass. Das Jetzt-Sofa ist immer ein wenig anders als das Damals-Sofa. Mit einer freundlichen Couch sind Sie auf der sicheren Seite. Sie sagt: „Ich stehe hinter dir." Auch zu Hause gilt die Sofa-Regel: Hier hast du einen Ruhebereich zum Kraft schöpfen – alleine oder miteinander.

Ein zweites Beispiel: Ein jugendliches Mädchen findet mit achtzehn seinen ersten Freund. Die beiden werden ein Paar. Sie haben nur Augen füreinander, Tag für Tag. Sie wollen intim werden. Aber das Mädchen schreckt zurück. Das läuft automatisch ab, wie von selbst. Die junge Frau erstarrt und wird passiv, gegen ihren eigenen Willen. Ihr liegt etwas auf der Seele, das sie noch nie ausgesprochen hat.

Eines Tages fasst sie sich ein Herz und setzt sich zur Mutter aufs Sofa. Diese ahnt schon lange, dass etwas nicht in Ordnung war. Nun, vermutet sie, ist die richtige Zeit für Klarheit gekommen. Sie bereitet sich innerlich auf ernste Worte vor und sagt im Stillen zu sich selbst, dass sie ruhig bleiben muss.

▶[Es ist geradezu unheimlich, wie wichtige Erinnerungen sich ihren Weg an die Oberfläche bahnen. Gerade so, als hätten die Menschen ein inneres Verlangen, ihre Möglichkeiten voll auszuschöpfen. Psychologen nennen es den Drang nach **Selbstverwirklichung.**[6] Alltag und Psychotherapie sind manchmal ganz genau dasselbe. Sie unterscheiden sich dann überhaupt nicht. Die verändernde Kraft, die ein Umkehrbild hat, gilt immer und überall da, wo wir mit ihm umgehen.]

Mutter und Tochter ziehen ihre Beine an und rücken zusammen. Sie ordnen und sie zupfen ein wenig an den Kissen. Das Mädchen würgt am ersten Satz.

Dann beginnt es: „Ich kann ihn nicht nah an mich dran lassen. Was soll ich machen? Ich will mit ihm zusammen sein. Aber es macht mir Angst." Sanft legt die Mutter einen Arm um die Schultern ihrer Tochter.

---

[6]Philippa Perry und Juno Graat: *Couch Fiction*, Verlag Antje Kunstmann, 2011, S. 68.

Diese fährt fort. „Ich war mit Tinie in der Stadt. Wir haben coole Typen kennen gelernt. Richtig alt. Schon zwanzig oder älter."

Die Mutter hakt nach: „Wie alt warst du?" Ihr Kind erwidert: „Weiß nicht, glaub dreizehn." Die Mutter erschrickt innerlich, sie ahnt es, jetzt wird etwas Hässliches folgen. Ihrer Tochter gegenüber behält sie die Ruhe und stellt sich auf das Weitere ein. Sie bestätigt mit einem Nicken, dass sie weiter zuhört: „Okay."

Stockend fährt die Tochter fort: „Wir wollten diese Typen treffen. Sie sagten, wir könnten mit zu einer tollen Party ... Wir waren bei ihnen zu Hause ... Tinie mit dem einen nebenan, ich bin drin geblieben. Der eine ist mit Tinie in ein Zimmer gegangen ... das ganze Bad voller Blut, seh ich ... Ich weiß nicht, wie wir wieder heimgekommen sind. Daheim ging's mir ganz schlecht. Ich hab nur geschlafen. Es hat mir weh getan." Das Mädchen weint.

Die Mutter schluckt. Sie fragt so ruhig wie möglich: „Erzählst du mir gerade, dass du vergewaltigt worden bist?" Das Mädchen bleibt erst still. Sie sieht weg. „Ich weiß nicht. Wir waren k.o. Bewusstlos. Aber es hat so wehgetan. Bei der Frauenärztin vor zwei Wochen hab ich nachgefragt. Sie kann es nach so langer Zeit nicht feststellen. Sie sagt, es ist kein Jungfernhäutchen da ... es könnte sein."

Das Mädchen schildert nun ihrer Mutter die Ereignisse. Sie hat sie lange geheim gehalten. Aus Scham und Schuldgefühl. Zwei Mädchen suchen Liebe. Zwei Sadisten manipulieren und missbrauchen sie. Das lähmt die Kinder, und es legt Schweigen auf sie. Einige Jahre später bittet eine Psychologin im Verlauf der Therapie dasselbe Mädchen, inzwischen eine Frau von vierundzwanzig, sich innerlich einen sicheren Ort vorzustellen. Es geht um eine gute Erinnerung, eine Szene, die sie wach rufen kann, wie ein Fenster mit Blick auf das Gute und Schöne, das trägt und heilt.

Die junge Frau wählt die geschilderte Sofa-Szene. Damit aktiviert ihre Therapeutin eine neue Perspektive. Wenn die junge Frau in Zukunft Halt braucht, holt sie die Erinnerung an die Sofa-Szene zurück. So kann sie Nähe zulassen, ihrem Freund mehr und mehr vertrauen, gehalten sein, ihre Liebe leben, ihre Sexualität genießen.

▶[Als **K.o.-Tropfen** bezeichnet man Stoffe, mit denen jemand einen anderen Menschen wehrlos macht. Nach dem Erwachen können sich die betroffenen Menschen nicht mehr erinnern, was passiert ist. Das macht den strafrechtlichen Nachweis schwierig. Das heimliche Verabreichen von gesundheitsschädlichen Stoffen ist strafbar und wird als gefährliche Körperverletzung angesehen. Werden die Substanzen gegen den Willen verabreicht, um sexuelle Handlungen vornehmen zu können, handelt es sich sexuelle Nötigung, Vergewaltigung bzw. sexuellen Missbrauch widerstandsunfähiger Personen.[7]]

---

[7]Wikipedia: *K.-o.-Tropfen* https://de.wikipedia.org/wiki/K.-o.-Tropfen abgerufen am 11.03.2020.

4.2 Umkehrbilder des Schweigens

Ein drittes Beispiel: Montag, zehnter Juni, das Ende eines heißen Vormittags. Ich werde zu einer Frau gerufen, die keinen Piep mehr sagt. Frau Fokos. Es ist Susanne, die Sie aus dem Text kennen, als wir über Nähe gesprochen haben. Ich sehe sie heute zum ersten Mal. Ich bin vorsichtig. Sie scheint taub für alle Fragen.

Susanne sitzt steif vor Angst da. Sie ist verschlossen wie ein Grab. Unsere Blicke treffen sich zwei Mal, ganz tastend. Wir harren aus. Dann glaubt Susanne, dass sie beginnen kann. Eine leichte Berührung in den Ton. Ein Fingertapser. Das Erinnern setzt ein wie ein Schlag. Sie schreckt zurück wie vor einer Flutwelle. Die Gefühle sind unerträglich. Susanne springt auf. Zum Glück können wir auf ein Sofa ausweichen. Dort erlebt sie in gewaltigen Flashbacks die vergangenen Schandtaten neu. Sie wollte diese Dinge vergessen. Jetzt drängen sie sich auf. Ungewollt. Da gehen wir durch. Susanne zittert am ganzen Körper. Sie wirft sich nach hinten an die harte Wand, berührt vorher aber die Sofalehne im Rücken. Sie kann sich daran anlehnen. Sie schließt die Augen. Dann schreit sie entsetzt: „Nein!" und „Er kommt immer wieder!" Das Sofa hält stand.

„Du bist beschützt", sage ich. Susanne rutscht ab in die Welt ihrer Kindheit – sie ist jetzt die kleine Susanne – ein hilfloses Kind. Aber diesmal ist eine besonnene Erwachsene bei ihr. Wir erzählen Susannes Geschichten in inneren Bildern um. Die Flashbacks verwandeln sich in bewusste Rückblenden. Und dann in innere Stärke. Susanne entkommt dem Täter.

Das Ausgeliefertsein verblasst. Susanne schlingert in die Gegenwart zurück. Sie setzt die Füße auf dem Boden auf. Die Beine tragen wieder. Es geht weiter.

Ich bin überzeugt: Auf-dem-Sofa-zusammen-sicher-sein ist ein gutes Signal. Eine schützende Geste, die jeder schenken kann. Auch wenn er oder sie zuerst einmal fremd ist. Oder wenn er nur verbal oder distanziert und unberührt gleichzeitig vorhanden ist. Das kann sich schnell ändern. Auf einem Sofa, auf einer Couch, gewinnen wir Sicherheit.

Ich sage: „So machen wir das in unserer Kultur. Wir haben die Couch erfunden, und wir nutzen sie."

4.2.2 Umkehrbild: Eine Mutter

Das Sofa ist ein neutraler Platz. Es ärgert sich nicht, es ist niemals hektisch und eher positiv gestimmt. Es trägt.

„Also habe ich Halt, habe den Kopf und die Hände frei, ich sitze-stehe-liege, und im besten Fall weiß ich auch: Eine Mutter ist bei mir, damit ich auf ihren Schoß klettern kann." Selbst wenn wir erwachsen sind, brauchen wir noch lange ihre Power.

Denken Sie nur daran, wie Sarah Grans Mutter sie auf die Philippinen begleitet. „Ich komm mit, auf jeden Fall, ich lass dich da nicht alleine hin!", sagt sie.

Für die meisten Mütter ist es überwältigend, vom Missbrauch an ihrem Kind zu erfahren. Wer sich dem stellt, wird über sich hinauswachsen, doppelt Kraft aufwenden und doppelt Mutter sein. Aber die Unruhe über den Missbrauch am eigenen Kind kann für eine Mutter so gallenbitter sein, dass sie in ihre eigene Mutter zurück schlüpft – im übertragenen Sinn. Für ein misshandeltes Kind ist das, als würde sie vom Erdboden verschluckt.

Wir bekommen das Leben von einer Mutter geschenkt, wir waren neun Monate eins mit ihr. Wenn das Leben uns enttäuscht oder sehr wehtut, wenn es viel schlimmer wird als unbehaglich, dann möchten wir wieder zurück. Nicht nur auftanken; die Wärme, die Nähe, den Schutz und die Liebe einer Mutter – nein, viel mehr als das: zurück rutschen in ihren Schoß. Die Augen schließen. Raus aus der Welt.

Wieder hervorkommen ist wie ein Neustart. Unbequem, denn das „frisch Geborene" muss nun viele Prozesse selbst regulieren. Es wird nach seiner Mutter weinen, und ihre Stimme wird es trösten. Diesen Zirkel nutzen alle Völker für die persönliche und für die heilsame Weiterentwicklung. Sie kennen dafür unterschiedliche Wege. Übergangsrituale verhelfen zu Neuem. Ärzte und Therapeuten arbeiten auf ihre eigene Weise bemutternd, mit starken Bildern von der *großen Mutter*.

Die Übergangsriten führen fast immer dazu, dass die alte Welt losgelassen wird. Darum Übergang. Da ist klar: Das wird gewollt und wird auch begrüßt, von allen. „So viele sind schon hindurchgegangen und haben es überwunden. Komm auch du." Das Neue wird als notwendiger Entwicklungsschritt zelebriert.

Sexueller Missbrauch kann nicht rückgängig gemacht werden. Die Erinnerung und die Trauer bleiben. Aber ein Mensch kann die Katastrophe loslassen, vom Chaos zurückkommen in die geordnete Welt. Die Trauma-Reaktionen bestimmen dann nicht mehr das Leben.

Ein Neustart an der Stelle: „Wie bin ich im Leben empfangen worden?" ist ein wirklich sinnvoller Moment. Und er ist ein Signal, das sozusagen mütterlich gezündet wird.

Für diesen Prozess der wiederholten psychischen Geburt kann der Kanal ganz schön eng sein. Aber es ist toll, wenn jemand sich wieder herauswagt, an die frische Luft. Auch wenn er dafür gepresst werden muss.

Die guten Nachrichten: Eine Mutter ist genau richtig, wenn sie da ist – anwesend. Es ist hier unangemessen, Perfektion zu erwarten. Jeder, der etwas zu geben hat, kann einer Mutter Rückhalt geben, es ist eine einfache mitmenschliche Tat.

4.2 Umkehrbilder des Schweigens

Die Mutter der Mutter eines misshandelten Kindes ist beispielsweise eine große Hilfe. Vielleicht ist sie da, im Hintergrund.

Eine Mutter kann, wenn sie muss, ihre eigene Mutter sein – auch das ist eine einfache mitmenschliche Tat. Elefantenmütter sorgen immer zuerst für sich selbst. Wenn sie am Wasserloch ankommen und als Erste trinken, kommen ihre Babies besser durch. Es ist wichtig für sie, stark zu bleiben, damit sie ihre Kinder stetig bemuttern können.

An die Elefantenmutter: Atmen Sie erst einmal tief durch. Hören Sie zu. Beraten Sie sich. Bewahren Sie Ruhe. Übereilen Sie nichts – vor allem nicht mit einer Strafanzeige. Finden Sie heraus, was Ihr Kind braucht, und setzen Sie Ziele. Schließen Sie sich zusammen mit helfenden Menschen. Vermeiden Sie alles, was Ihnen komisch vorkommt, was Ihnen oder Ihrem Kind aus einem Instinkt heraus gegen den Strich geht. Erlauben Sie nur noch, was Ihnen gut tut, was Sie lieben und was Ihnen Kraft gibt. Alles, was leicht ist und was frei ist. Das sind die rosaroten Marshmallows im Leben. Die wollen wir. Und bitte seien Sie ehrlich. Wenn Sie nichts zu geben haben, geben Sie nichts. Wenden Sie sich an kreative, schöpferische und kraftvolle Menschen.

In uns schlummern ungeahnte Kräfte. Wir leben mit fest installierten Urbildern, mit Archetypen der Seele. Diese verdoppeln unsere seelischen Kräfte. Tiefenpsychologen zum Beispiel greifen auf diese Programme zurück, wenn sie den Archetyp der Mutter in einer Therapie anbieten. Und auch wir selbst, in jeder Krise, in der es notwendig und möglich ist. Das Urbild der Mutter tragen wir in uns. Wir haben ein ideales inneres Bild davon, wie wir sie brauchen. Beide Mutterbilder ergänzen sich: die wirkliche Mutter, wie sie tatsächlich für uns als Kind da ist und da war. So wie wir sie abrufen konnten. Und die mögliche Mutter, das innere Bild davon, wie unsere Mutter für uns da sein soll, wie wir sie brauchen. Oder wie wir sie gebraucht hätten.

Das vollkommene, idealgute Urbild wird lebendiger, je öfter wir es wecken.

Das geht mit Kinderliedern, mit seelen-pflegenden Kinofilmen, mit passenden Märchen, im Gebet, in manchen Kirchen, unter Frauen und auch mit einem unterstützenden Partner an der Seite. Manche haben von ihrer Mutter nur dies: dass sie geboren hat. Es genügt.

Einige Beispiele, wo Mutterqualitäten gelebt wurden:

Ein kleiner Junge geht in den Kindergarten. Eines Tages sagt er zu seinem besten Freund: „Musst du auch immer den Pimmel vom Papa in den Mund nehmen?"

Sein Freund staunt nicht schlecht. Er erzählt zuhause, was der kleine Junge zu ihm gesagt hat. So hören seine Erzieherinnen davon. Es sind viele mütterliche Frauen an einem Platz. Sie setzen sich im Kreis zusammen und besprechen die Hilfe für das Kind. Sie finden dafür mehrere Termine. Denn der Austausch ist wichtig, finden sie. Sie schaffen eine freundliche Atmosphäre, in der sie gute Worte finden. Sie sprechen lange darüber. Dabei stehen sie zusammen wie eine Eins. Auch wenn mal eine Kampfkatze dabei ist, der Einsatz in diesem Beruf gilt immer dem Kind. Was diese Frauen hier und jetzt zusammentragen, ist eine mütterliche Stimmung, die alle Konkurrenz außen vor lässt. Ein großzügiger Raum entsteht, in dem Leben drin ist. In diesem Kraftzentrum, das sie bilden, stimmen sie etwas Mütterliches ab. Wie Vize-Mütter. Das Mütterliche hat zwar auch Grenzen, doch zunächst lässt es zu. Es empfängt. Das Weiche heilt.

Schließlich fragen die Erzieherinnen in diesem Fall beim Jugendamt nach Hilfe. Was sollen sie genau tun? Danach sprechen sie mit der Mutter des Jungen. Plötzlich interessieren sich ganz viele Menschen für ihn. Sie merken auf einmal, dass der kleine Junge sehr oft böse Worte sagt. Und sie fragen sich, was sein Vater macht. Was macht er mit dem Kind? Sie haben nicht nachgefragt. Deshalb sind die Fakten nicht eindeutig.

Doch dann hört der Papa auf, die Sachen mit ihm zu machen und mit seinem Penis. Das ist gut, findet der kleine Junge.

Was haben die Erzieherinnen mütterliches gemacht? Wer weiß? Dass sie ihre Stimmen abgegeben haben? Dass es eine Vizemutter geben kann und darf. Dass die Erzieherinnen so großzügig sind mit ihrer Zeit und Energie. Dass die Mutter hier so großzügig ist und abgeben kann, das ist nicht selbstverständlich. Es spricht von Größe, dass sie freilässt und loslässt und zulässt.

Sie meldet ihren Sohn bei einer Therapeutin an. Immer wenn der kleine Junge zu der lieben Frau geht, geht es ihm besser. Nach der Therapiestunde. Er fühlt sich leicht. So sehr, dass er die Therapeutin ganz fest umarmen will. Er ist so klein und seine Arme sind so kurz, deshalb kommt er nicht ganz um ihren Körper herum. Der Junge legt den Kopf an ihren runden Bauch. Das hier ist warm-weich-rund-groß. Der kleine Junge kann ihre liebe Stimme auch da drin hören. Da ist Leben drin. Bauch-Liebe. Er presst sich ganz fest an sie und lauscht. Dann sieht er zu ihr hoch und findet ihren Blick.

Dieser Moment ändert alles. Es ist gut, wieder gut. Er lässt los und geht mit seiner Mutter nach Hause. Ihr war für einen Moment peinlich, dass der Kleine sagte: „Oh, dein schöner dicker Bauch." Aber sie hat es freigelassen. Und sie hat zugelassen, dass ihr Kind, das so ausgedurstet war, von einer Vize-Mutter etwas abbekommt, für das sie selbst im diesem Augenblick zu dünn war. Zu alleine. Sie weiß jetzt, dass sie andere Frauen im Rücken hat, die zu ihr stehen. Während sie heimfährt, kann sie dem lauschen, was aus ihrem kleinen Jungen heraussprudelt. Er kann seiner Mutter erzählen, um was es genau geht. Auf der Heimfahrt zusammen im Auto fahren. Der kleine Junge fühlt sich sicher auf dem Rücksitz. Und er vertraut seiner Mutter, die den Wagen lenkt.

Der Archetyp Mutter ist mit dem Bauch verbunden. Der Bauch ist ein mütterliches Symbol. Der Bauch ist rund. Der Nabel ist die Mitte. Alle diese Kräfte sind jetzt gefordert – und sie sind gegeben. Kein Wunder, dass der Bauch so negativ besetzt

4.2 Umkehrbilder des Schweigens

ist und bekämpft wird. Wie viele finden ihren Bauch häßlich, sind wütend darauf oder auf sich selbst? Finden ihren Bauch nutzlos, kaum ist er ein bisschen weich? Das ist er gar nicht, er ist ein Kraftzentrum. Immer um eine Mitte.
Der mütterliche Effekt kann auch in einem Konflikt liegen, wenn Sie Grenzen setzen.

Dazu ein Beispiel: Ein Jugendlicher, den Thea gut kennt, erschreckt sie gern. Sie ist Krankengymnastin und begegnet ihm bei der Arbeit. In letzter Zeit hat er eine neue Angewohnheit. Er streckt seinen Zeigefinger aus und stößt damit fest in ihren Bauch. Sie schnappt nach Luft. Er freut sich hämisch über ihren Schmerz. Und über den Schreck, den er auslöst, wenn er sie im Vorübergehen erwischt. Für ihn ist es ein Heidenspaß. Und ein Ausdruck dafür, dass er gelernt hat, Frauen zu verachten.

Er wiederholt das nun jedes Mal, wenn sie sich sehen. Sie bittet ihn, es zu lassen. Aber er genießt ja das Gefühl, sich überlegen zu fühlen. Er genießt jedes bisschen Hilflosigkeit, die er bei Thea erreichen kann. Denn dann hat er seine eigenen hilflosen Gefühle abgegeben. Er hat die Kontrolle. Das soll so sein.

„Ich find's lustig", sagt er. Thea nimmt sich Zeit, um das zu überdenken. Sie begegnet ihm das nächste Mal anders und reagiert deutlich: „Nein! Wenn du das tust, dann lang ich dir eine." Er nimmt sie jetzt ernst. Ende mit der Verachtung.

Auch in einem Spiel, das spontan entsteht, kann ein mütterliches Signal liegen. Wie in dieser Begebenheit:

Karla ist eine Jugendliche aus der Nachbarschaft. Thea räumt ihr Auto ein für einen Wochenend-Ausflug. Sie hat ihre berufliche Kompetenz immer um sich, wie eine Aura. Man spürt, dass man in ihrer Nähe davon etwas abbekommt. Als hätte sie ein drahtloses Netzwerk bei sich für den Download von allem, was sie weiß und kann. Karla rückt an. Kennen Sie Teenager? Karla naht langsam und sie tritt so stachelig auf, wie es zu ihrem Alter passt. Aber auch eine Hoffnung liegt in der Luft. Die Erwartung auf einen guten Draht – typisch zwölf Jahre – wie ein Fohlen.

„Thea!", wiehert sie. Thea schaut zu ihr hinüber. Sie erinnert sich: So hat Karla schon geklungen, als sie ganz klein war. Sie mag die Lautstärke und auch die lustige Brille des Mädchens. Auf dem T-Shirt liest sie Good vibes only in goldener Schrift. Ihr fällt außerdem auf, dass die vordere Bauchlinie des Mädchens etwas sagt. Wissen Sie, wir haben unterirdische Datenautobahnen, im Bindegewebe. Wer aufmerksam hinsieht, kann sie wahrnehmen – ihren Hunger oder Durst und ihren sensomotorischen Zustand, gewissermaßen zwischen festgeklebt-verspannt oder locker-ausgeglichen-flüssig.

Thea wartet bis Karlas Augen ihre Augen von selber finden. Dann sehen die beiden Generationen sich mit Frauenpower ins Gesicht. Generation Thea, 37 Jahre. Generation Karla, 12 Jahre. Sie schlendern aufeinander zu. Das wird eine gemächliche Konferenz zu zweit. So ein Frauen-Ding. Thea kommt Karla etwas zu nah. Sie testet die Beziehung, indem sie mit Absicht die persönliche Teenager-Randzone übertritt:

doppelte Armlänge. Karla lässt es zu und geht sogar noch weiter auf Thea zu. Auch ein Test. Was passiert als nächstes? Sie stehen dicht an dicht, direkt einander gegenüber, und sie strahlen sich an. Thea wölbt fix ihren Bauch vor und schubst mit Spaß damit an Karlas Kinderbauch. „Boing." Dabei lacht sie glockenhell auf. Das Mädchen tut überrascht, als würde sie protestieren, mit schriller Stimme: „Oh! Ich hab grad gegessen!" Thea hätschelt sie mit einem Blick und sie verabschiedet das Kind. Mehr ist es nicht. Aber es lädt Karla mit Liebe auf. Eine einfache, mitmenschliche Tat.

Ein Gedanke: Wenn Sie einmal einem Kind begegnen, das in Not ist, und die Mutter ist bei ihm, dann braucht die Mutter Schutz. Sie muss Halt und Kraft finden, sie geht jetzt an ihre Reserven.

„Durch uns wird geboren. Das ist in meinen Augen das heiligste Geschenk, das es auf der Erde gibt. Der Akt, eine Frau zu sein, der Akt des Empfangens, der Akt des in sich Tragens und der unfassbare Akt des Gebärens, der Akt zeitlebens nie wieder nur ICH alleine, sondern eine Mutter zu sein, hat mich zutiefst verwandelt. Hat mich von Stein zu Wasser, von Luft zu Feuer werden lassen. Für das Kind, das mir in diesem Leben anvertraut wurde, fühle ich die tiefste Liebe, zu der ich fähig bin. Es hat mich die höchste Freude, die uneigennützigste Freude, den unfassbar tiefsten Schmerz fühlen lassen. An jeder einzelnen Stelle unseres Seins wachsen wir Mütter über uns hinaus. Nicht nur wir gebären Kinder. Unsere Kinder gebären uns."[8]

4.2.3 Umkehrbild: Gemeinschaft

Eines Tages kommt der Vater ins Spiel. Zunächst behütet er die frühe Liebesgeschichte zwischen Mutter und Kind, die eng verbunden – ja sogar psychisch miteinander verschmolzen – zusammengehören, dann wechselt er auf seine eigene, individuelle Weise in das Spiel ein. Man kann sagen, so wird aus der Familie eine Mannschaft.

Die Rolle ist von Natur aus strategisch angelegt. Ein Dritter, außerhalb von Mutter und Kind, öffnet die Zwei sanft für die Gemeinschaft. Durch diese Person lernt ein Kind, Beziehungen zu mehr als einem Menschen zu haben. Für immer.

Diese Aufgabe kann jede andere dritte Partei genauso wie ein leiblicher Vater einnehmen, sie soll sie nur erfüllen. Ein neuer Partner der Mutter, ein Großvater, eine Freundin, ein Nachbar oder eine Gruppe, vielleicht das Betreuerteam vom örtlichen Krankenpflegeverein. Oder ein Beispiel ganz in meiner Nähe: der

---

[8] Andrea Lindau: *Einen herzlichen Gruß an alle Mütter. Ihr seid ein Wunder.* Post auf Facebook von Veit Lindau am 13.05.2017 https://de-de.facebook.com/veitlindau/photos/heute-zum-muttertag-möchte-ich-einen-text-meiner-liebsten-andrea-lindau-posten-m/135 2524311508388/ zugegriffen am 03.09.2020.

4.2 Umkehrbilder des Schweigens

DLRG in Beuren bei Nürtingen. Da weiß ich genau, dass die Kinder nicht nur Schwimmen lernen, sondern die Essenz von der Regel *Gemeinschaft beginnt bei drei*.
Noch ein weiterer Aspekt: Gemeinschaft entlastet. Wenn du nicht alleine bist, nicht der Einzige, dann ist das tröstlich. Es wirkt beruhigend, wenn wir Leid verteilen. Nicht nur erwachsene Helfer sind wichtig, sondern auch das geteilte Schicksal unter Überlebenden. Verletzte Kinder interessieren sich für Kinder, denen dasselbe widerfahren ist, und für deren Geschichten. Sie orientieren sich daran, wie andere in der Situation damit umgehen.

Es ist Oktober im Jahr 2018. Nasskalte Tage und Wochen. Der Regen knattert gegen die Frontscheibe, während ich meinen Wagen zu einer Kirche lenke. Ich steige aus und trage die Einsatz-Tasche zum Eingang beim Gotteshaus. Der Wind pfeift mir um die Ohren. Eine religiöse Gemeinschaft hat um Hilfe gebeten. Es betrifft die vierzehnjährige Violetta. Ein Mitglied des Kirchenrats hat sie missbraucht.

Was bisher geschah: Als Violetta zu Hause von den sexuellen Machenschaften Martins erzählt, implodiert ihre Mutter. Sie fällt in sich zusammen. Ihr Partner, der jetzige Stiefvater Stefan, wendet sich entschlossen an die Kirche. Er nimmt die Familie ins Schlepptau. Der Kirchenrat tagt zu dem Fall. Alle Achtung dafür.

Das Ergebnis sieht so aus: Jeder im Umfeld bekommt einen Mentor an die Seite, der ihm durch den Albtraum hilft. Alle Achtung, dass der Kirchenrat sich so zusammenschließt und gemeinschaftlich handelt. Und alle Achtung, dass Violetta sich zu Hause mitteilt. Und alle Achtung für den Stiefvater, für die Art und Weise, wie er die Rolle des Dritten einnimmt.

Violettas Mutter, Violetta, ihr Stiefvater Stefan, der Missbraucher Martin und seine Ehefrau, jeder findet einen Beistand. Auch Martin soll Hilfe erfahren. Das steht für alle fest. Er soll sich dem stellen, was er getan hat. Seine Frau möchte nicht mehr mit ihm verheiratet sein. Sein Mentor begleitet ihn durch die Scheidung.

Mein Part ist die Therapie für Violetta. Ich finde zum Gemeindehaus. Das Gebäude ist unterkellert. Das Treppenhaus erstreckt sich weitläufig um Flure und Ecken. Ich komme an vielen Gemeinschaftsräumen vorbei. Ich tappe im Keller an der Wand entlang und finde den ersten Lichtschalter. Hier sind wir verabredet. Die richtige Tür ist gleich beim Feuerlöscher rechts. Ich bereite den Raum vor, fülle Ton in die Holzkiste, stelle Wasser in einer Schüssel dazu. Die Schürze und ausreichend Handtücher habe ich zur Hand, so wie üblich.

Der Stiefvater bringt Violetta zur Therapie. Das Mädchen ist sympathisch und heiter, und sie gibt mir eine feste Hand, während sie mit verhaltener Stimme Guten-Tag sagt. Drahtige rote Haare fallen ihr auf die Schultern. Sie umrahmen ihr weiches Gesicht mit einer Pony-Frisur. In den nächsten zehn Wochen spielt sie sich frei. Jede Woche ein Termin.

In der letzten Stunde baut sie zwei hässliche Typen aus Ton. Sie durchtrennt die Box in der Mitte mit einem schmalen, aus Ton geformten Grat. Auf jeder Hälfte steht nun eine Figur, die sich zu ihr hoch streckt, etwa so groß wie ein mittlerer Gartenzwerg. Violetta hat die Wahl: Um wen geht es jetzt? Links der pickelige Täter – rechts der pickelige Stiefvater.

Beide Figuren missfallen ihr hier total, mit ihren Gurkennasen, den Riesenohren und den Glubschaugen. Violetta betrachtet die beiden. Kurz gesagt: Alles an ihnen ist doof.

Violetta denkt zurück. Sie sinniert. Wie war das mit ihrer Mutter in den letzten Jahren? Seit ihr Vater ausgezogen war. Sie wägt ab, wie ist das mit Pflichten im Leben? Wie stehen die zu Lust und Unlust? Sie hasst Hausarbeit. Sie erfüllt ihre Spül- und Aufräumdienste zuhause nur langsam oder gar nicht. Helfen in der Küche, das mag sie nicht.

Wenn sie jetzt aber nachdenkt, hier und heute, kommt sie zu einem neuen Gedanken: „Der Martin, das ist nicht mein Problem." Sie zögert. Ihre Miene verrät, dass sie vielleicht noch nicht genug Vertrauen zu mir hat, um das Wort auszusprechen. Dann sagt sie es höhnisch und laut: „Sexueller Missbrauch!" Pause. Sie stellt klar, in ihrer Stimme schwingt der Protest einer Göre: „Mein Problem ist der Stefan. Immer soll ich machen, was der will!"

Damit hat sie eine Wahl getroffen. Stefan ist wichtiger. Das Zusammenleben, die alltäglichen Kleinkram-Auseinandersetzungen in der Familie, täglich miteinander essen, Schule, am Tisch sitzen, streiten, lachen, Fehler machen und verzeihen und wieder gutmachen und weitergehen. Violetta nimmt Stefan als Stiefvater an. Hier und jetzt. Er ist ein Vater, der verfügbar ist, an dem man sich reiben kann – nicht zum Lustgewinn, sondern zum Selbstgewinn. Die Krise ist vorbei.

Stefan hat den Test bestanden. Er hat ihr etwas gegeben. Statt ihr etwas zu nehmen. Der andere war ihr so leicht und lustig erschienen, hatte Liebe versprochen, aber Leere hinterlassen.

Für Violetta ist deutlich geworden, dass Martin sie ausgebeutet hat. Aber das ist zu verschmerzen, es ist vorbei. Wichtiger ist, dass sie jetzt mit ihrem Stiefvater auskommt. Er stellt sich zu ihr wie ein Vater zu seiner Tochter. In der Feuerprobe besteht er in der Rolle des Dritten. Und er bringt Ordnung.

Es gelingt ihm deshalb, weil er ein tief verwurzeltes Verständnis von Gemeinschaft, von Teamgeist hat. Wenn Menschen zwischen dir und dem Täter stehen, wenn sie neben dir stehen, bei dir sind, dann bist du beschützt.

Violetta ist beschützt. Die Erwachsenen tragen die Lasten – nicht das Kind. Sie nehmen ihr die Last regelrecht aus der Hand. Violetta entscheidet sich für den sanften Krieger statt für den Lust-Betrüger. Es ist ihr lieber, sie kann jemandem abgucken, wie man sich auseinandersetzt – statt wie man sich sexuell aufführt.

Das zeigt, wie sehr jemand von außen gebraucht wird, der weiß, was zu tun ist. Der unter Umständen auch einmal mit in die Knie geht und doch standhält. Oder

4.2 Umkehrbilder des Schweigens

viele, die das tun. So weit und solange, dass das Kind spürt: ich bin gehalten. Weil die Gemeinschaft im Schulterschluss hinter ihm steht.

In Gemeinschaft ist es leichter, mit einem Bein draußen zu bleiben. Das ist wie bei einem Elektrounfall. Mit Abstand ist es einfacher, jemanden rauszuziehen. Sobald du den Körper des Verunglückten so berührst, dass du mit im Stromkreis bist, bist du geliefert. Wenn etwas Isolierendes zwischen den Hautflächen ist, trägst du keinen tödlichen Stromschlag davon. Es braucht einen Abstandhalter, wie Isolierband oder ein dicker Pullover, er kann dir ruhig hässlich erscheinen wie Stiefvater Stefan. Das sind Pullover ja auch manchmal. Aber sie halten warm.

In Violettas Familie ist das Umkehrbild Gemeinschaft die Stelle, wo sie den Faden verloren hat. Und wo sie wieder anknüpfen kann. Was ist passiert? Der Vater fehlte, denn die dritte Person hat die Familie verlassen. Die Mutter ist alleingelassen. Dann kommt ein Stiefvater dazu. Er wird erst akzeptiert, als er sich bewährt und im Sturm ein starkes Zeichen setzt: Ich nutze die Kraft der Gemeinschaft.

Er gibt jetzt mehr vor als die einfache Formel Wir-halten-Regeln-ein. Violetta beginnt, ihn zu respektieren. Als respektablen Gegner, als Vorbild und Beziehungsgeber. Sie kann sich an ihn halten. Er sorgt für Netz und Boden.

Nun heißt es nicht mehr nur: Alle helfen im Haushalt, wir sind eine Familie, jeder hilft mit, auch wenn es unangenehm ist. Nein, es heißt auch: Sex mit erwachsenen Männern kommt nicht infrage, sonst aktiviere ich meine Autorität und wende den Schaden ab.

Der Mann hat Mut. Er vertraut auf Hilfe. Und er plant. Er zieht seine Kirche als tragfähigen Grund heran. Darüber hinaus hat er die Größe, das-sogenannte-Böse einzubeziehen statt es auszugrenzen. Er veranlasst, dass es mit seinen Schattenseiten angenommen und verwandelt wird. Nun ja, Hut ab!

Das Umkehrbild Gemeinschaft ist ein zentraler Schlüssel, da wir soziale Wesen sind. Wir müssen gemeinschaftlich vorgehen. Wir müssen aktive Netzwerke bilden. Denn die Netze der Menschen, die Kinder schänden, sind weit und sie greifen tief.

Es gibt aus meiner Sicht zwei Arten von Missbrauchern: erschrockene und unerschrockene. Ich weiß, dass die Fachwelt anders unterscheidet. Die meisten sehen darauf, ob jemand zu den „Pädophilen" gehört, die ihre Sexualität auf Kinder richten, weil sie so gebaut sind. Wie eine sexuelle Orientierung. Dieser Meinung nach besteht die zweite Gruppe aus Menschen, für die es irgendwie zu einer Option wurde, Kinder sexuell zu missbrauchen. Vielleicht weil Macht geil ist, vielleicht weil sie nur so Nähe herstellen können. Oder weil sie es von jemandem gelernt haben. Oder weil sie in psychischer Not sind und unter einem Zwang stehen. Oder weil Lust sie übermannt.

Ich akzeptiere diese Auffassung – es ist gut sie zu kennen. Aber ich sage lieber so: Der unerschrockene Täter fürchtet keine Konsequenzen. Er kennt kein Mitgefühl. Er hat keine Achtung vor dem Leben. Er ist sadistisch, rigoros und konsequent selbstbezogen bis zum Letzten. Er nutzt Seilschaften. Und er kennt die gravierenden Rechtskonflikte, die ihn schützen.

„Gott, gib mir die Kraft für ein Doppelleben." sagt sich der junge X. Er ist Jugendleiter beim Roten Kreuz und organisiert Gruppen mit Kindern und Jugendlichen. Auch in der Kirche ist er ehrenamtlich aktiv. Er hat früher einmal entdeckt, dass er gerne quält – schon einige Jahre her. Er weiß auch, er muss es heimlich tun.

X. hat schon lange ausprobiert, was ihm Spaß macht. Er experimentiert damit seit er 10 Jahre alt war. Er verfeinert und er sexualisiert seine Methoden Zug um Zug. Er isoliert einzelne Kinder und Jugendliche und tut mit ihnen, was ihm gefällt. Es gelingt ihm fortgesetzt. Er genießt das. Und er weiß: „Ich bin ein Grenzgänger."

Mit zwanzig trifft er seine Entscheidung: „Ich will die Neigung ausleben." Dazu ist eine strategische Berufswahl günstig. Sie bringt ihn in Kontakt mit Kindern und mit Macht. Er hat Pläne, und er feilt täglich daran. Seine Eltern sehen weg. Seine Lehrer finden ihn tüchtig. Man glaubt ihm leicht. Es ist nicht schwer, sich gegenüber Kindern ins Recht zu setzen.

X. ist ja zudem in der glücklichen Lage, dass seine Schandtaten diejenigen schwächen, die ihm in die Hände geraten. Sie sind mit ihm zur gleichen Zeit die einzigen Zeugen. Das erfordert einen Gegenspieler, ein unerschrockenes Vorbild.

4.2.4 Umkehrbild: Ein unerschrockenes Vorbild

Wer soll das sein, wenn nicht Sie? Kinder und Jugendliche sind auf Zivilcourage angewiesen. Darauf, dass wir weit nach vorne schauen. Dass wir uns auf Ziele fokussieren und dass wir vielleicht sogar mit Regeln brechen.

Ein Beispiel: Der fünfzehnjährige Marco richtet seine Befriedigung auf die dreijährige Halbschwester Lilly. Er weist sie an, seinen Penis so zu reiben, dass er zum Orgasmus kommt. Das tut er oft, und er tut es über ein halbes Jahr lang.

Dann erzählt Lilly ihrer Mutter, was sie tut.

„Was?" sagt die Frau. „Wie meinst du kitzeln?"

„So", und Lilly macht ihr die rubbelnden Bewegungen vor. Mutter und Vater beraten, was sie tun können. Sie bedauern, was sie jetzt bedenken müssen. Und trotzdem schätzen sie ihren Jungen so ein, dass er das beibehalten wird, egal, was sie sagen. Die Eltern schicken Marco in ein Kinderheim. Unerschrockene Vorbilder. Lilly ist beschützt, basta.

4.2 Umkehrbilder des Schweigens

Ein anderes Beispiel: Frau Schmidt ist die Mutter von zwei Kindern. Ihre Tochter Ines ist acht Jahre alt und ihr Sohn John ist fünf Jahre, als die Eltern sich trennen. Herr Schmidt zieht aus. Frau Schmidt versorgt die Kinder alleine. Die Geschwister streiten nervtötend oft, sie weinen viel, haben oft Angst, gehen abends nicht ins Bett, sie schlafen schlecht und sie leiden unter Albträumen.

Der Junge beginnt damit, andere Kinder zu quälen. Er steckt ihnen Dinge in den Popo. Es wird ihm verboten. Das stört seinen Gerechtigkeitssinn. Er ist empört: „Aber das macht der Papa auch mit mir!" Er erzählt seiner Mutter, was sein Vater ihm antut. Es kommt nur abgehackt aus ihm heraus. Frau Schmidt ist geschockt. Sie berät sich mit einem Sozialarbeiter, der bei ihrem Jugendamt zuständig ist. Dieser will beide Eltern hören. Dabei gewinnt er einen guten Eindruck von Herrn Schmidt. Zum Nachteil von Ines und John.

Herr Schmidt besteht auf dem Recht, seine Kinder zu sehen. Er möchte, dass sie alle zwei Wochen bei ihm übernachten. Die Kinder verweigern das. Sie heulen und toben. Aber rechtlich folgen Konsequenzen, die auf die verstörten Kinder keine Rücksicht nehmen. Das gemeinsame Sorgerecht gilt selbstverständlich, sowie das Umgangsrecht des getrennt lebenden Vaters.

Vor dem Familiengericht findet ein Verfahren statt. Das Familiengericht verpflichtet Frau Schmidt zu Wohlverhalten. Sie muss gewährleisten, dass die Kinder ihren Vater sehen. Ein krampfhafter begleiteter Umgang wird veranstaltet. Ehrenamtliche Helfer sitzen eineinhalb Stunden lang mit den Kindern und ihrem Vater die Zeit ab. Wohlmeinend – und dennoch sind sie blind für die nackte Angst des kleinen John. Sie sehen einfach ein Kind mit seinem Vater spielen. Und dabei brechen sie eine wichtige Regel: Schützen Sie Kinder vor Kontakt mit einem Täter.

Manchmal passiert es in unserem Land, dass es gegen seine Kinder steht. Rechtsstaat klingt doch gut. Aber es bedeutet auch, dass ein Tatverdächtiger so lange als unschuldig gilt, bis das Gegenteil bewiesen ist. Was John aussagt ist zwar bedenklich, aber kein Beweis. Im Zweifel für den Angeklagten – somit gegen die Überlebenden der Gewalt. Sie können die Straftat zwar bezeugen, aber selten so, dass es vor Gericht Bestand hat. Die biologischen Reaktionen auf die Straftat, die körperlichen Traumafolgen, stehen im Weg.

Dabei muss man sich juristisch schon wundern. Haben wir nicht im Grundgesetz die Achtung der Menschenwürde, Recht auf Leben, körperliche Unversehrtheit und auf Freiheit der Person? An sich verpflichtet das Grundgesetz die staatlichen Organe, sich schützend vor die Rechte der Verletzten zu stellen.[9]

---

[9]Rudolf von Bracken: *Unglaublich – aber wahr! Rechtliche Aspekte Ritueller Gewalt.* in Claudia Fliß & Claudia Igney: *Handbuch Rituelle Gewalt.* Lengerich: Pabst Science, 2010, 365 ff.

Ines sitzt die Treffen mürrisch aus. Sie hat Schläge kassiert – mehr nicht. An der Schwere für ihren kleinen Bruder trägt sie dennoch mit, so wie Geschwister es tun.

John dagegen fürchtet sich zu Tode. Seine Erinnerung lässt ihn schaudern, wenn er im gleichen Raum sein muss wie sein Vater. Die Gefühle branden wie Wellen. Während sein Körper fast kocht, steht ihm Schweiß auf der kalten Stirn. Er ist emotional absolut überfordert. Er weiß noch genau, wie es ist, wenn Haut einreißt, wenn Blut alles nass macht, man verliert seinen Namen. Er wünscht sich den Tod. Die Gegenwart des Mannes, der ihm arge Schmerzen zugefügt hat, schüchtert ihn mächtig ein. Da sich das nur innerlich abspielt, ist es für die Erwachsenen, die mit ihm im Zimmer sitzen, unsichtbar.

John kann jetzt nur still dasitzen. Irgendwie scheint ihm das am wichtigsten. Vielleicht würde sein Inneres andere Worte – von draußen – verkraften, aber nicht seine eigenen. Dann würde alles zusammenstürzen. Dann würde er nicht überleben. Er würde nie wieder etwas sagen, das schwört er sich. Niemals. Zu niemandem. So wirkt das Unheil in ihm nach. Für John ist der Umgangskontakt retraumatisierend. Die Treffen mit seinem Vater lösen eine psychische Störung aus. John entwickelt eine posttraumatische Belastungsstörung wie aus dem Lehrbuch. Der Schock ploppt wieder auf, weil er tief sitzt. Warum auch nicht? Er hat ja auch einen. Einen richtigen Schock. Mit extremer psychischer und traumatischer Belastung, mit Symptomen und Ereignis und allem. Genauso, wie es die Traumaexperten und Wikipedia behaupten.

Die posttraumatische Belastungsstörung ist ein gravierendes Leiden. Eine Krankheit. Sie kann nach einem Trauma kurzfristig auftreten – oder zeitlich verzögert. Sie geht mit unterschiedlichen psychischen Symptomen einher. Häufig treten noch weitere Begleiterkrankungen, körperliche Reaktionen und Beschwerden auf. Die typischen Symptome liegen in den Kategorien Wiedererleben, Übererregung und Vermeiden. Sie gehen oft darüber hinaus. Oftmals kommt es auch zu einem Gefühl von emotionaler Taubheit (Numbing), Hilflosigkeit und zu einer Erschütterung des Ich- und Weltverständnisses.[10]

Im Originalton von Rosmarie Barwinski, der Psychologin, die die Zeitschrift ZPPM herausgibt: „Reize mit geringem Ähnlichkeitsgrad zur traumatischen Situation können den vollen Panikzustand wieder auslösen und versetzen [...] in eine Erwartungshaltung, als könne sich das Trauma jederzeit wiederholen."[11]*Den Auslöser nennt man einen Trigger. Durch einen solchen Schlüsselreiz kann ein Flashback ausgelöst werden. Das bedeutet, dass jemand plötzlich ein vergangenes Erlebnis oder frühere Gefühle intensiv wiedererlebt. So als würde es jetzt geschehen. Das kann so stark sein, dass*

---

[10] Wikipedia: *Posttraumatische Belastungsstörung* https://de.wikipedia.org/wiki/Posttraumatische_Belastungsstörung Abruf am 27.08.2019 und *Posttraumatische Belastungsstörung bei Kindern und Jugendlichen* https://de.wikipedia.org/wiki/Posttraumatische_Belastungsstörung_bei_Kindern_und_Jugendlichen Abruf am 11.03.2020.

[11] Rosmarie Barwinski: *Editorial.* ZPPM Zeitschrift für Psychotraumatologie, Psychotherapiewissenschaft, Psychologische Medizin. 9, JG. 2011, Heft 1: Vergewaltigung und Trauma. Kröning: Asanger 2011, Seite 6.

4.2 Umkehrbilder des Schweigens

die Person unfähig ist, sie als Erinnerung zu erkennen. Sie erlebt sie als aktuelles Ereignis.[12]

Johns Gehirn ist überlastet, sein Nervensystem ist schwer erschüttert. Jedes Wiedersehen ruft das Trauma erneut wach – es triggert den kleinen Jungen. Das verstärkt die Symptome: Er fällt in Starre, erlebt Panikattacken, er erlebt qualvolle Szenen wieder, ohne es zu wollen, ist ständig überdreht, kann schlecht ruhig sitzen und sich noch schwerer konzentrieren. Die Nähe zum Täter löst es jedes Mal aus. Über seine normale Entwicklung gemäß seinen Anlagen brauchen wir nicht zu sprechen. An der Gesellschaft teilhaben, reibungslos funktionieren, am Schulunterricht teilnehmen – wie soll das gehen?

Was mit John geschieht, ist begleiteter Umgang. Die ausführenden Personen entsprechen einfach nur dem Bundesgesetzbuch. Aber es ist auch das Gegenteil von Schutz, von Kinderschutz.

Für Frau Schmidt kommt es nicht infrage, dass John mit seinem Vater alleine ist. Sie verweigert entschlossen den Umgang an den Wochenenden. Sie nimmt Geldbußen in Kauf. Niemand bringt sie dazu, ihre Kinder an einen mutmaßlichen Gewalttäter auszuliefern. Auch dann nicht, wenn er der Vater ihrer Kinder ist.

Für wen würden Sie Partei ergreifen? Hätten Sie eine Strategie? Könnten Sie auf eine innere Stärke zurückgreifen, wie sie Ihnen bisher noch nicht vertraut war? Wären Sie bereit, den Preis für so eine Haltung zu zahlen? Es heißt, dass daraus große Kraft entsteht, wie beim Laden von einem Akku. Wenn Ihnen dabei außerdem klar ist, was Sie jetzt im Augenblick beeinflussen können und was nicht, dann verkürzen Sie die Ladezeit. Der sanfte Krieger in Ihnen ist vielleicht bereit. Er steht immer einmal mehr auf als er hingefallen ist und macht weiter. „Meine Zeit ist gekommen. Ich werde nicht ausweichen. Vor nichts und niemandem. Ich bin hier. Und ich werde siegen – egal wann. So sicher, wie die Sonne morgen aufgeht."

Das klingt ungestüm, ich weiß. Und es heißt überhaupt nicht, dass jeder so sein sollte. Was Sie daraus machen, liegt bei Ihnen. Ich wünsche Ihnen von Herzen, dass diese Kraft, diese innere Entschlossenheit, dieses Mind-Set, ein Teil Ihres Lebens wird. Dass Ihr innerer Krieger erwacht. Doch der Krieger ist nur ein Teil. Es gibt genauso die Liebenden, die Königin, den Weisen oder den Hofnarren. Und all die anderen Wesen, die Sie in sich entdecken. Jemand in Ihnen ist ein unerschrockenes Vorbild, er formt das Leben, teilt das Meer, er setzt sich durch.

Wer in einem Kinderheim arbeitet, lernt Menschen kennen, die schon früh gezwungen waren, ihr eigenes unerschrockenes Vorbild zu sein. Manche waren

---

[12] Wikipedia: *Trigger* https://de.wikipedia.org/wiki/Trigger_(Medizin) Abgerufen am 27.08.2019

schon ganz jung in der Lage, ihre Geschwister zu beschützen. Oder ihre Eltern. Manche mussten sich vor ihren eigenen Eltern verkriechen. Oder vor den Ratten, mit denen sie in ein Kellerloch gesperrt waren.

Mia ist so ein Mädchen. Bis sie sechs war, ist sie damit fertiggeworden, mit ihren winzigen Geschwistern in dunklen Räumen zu sitzen. Sie kennt die Panik, wenn dann Tiere umher huschen, an den Beinen schnüffeln, an der Hose scharren und dann schließlich so mutig werden, dass sie gegen den Körper drücken. Vielleicht klettern sie auch bald an ihr entlang. Oder sie schlüpfen in ihr Hosenbein. Oh nein, erst vor kurzem ist das passiert. Sie ist in Panik geraten. Und dann ging etwas Feuchtes unter ihren Füßen kaputt.

Heute gibt es wieder kein Licht. Im Dunkeln ist nichts zu sehen. Aber Mia hält Wache über die Kleinen. Die können schlafen.

Es gibt nichts zu essen. Die Küche ist abgeschlossen. Mia ist bekümmert. Ihr Magen knurrt. Dann hört sie es rumpeln. Ihre Eltern kommen nach Hause. Sie streiten laut und sie schreien. Tassen fliegen und zerschlagen, Stühle knallen an die Wand ... dann wird es ruhig.

Jetzt folgen, wie üblich, hastige Wortbruchstücke, jetzt rhythmisches Stöhnen ... die beiden Großen schnaufen. Ein Tisch hämmert an andere Möbel, an die Wand. Das dauert. Mia muss nur warten. Endlich kommt es dem Mädchen so vor, als sei der beste Moment da, um herauszuschleichen und den Schlüssel für die Küchentür zu klauen. Sie wagt es. Sie findet Brotreste und Würstchen. Mia teilt ihre Beute mit den Kleinen. Sie ist das unerschrockene Vorbild.

Später, als die Geschwister nicht mehr bei ihrer Familie wohnen, kann Mia vom Kindsein-dürfen das nachholen, was ihr zugestanden hätte. Sie entwickelt eine gute soziale Prognose. In der Schule kommt sie leicht mit. Und sie findet immer jemanden, der zu ihr steht. Ihre Berufswahl trifft sie entschieden. Mia wird Bäckerin.

Ein anderes Beispiel handelt von Paul. Paul ist ein Junge aus Haiti. Der neun Jahre alte Junge ist eher tough, aktiv und unkompliziert. Er lebt mit seiner Mutter Frau Rara und seinen zwei Schwestern, Lila und Marta, in Köln. Paul hat seine frühe Kindheit in Haiti verbracht, auf der Straße, in einem der ärmsten Länder der Welt. Dort war er einige Zeit ganz auf sich alleine gestellt – bis seine Mutter ihn nach Deutschland holen konnte.

Frau Rara arbeitet als Küchenhelferin. Die Kinder Lila, Marta und Paul gehen in unterschiedliche Schulen. Sie leben in einer kleinen Bude. Paul besucht die Gesamtschule. Dort fühlt er sich wohl.

Paul geht es gegen den Strich, wenn der neue Freund von Frau Rara ihm den Finger in den Po schiebt. Er mag weder, wie es sich anfühlt, noch das Zittern und Schnaufen von dem Mann, noch mag er wie es riecht. Er kann es nicht leiden, wie der Mann ihn dabei fest hält. So fest, dass er kaum atmen kann.

4.2 Umkehrbilder des Schweigens

Paul kennt Gesichter der Gewalt aus Haiti. Er könnte das hinnehmen. Aber als er einmal miterlebt, wie der Mann seine Mutter viel zu schwer schlägt, ruft er die Polizei. Er hat die Nase voll. Er nimmt die Dinge in die Hand. In der Not ganz schnell. Ein Polizeieinsatz. Die Familie wird in Sicherheit gebracht. Sie lebt ab sofort in einem Frauenhaus. Von da an geht es gut weiter.

Ich denke, Vorbilder sind ein menschliches Urbedürfnis. Kinder werden als total hilflose Wesen geboren, und deshalb brauchen sie Menschen, an denen sie sich orientieren können.

Reale Menschen kommen als Vorbilder in Betracht, aber auch fiktive Personen. Meine Arbeit ist leichter, wenn ich regelmäßig Filme sehe, in denen Superhelden die Welt retten. Und wenn ich Bücher lese, in denen die Bösen ihre gerechte Strafe bekommen. Die Krimis dürfen ruhig *hardboiled* sein.

Ein Beispiel ist der Ermittler Burke von Andrew Vachss. Der Schriftsteller schafft einen unglaublich brutalen Mikrokosmos, der von skurrilen Gestalten bevölkert ist. Sein Held Burke ist paranoid, soziopathisch und trotzdem eine Identifikationsfigur, denn er ist immer auf der richtigen Seite. Er hat sich dem Kampf gegen Missbrauch und Kinderpornografie verschrieben. Dazu nutzt er selten legale Mittel.

Ein realer Leitstern für viele Menschen, die vergewaltigt oder misshandelt wurden, ist die Amerikanerin Marilyn van Derbur. Sie schildert in einem dicken Buch ihren steinigen Weg, der schließlich zur Heilung führt.

Marilyn van Derbur lebt – wie es scheint – das Leben einer Märchenprinzessin in der Glamourwelt der amerikanischen High Society. Sie ist außergewöhnlich klug, hübsch, begabt und erfolgreich.

Mit zwanzig ist sie Miss America. Niemand ahnt, dass sie schon als fünfjähriges Kind, und dreizehn weitere Jahre lang von ihrem Vater, einem der angesehensten Bürger Denvers, sexuell missbraucht wurde. Sie selbst hat das Grauen der Nächte aus ihrem Leben verbannt – dissoziiert.

Doch es drängt sich zurück in ihren Alltag. Es quält sie Tag und Nacht, mit unerträglichen Schmerzen, mit Ängsten und Verhaltensweisen, die sie nicht versteht. Sie ist über vierzig, als sie bewusst zur Kenntnis nehmen muss, dass ihr Vater sie jahrelang missbraucht hat.

Als Überlebende engagiert sich Marilyn van Derbur für Frauen und Männer, die sexuelle Gewalt erfahren haben. Ihr Mut öffnet für unzählige Betroffene die Tür. Allein ihre Entschlossenheit hilft den Menschen auf ihrem Weg aus dem Treibsand.[13]

---

[13] Marilyn van Derbur: *Tagkind – Nachtkind. Das Trauma sexueller Gewalt: Überlebenswege, Heilungsgeschichte, Hilfen zur Prävention.* Kröning: Asanger, 2017.

Orientieren Sie sich an jemandem, der mit Missbrauch zurechtkommt. Stille Helden wie Paul oder Mia können ein Vorbild sein und andere Menschen aus ihrer Gleichgültigkeit reißen. Ich denke: wenn ein neunjähriger Junge sich ein Herz fasst, dann kann ich auch was angehen.

Es lohnt sich, ein Vorbild zu haben. Ein Vorbild erhöht die Wahrscheinlichkeit, dass wir bekommen, was wir wollen. Es kann wie ein Leuchtturm wirken. Es hilft, die Richtung zu halten und das Wesentliche vom Übrigen zu trennen. Ein klares Vorbild zieht die Menschen an, die in eine ähnliche Richtung unterwegs sind. Wir finden leichter gute Verbündete. Auf dem Weg erfahren wir, dass wir größer sind, als wir bisher dachten.

Es gibt Krieger im Kinderschutz. Schauen wir uns einige dieser Kapitäne an.

Die beste Freundin eines Mädchens, die in Kauf nimmt, dass die Freundschaft platzt, weil sie sich an die Eltern des verletzten Mädchens wendet – mit dem Ruf nach Hilfe. Gegen den Willen ihrer Freundin, ins Blaue hinein. Sie geht das Risiko ein.

Der Vater eines verletzten Mädchens, der den Mumm aufbringt, einem guten Freund genau anzuvertrauen, um was es geht.

Ein Kinderarzt, dem körperliche Verletzungen auffallen, der sie dokumentiert und dann beim Jugendamt anruft, sich bis zum zuständigen Sozialarbeiter durchfragt, und die Schrammen als Anzeichen für Gewalt dann auch gleichzeitig bei der Polizei meldet.

Ein Sozialarbeiter, der stillschweigend gegen das Elternrecht steht. Er setzt den begleiteten Umgang eines geschiedenen Vaters aus, der seine sechs Söhne früher in der Ehe geschlagen, gewürgt und sexuell missbraucht hat. Der zweitgeborene, zwölf Jahre alt, übernachtet bei Freunden, er schluchzt und murmelt im Schlaf: „Ja, Papa, ich blas dir auch wieder einen." Sein Freund hört zu. Er gibt weiter, was er gehört hat. Der Sozialarbeiter, der die Kinder beim Familiengericht vertritt, hört sehr genau zu. Die Söhne wollen schon lange nicht mehr zu den festgelegten Besuchen beim Vater. Jeder Termin beginnt mit Tränen. Der Sozialarbeiter weiß das. Die Familienhelferin, die er hier einsetzt, hat ihn darüber informiert. Er gibt sich einen Ruck und beendet den Umgang. Genau genommen ohne rechtliche Handhabe.

Die große Schwester von Marilyn van Derbur, Gwen, steht ihrer Schwester Marilyn im richtigen Moment bei. Sie macht öffentlich, dass ihr der gleiche Missbrauch wie ihrer Schwester widerfahren ist. Das gibt den Ausschlag für Marilyns Glaubwürdigkeit. Genau dadurch wendet sich das Blatt.

Der New Yorker Anwalt Andrew Vachss vertritt ausschließlich Kinder. Er findet klare Worte, denn seine Politik ist nicht flexibel, wie er sagt. Er vertritt Kinder, nicht die Sicht eines Erwachsenen. Er lässt sich von keinem Erwachsenen beauftragen, ein Kind zu vertreten. Punkt. Der Grund ist: Der Kern seiner Rolle als Anwalt für Kinder ist Unabhängigkeit. Wenn Erwachsene ihn verpflichten wollen, ihr Kind zu vertreten,

4.2 Umkehrbilder des Schweigens

versuchen sie in Wahrheit ihn zu verpflichten, ihre Sicht der Dinge das Kind betreffend zu übernehmen.[14]

Andrew Vachss erlangte durch eine Reihe von Siegen im Gerichtssaal Berühmtheit. Er war 1986 der erste New Yorker Anwalt, der erfolgreich einen Missbraucher auf zivilrechtlichen Schadenersatz wegen der emotionalen Folgen für das Kind verklagte. In diesem Fall erwirkte Vachss einen Jury-Schuldspruch über 362.000 Dollar.

Seine gesamte juristische Karriere, seine Romane, alle seine Tätigkeiten sind einem einzigen Zweck gewidmet: Kinder vor Missbrauch schützen. Mit seiner Tätigkeit bringt er Kindesmisshandler zur Strecke. Er bringt die Bestie zu Fall, wie er sagt. Das ist sein Ausdruck für die Ketten der Gewalt. Andrew Vachss übernimmt keine anderen Fälle. Das ist seine Art und Weise, um Kreisläufe der Gewalt zu durchbrechen.

Wenn Leute sagen, dass ein warmherziger, mitfühlender ehrenamtlicher Mitarbeiter ein Kind vertreten kann, dann antwortet er, dass sie, wenn sie das nächste Mal eine Wurzelbehandlung am Zahn brauchen, zu einem Ehrenamtlichen gehen sollen. Niemandem gefällt so etwas.[15]

In der Gegenwart eines solchen Vorbilds wird unsere Angst abnehmen. Wenn Sie sich klein fühlen, reden Sie mit einem unerschrockenen Vorbild. Wenn Sie Angst haben, denken Sie an einen Kapitän im Kinderschutz. Denken Sie an Andrew Vachss. Oder denken Sie an Mia oder Paul, die ihren Raus-Weg aufgespürt haben. Erst Boden unter den Füßen, einen Halt und dann raus.

Es wird selten direkt dazu führen, dass ein Schuldiger überführt wird – aber es bewirkt, dass ein Kind stabiler wird. Stärker und gesünder. Der gegenwärtige Schutz ist Balsam für die Seele.

4.2.5 Umkehrbild: Mörderische Wut

Manche Menschen finden, man bräuchte nicht zu denken, um glücklich zu sein. Herz und Liebe reichten aus. Irrtum! Denken tut gut.

Zum Beispiel, wenn es um Wut geht. Verletzte Kinder sind nicht nur von Angst gepackt, sondern auch von Wut. Mörderische Wut ist eine schnelle Reaktion auf Gewalt. Wenn wir sie besonnen wahrnehmen, wird sie zum helfenden Impuls. Wenn wir sie nüchtern einfangen und „bändigen" können.

---

[14] Andrew Vacchs (1996–2004) *Richtlinien für die Vertretung eines Kindes.* https://www.vachss.de/vachss/guidelines.htm abgerufen am 11.03.2020.

[15] Sean Corcoran (2002), Deutsche Übersetzung von Andreas Huettl (2004): *Eines einzigen Anwalts Kreuzzug.* ursprünglich veröffentlicht in Lawyers Weekly USA, 25. November 2002 https://www.vachss.de/vachss/artikel/lw_usa.htm Zugegriffen am 07.09.2020.

Aus Aggression ziehen wir Kraft. Sie ist eine Energie-Reserve. Alle starken Gefühle, die durch eine Turbine geschickt werden, sind das. Bilder und Symbole verwandeln die Macht der Aggressionen in Strom für die kleinen grauen Elektromotoren, mit denen wir denken. Ein therapeutisches Bild wirkt wie eine Turbine, es ist ein Energieumwandler.

Im Umfeld sexueller Gewalt ist Aggression an der Tagesordnung – unterdrückt oder offen. Wo sie richtig gut sichtbar auftaucht, im Kampfanzug, ist sie ein gutes Zeichen. Es bedeutet, dass wir uns nicht unterkriegen lassen. Das natürliche Trauma-Folge-Gesetz sagt: kämpfe.

Das heißt nicht, dass wir die Wut blind ausagieren. Zwischen Wahrnehmen und Ausagieren besteht eine Lücke. In dieser Lücke haben wir die Wahl: Werde ich zur *Bestie?* Die Evolution hat uns eine besondere Kraft mitgegeben. Nutzen Sie diese Kraft.

Sie ist sowieso da. Ehe sie unkontrolliert hervorbricht, ehe wir sie gegen unbeteiligte Fremde oder gegen das eigene Leben richten, kriegen wir sie lieber zu fassen und wenden sie an – für den persönlichen Gewinn. Wir machen etwas Gutes daraus.

Im Kern geht es um die Herausforderung, etwas bewusst zu erfahren, was uns eigentlich unerträglich erscheint. Die Wut wird sich einen Weg bahnen. Lassen Sie nicht zu, dass es den kleinen Mädchen und Jungen gelingt, mit ihrem Zorn das zu verwüsten, was sie noch haben. Und lassen Sie nicht zu, dass sie ihn einfach nur schlucken.

In meinem Arbeitsfeld interessieren wir uns weniger für die Umstände, also was genau Kindern und Jugendlichen zugestoßen ist, sondern mehr für den Prozess der Heilung. Aus dieser Perspektive betrachtet, ist die Wut ein wichtiger Schritt. Überlebende fangen an, sich zu wehren, ihren Angreifern die Schuld zu geben, nicht sich selbst. Sie weisen die Opferrolle zurück. Denn das ist vorbei. Der heilige Zorn führt zu einem Energieschub. Jemand nimmt sich vor: „Ich werde nicht ohnmächtig werden, auch wenn ich das geglaubt hatte. Energie flutet in mich zurück."

Forschen Sie nach Zeichen für Wut; ohnmächtige – unterdrückte – unzulässige – umgelenkte – angesteckte – übertragene – entschuldigte – zeitlich verschobene – geheime Wut. Oder aufgedeckte – hemmungslose – unbändige – transformierte – mörderische Wut. Und suchen Sie in Ihrem Inneren dazu eine Position mit Abstand, so neutral wie möglich. Mit ein wenig Disziplin ist es leicht.

Ein Tipp: Gähnen kann ein Zeichen für unterdrückte Wut sein. Dahinter versteckt sie sich gern. Wir wenden Wut so schnell ab, dass wir sie nicht einmal bemerken. Wir wollen sie nicht, darum geht sie zügig am Verstand vorbei. Das Unterdrücken von Gefühlen strengt an, und deshalb werden wir davon teuflisch

4.2 Umkehrbilder des Schweigens

müde. Wenn Sie gähnen müssen, kann es sein, dass Sie in Wirklichkeit sauwütend sind. Finden Sie es heraus. Sprechen Sie es aus: „Das ärgert mich."
Konkret hilft, Zorn zu fühlen und anzunehmen: „Aha, ich bin zornig." „Aha, mein Kind ist zornig." „Was muss ich jetzt nochmal machen?" „Nichts. Genau hinsehen; und still sein."
Dafür braucht es kleine, sichere Zeitinseln für uns selbst. Und es ist Arbeit. Anstrengende seelische Arbeit. Wir Erwachsenen haben diese Aufgabe – weil wir reflektieren. Im Schutz einer Umgebung, die diese seelische Arbeit leistet, sind Kinder wie in einer sicheren Umarmung.
Unterdrückte Wut ist nicht einfach weg. Ich weiß, dass es gesund ist, wenn sie aufflackert. Da setze ich an. Damit sie nicht stecken bleibt und die *Bestie* weckt. Genau, die *Generationen-Bestie:* dass Kinder weitergeben, was sie erfahren haben, an sadistischer und perverser Gewalt und an eisiger Härte.

Im März 1981 erschießt Marianne Bachmeier den mutmaßlichen Mörder ihrer 7-Jährigen Tochter Anna im Lübecker Landgericht. Es ist der bislang bekannteste Fall von Selbstjustiz der deutschen Nachkriegszeit. Ein Fall von mörderischer Wut. Und ein Wutanfall – mit Null Gewinn. Einige erklären die Tat mit Bachmeiers unglücklicher Kindheit und Jugend: Sie wuchs unter einem autoritären Vater auf, einem ehemaligen Mitglied der Waffen-SS. Andere erkennen in ihrer Tat eigene Tötungsfantasien wieder, denen sie nicht nachgehen werden.

Marianne ist mit 16 Jahren zum ersten Mal schwanger und erwartet mit 18 wieder ein Kind. Kurz vor der Geburt der zweiten Tochter vergewaltigt jemand sie. Ihre beiden Töchter gibt sie zur Adoption frei. Als 1973 ihre dritte Tochter Anna zur Welt kommt, behält die damals 23-Jährige das Kind bei sich.

Die kleine Anna ist ein fröhliches, aufgeschlossenes Kind. Sie wächst bei ihrer Mutter auf, die in Lübeck ein Restaurant führt. Am 5. Mai 1980 schwänzt die 7-Jährige nach einem Streit mit der Mutter die Schule und fällt Klaus Grabowski in die Hände. Der 35-Jährige ist wegen sexuellem Missbrauch vorbestraft.

Grabowski hält Anna stundenlang in seiner Wohnung gefangen und erwürgt sie mit einer Strumpfhose. Annas Leiche verscharrt er in einem Karton am Ufer eines Kanals. Noch am selben Abend wird er verhaftet. Er gesteht den Mord, streitet aber ab, das Mädchen missbraucht zu haben. Stattdessen erklärt er der Polizei, Anna habe versucht, ihn zu erpressen. Sie habe gedroht, ihrer Mutter zu erzählen, er habe sie sexuell belästigt, wenn er ihr kein Geld gebe. Möglicherweise sind es gerade diese Worte, die Grabowski später den Tod bringen. Es kränkt Marianne Bachmeier, die im Gerichtssaal den Prozess verfolgt, dass Grabowski versucht, ihrer kleinen Tochter die Schuld in die Schuhe zu schieben.

Die junge Frau hat vielfach sexuelle Gewalt erfahren: am eigenen Leib, und nun als Mutter. Wo sie ihre Wut bisher auch hingestopft hat, ob verleugnet oder ausgeblendet: Sie muss grenzenlos sein. Kein Wunder, dass Marianne Bachmeier sie auf Klaus

Grabowski richtet. Nicht blind. Vielleicht hat sie Genugtuung erlebt. Aber die Folgen – ich denke, auf denen möchte keiner von uns sitzen.[16]
Im Fall Bachmaier folgt ein unglückliches Leben. Gefängnis. Ruhelosigkeit. Krankheit. Reue. Der Versuch, etwas wieder gut zu machen. Ich sehe ihre spätere Tätigkeit in einem italienischen Hospiz als den Versuch der Wiedergutmachung, als einen ewig ungestillten Beziehungswunsch.

Ich bin überzeugt davon, dass es ins Leere läuft, wenn wir Wut brutal ausagieren. Dass wir keine Antwort bekommen dadurch, dass jemand büßen muss. Ich glaube auch, dass Gewalt etwas in uns löscht. Und etwas anderes weckt, etwas Gefährliches.

Es gibt keine Garantie für das Bewältigen – so nicht und so nicht. Wenn ich aber wählen kann, dann einen Weg der inneren Freiheit. Auch wenn ich platzen möchte vor Wut.

Wer sexuelle Gewalt überlebt und wütend reagieren kann, hat eine bessere Prognose. Wer die Wut abreagiert, ohne dass andere zu Schaden kommen, lernt etwas für's Leben. Und wer sie transformiert, erlebt eine Form von Gnade.

Ein Beispiel aus der Praxis: Die dreijährige Lea ist außer sich vor Wut. Nach der dritten Therapiesitzung raucht sie förmlich aus den Nasenlöchern. Sonst ist sie stets der helle Sonnenschein. Goldene Locken umrahmen ein rosiges Gesicht mit strahlenden Augen. Sie lacht viel und hat einfach dauernd gute Laune. Wenn ich an sie denke, muss ich immer lächeln, und ich sehe die Grübchen ihrer Pausbacken vor mir.

Sie sagt: „Ich mag Kaninchen." Sie verkündet munter: „Das ist eine Blume." „Mir gehts gut." Ich weiß aber von dem, was ihr widerfahren ist.

Wo ist ihr Zorn? Gut versteckt.

Sie schluckt ihn herunter, mit ganz viel Essen. Lea ist wie ein Wut-Fresser. Lieber frisst sie die Dinge in sich hinein, mit Schokoladenkeksen, Käsebrot und Eiswaffeln, als verdammt noch mal auf den Putz zu hauen. Denn sie ja ein braves Mädchen und auch Papas Sonnenschein.

Als diese Rolle zusehends zerbröselt, wird sie nach jeder Sitzung wütend. Auf die kurze Session mit Ton folgt ein wilder Tobsuchtsanfall. Danach weint sie herzzerreißend auf dem Schoß ihrer Mutter. Sie klammert sich fest, und Tränen und Schreie lösen den Schmerz.

Wir sind zu viert. Die Mutter, die Sozialpädagogin, ich als Kunsttherapeutin und das kleine Mädchen. Drei Frauen nehmen Anteil am Schicksal eines gequälten Kindes. Wir sind ganz still. Wir hören. Mutter tröstet. Wir halten die Wahrheit aus.

---

[16]Wikipedia: *Marianne Bachmeier* https://de.wikipedia.org/wiki/Marianne_Bachmeier Abruf am 27.08.2019

4.2 Umkehrbilder des Schweigens

Ich höre, dass Lea ihre große Schwester tyrannisiert. Dass sie insgeheim die ganze Familie beherrscht. Sie staut die ungewollten Gefühle auf, bis sie ihnen dann mit voller Kraft nachgibt. So kommt sie schon zu etwas, aber nicht zu dem, was sie eigentlich braucht. Sie setzt auch im Kindergarten ihren Willen durch – aber sie hat keine Freunde. Ein ruheloses Dasein, auf dem das Kind nicht sitzen bleiben muss.

Lea baut jetzt alles alleine. Sie macht einen Vulkan aus Ton. Sie geht vorsichtig vor, in kleinen Happen, denn sie hat Angst, dass sie ihre Macht nicht beherrschen kann. Ihr Temperament ist ohnehin hitzig und ungestüm – wer soll das aushalten?

Mädchen und Jungen bauen manchmal einen Vulkan aus Ton, der die passende Symbolkraft für die aufgestaute Wut hat. Dabei kann es um die mörderische Wut eines Kindes gehen. Sie ist dann so unbändig groß und explosiv, dass es den Ausbruch fürchtet.

Der Ton knackt und knallt, wenn er von Lea gepackt wird. Sie knetet heftig drauflos. Sie greift zum Wasser und füllt den Berg. Er ist groß genug, um ihrem Bedürfnis zu entsprechen. So hoch wie Lea selbst. Bereit zum Ausbrechen. Und doch lässt Lea ihn lieber stehen. Sie will zwar handeln, aber auch die Wut erst noch im Zaum halten. Sie will was-sie-hat in schlaue Wut verwandeln.

Beim nächsten Mal verändert sie die Landschaft entscheidend. Sie langt mächtig zu, erlaubt sich aggressives Nehmen in großen Gesten. Der Vulkan wird erneut aufgebaut, mit Wasser aufgefüllt – er bricht aus, und dann zermanscht Lea ihn genussvoll zu einer riesigen Pampe. Diese hinterlässt jede Menge Spuren. Bald ist Lea über und über mit Ton bekleckert und beschmiert. Und glücklich. Entspannt und gelöst nach dem Ausdruck für ihren heiligen Zorn.

Schmutz und Reinigung sind ein Teil meiner Arbeit. Darum gehört die Wasch-Situation zu jeder Sitzung dazu. Besonders dann, wenn sich wie bei Lea ein Wandel anbietet. Das ist das Ziel. Wir gehen spielerisch vom Vulkan zum nächsten Bild. Diesmal ist es eine Szene. Das Krokodil ist für Kinder ein Symbol für positive Aggression. Das liegt womöglich am Kasperl-Theater, wo die Kroko-Handpuppe das Maul so befreiend weit auf und wieder zu klappt.

Die kleine Lady findet sich nun auf einem Schemel vor dem Waschbecken. So kann sie leicht ans fließende Wasser heranreichen. Ich bin nah bei ihr, sodass ich mit einem weichen Schwamm und warmem Wasser die Tonreste sanft von ihren Armen abstreifen kann. Meine Hände haben Erfahrung mit den langsamen Bewegungen, die es braucht, um ein Trauma aus dem Leibgedächtnis zu lösen. Wir singen ein Lied aus dem Kindergarten. Es ist aus einem gängigen Kreis-Spiel der meisten Kindergärten, die ich kenne. Ich singe vor: „Ich bin das Krokodil. Ich komme aus dem Nil. Wer mir zu nahe kommt – den fress ich auf mit Haut und Haar!"

Meine rechte Hand verwandelt sich ganz schnell in ein knabberndes Kroko-Maul. Sie ist im Spiel das Krokodil und grabscht nach Leas Armen und nagt sie ganz doll ab. Lea lacht aus vollem Herzen. Ich besetze aggressives Nehmen positiv, damit Lea die

Negativ-Spirale verlernt. Ich möchte erreichen, dass Lea aufhört, ihre mörderische Wut zu unterdrücken und gegen sich selbst zu richten. Denn das macht krank. Das haptisch-orale Nehmen, das Kinder mit Ton ausleben, wenn sie ihn zerdrücken und vermanschen, erlöst das Mädchen gleichfalls vom Wut-Fressen. Denn es bietet Ersatz. Sensomotorische Kunsttherapie ist besser als Schokolade essen.

Kinder können diese ungefährliche und lustige Situation sehr genießen. Und nebenbei trainieren sie die schlaue Wut.

Ein vergleichbares Bild für positive Aggression ist ein Spiel, das mit dem Kroko-Lied in Verbindung steht und im Kindergarten dazu gehört. Das Spiel geht so: Ein Kind ist das Krokodil und lauert im Kreis auf dem Boden. Es sucht zwei weitere Kinder aus, die sich dazu stellen. Das Krokodil ruft den Spruch: „Ich bin das Krokodil. Ich komme aus dem Nil. Wer mir zu nahe kommt – den fress ich auf mit Haut und Haar!" und jagt dann die Kinder.

Wer gefangen wurde, darf zusammen mit dem Krokodil wieder auf seinen Platz. Das nicht-gefangene Kind ist das neue Krokodil und legt sich in die Mitte. Dann sucht es die nächsten Mitspieler aus. In Wiederholungen trainieren die Kinder den sozialen, emotional und vital angemessenen Umgang mit gemischten Gefühlen. Weil sie nun dazu gehört, erlöst das Kreisspiel Lea auch ein Stück weit aus ihrer Einsamkeit. Wut mal anders – positiv besetzt und wirkungsvoll genutzt.

Ein solides Umkehrbild ist das Kinderbuch „Kleiner Drache – große Wut" von Robert Starling. Es ist ein Bilderbuch über den Drachen Finn, der seine Wutanfälle noch nicht ganz im Griff hat. Seine Freunde haben es aber bald satt, Finn muss eine Lösung finden.[17] *Der kleine Drache muss an sich arbeiten, als alle seine Freunde keine Lust mehr auf ihn haben. Seine Mama gibt ihm den Tipp, bei der nächsten großen Wut erst einmal bis zehn zu zählen und zu warten bis die Wut verdampft. Nach und nach lernt er auch noch die Strategien seiner Freunde kennen: Krähe redet mit ihren Freunden, Fuchs guckt in den Sonnenuntergang und Hase geht in den Wald Haken schlagen. Lachen hilft zusätzlich und die Bilder im Buch machen es einem da leicht.*

Finns Geschichte trifft genau das Problem eines Kindes, sie emotionalisiert es und löst es dann. Darum können Sie das Buch kreativ für die Transformation nutzen, wenn es gerade gut in den Zusammenhang passt.

Verstehen Sie Wut als treibende Kraft. Nehmen Sie sie ernst. Erkennen Sie sie als Sicherung. Betrachten Sie sie als Turbine. Einfach nur anschauen ist schon sehr viel. Fühlen Sie das Gefühl. „Du bist meine Wut. Ich laufe heute nicht mehr

---

[17] Robert Starling: *Kleiner Drache – große Wut*. Stuttgart: Thienemann-Esslinger, 2017.

weg davon." Atmen Sie und fühlen, was Sie im Körper angesammelt haben. Auf diesem Weg verwandelt sich die Wut. Und sie befreit.

Die Augen vor etwas zu verschließen, heißt es beizubehalten, unter Umständen sogar größer zu machen, für sich selbst und für andere. Womöglich ziehen wir Mitmenschen mit in ein Elend hinein und lassen sie dann darauf sitzen. Ungewollt, und von daher im Grund genommen unabsichtlich absichtlich. Versteckte Aggression trifft aus dem Hinterhalt, hundertprozentig unfair und gemein.

Wer seine mörderische Wut unterdrückt oder umschifft oder auch verharmlost, gibt sie unterirdisch weiter. Sie taucht als psychische Gewalt wieder auf. Vielleicht macht sie jemanden krank. Oder sie wird eins zu eins auf einen Kollegen übertragen. Oder aber die Angst vor der Wut befällt jemanden insgeheim, sagen wir einen Lehrer oder Spielkameraden. Nicht alle haben Verständnis. Ich möchte Sie einladen zum Bewusstmachen, Anschauen und Reflektieren.

Der Wut auszuweichen, ist wie Abladen bei anderen Menschen. Im besten Fall ist es Verteilen auf viele Schultern, weil es gerade wichtig ist. Auf Dauer ist es aber nicht gesund – nicht für uns selbst, nicht für die anderen und nicht für die Generationen danach.

4.2.6 Umkehrbild: Würde

Während Ruhm und Ehre einen äußeren Wert darstellen, liegt der Wert der Würde im Inneren eines jeden Menschen selbst. Giovanni Pico della Mirandola war ein italienischer Philosoph der Renaissance. Er war der Meinung, dass die Würde des Menschen darauf gründet, dass er die Freiheit hat, sein Wesen selbst zu schaffen.

Der erste Artikel im Grundgesetz lautet: „Die Würde des Menschen ist unantastbar. Sie ist der oberste Wert des deutschen Grundgesetzes. Sie zu achten und zu schützen ist Verpflichtung aller staatlichen Gewalt."[18] Damit wollten die Gesetzgeber 1949 eine demokratische Zukunft auf die Beine stellen. Sie wollten, dass unsere Kinder in Liebe statt in Angst aufwachsen. Kein Wunder, denn die Politik der Nationalsozialisten war unwürdig und menschenverachtend. Die neue Verfassung sollte jetzt den Gegenpol bilden. Sie sollte die Grundlage für Frieden sein. In einem Land, das in Schutt und Asche lag.

Die Zeit nach dem Zweiten Weltkrieg wird als Nachkriegszeit bezeichnet. Bombenkrieg und Bodenkämpfe hatten Europa geformt. Der Überlebenskampf in den zerstörten Städten beherrschte den Tag. Verluste, Flucht, Vertreibungen

---

[18]Bundesministerium der Justiz: *Gesetze im Internet* https://www.gesetze-im-internet.de/gg/art_1.html, abgerufen am 27.08.2019.

und die Bewältigung der NS-Diktatur färbten die Gedanken grau. Die Menschen hungerten. Die meisten waren gewaltkrank. Es herrschte Wohnungsnot. Vergewaltigungen waren verbreitet. Sehr viele Frauen und Kinder lebten damit und litten unter den Folgen. Die Zeit war angefüllt mit dem Bemühen, staatliche Ordnung, Wirtschaft und Infrastruktur neu aufzubauen. Die Schäden sollten behoben werden. Ein wichtiges Ziel war, für demokratische Werte zu sorgen. So kommt es, dass das Gesetz, das unsere Verfassung bestimmt, auf der natürlichen Würde des Menschen beruht. Sie ist ein Ideal und ein Wert und auch ein Bedürfnis, das Menschen haben.

Die Würde beginnt mit unserer Zeugung oder Geburt, manche streiten darüber, und mit dem Tod endet sie nicht. Wir können erschöpft sein bis in die letzte Ecke der Zellen, und dennoch bleibt da immer etwas wie ein Keim von dem, wie wir in unserer besten Version gemeint sind. Auch dann, wenn wir es nicht sehen, nicht vermuten – und nicht zu hoffen wagen. Dieser Keim ist mehr als eine abstrakte Idee. Wir beziehen uns darauf wie auf unser Gewissen, das ebenso in uns liegt. So wie wir uns nach außen auf das Wetter beziehen, oder auf die ebenso schwer fassbare Liebe.

Manchmal gerät jemand absolut nach unten. Er wacht im Straßengraben auf. Alles ist verloren. Besitz, Ehre, Verstand. Das nackte Leben ist noch da – und Schmerzen. Würde hält uns von innen zusammen. Sie ist nicht nur in einigen von uns; sie ist in jedem von uns – eine gebündelte Kraft – etwas Kleines wie ein Kern.

Ich habe Frauen getroffen, denen nichts geblieben war als eine Unterkunft, etwas Zeit und die Hilfe anderer Frauen. Auf der Flucht vor Gewalt in der Ehe, vor einem brutalen Partner oder vor grausamen Eltern, traumatisiert, ins Unrecht gesetzt, keine Arbeit, kein Geld, keine Perspektive, krank, schwach und ausgenutzt. Und ich habe ihnen zugesehen, wie sie wieder zu sich kamen, wenn sie eine Handvoll Ton nahmen, auf unterschiedliche Art und Weise. Sie weinten oder sie schimpften. Sie litten still, sie machten Witze oder sie kauten missmutig auf einem Streichholz herum.

Wenn ein Mensch an den Rand seiner Existenz kommt, kann etwas neu aufkeimen. Es wächst aus einer Grundlage, als hätten wir eine Ausgangssubstanz, einen Sammelpunkt, von dem aus wir im Kern neu beginnen. Im Alltag kann ein Zeichen für Würde neuen Halt bedeuten. Ein tröstender Gegenstand, eine Geste, ein gutes Wort. Es kann eine Tasse Tee sein, um die ein Kind seine Hände legt – vor dem nächsten Schluck. Oder ein Glücksbringer aus Bergkristall, der zu einem Handschmeichler geschliffen wurde.

4.2 Umkehrbilder des Schweigens

Ein Beispiel aus einem Frauenhaus: Ein Mann terrorisiert seine Ehefrau Aybüke über viele Jahre, er prügelt sie, er vergewaltigt sie. Und trotzdem hat sie die Kraft, bei ihren Kindern zu bleiben. Vielleicht ist sie sehr großherzig. Oder gutgläubig. Sie hat früh geheiratet und ist seither ein Teil von einem kurdischen Klan, wo sie regelrecht wie Aschenputtel im Staub lebt.

Können Sie sich vorstellen, dass Aybüke das Haus nicht alleine verlassen darf, dass sie unter unsäglichen Bedingungen lebt, zur Hausarbeit auch für die Schwiegereltern gezwungen wie eine Sklavin, zu fünf Schwangerschaften, jede davon ein Kaiserschnitt, geschlagen, gedemütigt, eingesperrt, von boshaften Angehörigen bewacht? Die Ärzte empfehlen dem Paar, keine weiteren Kinder zu bekommen. Aybükes Mann wirft ihr an den Kopf: „Was bist du für eine Frau? Wenn du keine Kinder kriegen kannst, brauchst du auch keine Haare." Er packt sie und rasiert ihren Kopf kahl.

Die Ehre der Familie, die über allem zu stehen hat, verhindert den Ausstieg. Als sie endlich flieht, verletzt, unter Gefahr, muss sie ihre Kinder zurücklassen – und ihr Gebiss. Ja, sie hat keine Zähne mehr. Sie ist abgemagert und so schwach, dass ihr die Sicht verschwimmt. Sie ist am Ende. Sie hält sich an Hauswänden fest. Es ist Winter. Sie findet Zuflucht in einem Frauenhaus.

Aybüke kommt dort erst nach Monaten zur Ruhe. Sie nimmt langsam zu. Noch länger braucht sie, ehe sie eine Einheit Kunsttherapie riskiert. Wer gar nichts mehr übrig hat, sitzt auch in der therapeutischen Situation vor dem Nichts. Ebbe. Das Material gibt nichts her – während ich wenigstens als Person zur Verfügung stehe. Aybüke witzelt auf eine raubeinige Art und macht sarkastische Bemerkungen. Ich mag sie.

Sie erzählt mit ihrer dunklen Stimme kleine Geschichten. Ich höre etwas über ihren Vater. Er lebt in der anatolischen Steppe. Er sitzt in seiner Hütte am Fenster. Er ist knochenalt. Sie haben einander jahrzehntelang nicht gesehen. Seit Aybüke von zu Hause weggegangen ist.

Seine Stimme klingt wie ein Reibeisen. Es raspelt, wenn er spricht: „Ich möchte mein verrücktes Mädchen noch einmal sehen." Aybüke weiß es von ihrer Schwester. Ich höre zu. Je weniger ich sage, desto stiller wird sie. Dann lässt sie sich ein – auf eine Berührung in meiner Tonkiste.

Ich lade sie ein, mit geschlossenen Augen in den lehmigen Ton zu greifen. Das ist nicht leicht. Sie öffnet die Augen regelmäßig, um die Kontrolle zu behalten. Dann beginnt sie zu plappern und sie fasst zufriedener in den weichen Ton. Sie sagt, sie denkt daran, wie gut es ihr geht, wo doch Menschen in Afrika – zum Beispiel – nichts zu essen haben und die Wüste beackern müssen und hart in dieser Erde arbeiten, um leben zu können. Während sie hier sitzt, im Warmen und in einer Küche mit einer Kiste voll Ton spielt.

Sie zieht die Fingerspitzen vom gegenüberliegenden Holzrand zum unteren, bei sich. Leichte Spuren entstehen. Sie sagt, es ist Regen, der vom Himmel nach unten auf die Erde treibt. Aus dem sanften Regenvorhang werden tiefere Rillen. Aybüke durchkämmt ein Gelände. Sie lächelt, freut sich. Dann teilt sie vorsichtig das Feld.

Zwei Bereiche entstehen – in der Mitte ein tiefer Graben. Als daraufhin nichts Schlimmes passiert, benennt Aybüke ihren Garten: links ist die Hölle, in der ist es trocken, soo trocken. Da müssen die bösen Menschen wohnen. Sie wünscht ihnen nichts Schlechtes, nein, sie betet für sie. Ich bin ganz einverstanden. Ich nicke. Wir lachen miteinander darüber. Rechts ist das grüne Land, und es beginnen Pflanzen zu wachsen. Hier gibt es Nahrung, Wasser, Blumen und hier leben die Guten. Gut und Böse sind klar voneinander getrennt.

Im Graben, in dem Abgrund auf dem Holzboden der Kiste, bleibt eine dünne Schicht Lehm fest kleben. Aybüke befühlt sie eindringlich, auf der Suche nach einer Antwort. Ihr Zeigefinger streift in der tiefen Rille zwischen den Welten entlang. Ein schabendes Geräusch entsteht. Die Fingerspitzen streichen nicht mehr nur, Aybüke beginnt zu kratzen. Allmählich löst sie Material ab. Kleine Stücke lockern sich. Aybüke pflückt Tonbröckchen wie wiederfindendes Glück – in tupfenkleinen Krümeln. So sammelt sie genau die Menge ein, die in die Höhle ihrer Hand passt. Sie drückt die Masse zu einem glatten Objekt zusammen und befühlt sorgfältig seine Oberfläche. Die Hände umschließen die kleine Gestalt und wiegen sie sanft in ihrer schützenden Mitte. Dann wird daraus ein Handschmeichler. Er scheint durch die Wärme der Hände lebendig zu werden. Aybüke behütet das Geschöpf, das sie geformt hat.

Sie streichelt und tastet tief entspannt. Die angenehme Temperatur entspricht ihrem Körpergefühl. Aybüke empfindet die Geborgenheit des Gegenstands. Sie spürt diesem Halten nach. Das gibt Trost. Sie atmet tief ein. Ein breites Lächeln erscheint auf ihrem Gesicht.

„Möchten Sie einmal anschauen, was entstanden ist, in Ihren Händen?" frage ich. Sie braucht eine Weile, um die Augen zu öffnen. Erstaunt sieht sie mich an. Verwundert und zugleich stolz betrachtet sie ihr Ding. Sie war bei Null angekommen, fühlte sich aufs letzte reduziert. Und trotzdem ist da nicht nichts.

Etwas Kleines wie ein Kern liegt in ihren Händen. Ich sage: „Möchten Sie es mitnehmen?"

„Ja", entgegnet sie.

Ich frage: „Wie kommt es Ihnen vor, hat es einen Namen?"

„Wie eine Träne. Es ist ein Tropfen vom Gott," wispert sie. „Bin ich froh, dass ich mich wiederhabe." Diese kleine Gestalt verändert ihr Leben.

Die Würde ist im Alltag schwer zu fassen. Andererseits versteckt sie sich auch nicht. Anscheinend kriegen wir sie mit den Händen in kleinen Gegenständen zu fassen, die dafür bestimmt sind. In existentiellen Situationen. Mit dem Verstand kommen wir etwa dann in ihre Nähe, wenn wir etwas empfinden wie: „Es ist genug." „Ich habe genug Angst gehabt für ein Leben." „Sie haben meine Gesundheit zerstört. Sie haben mich missbraucht. Sie konnten mir alles nehmen. Ich schwöre: Meine Seele und mein Herz auch noch wegzugeben ist meine Entscheidung ... und ich bin entschlossen, es nicht zu tun."

4.2 Umkehrbilder des Schweigens

Diese Einfälle kommen aus einem Grund-Erlebnis und gehen mit einem inneren Beschluss einher. Wie Sarah Grans Entscheidung. „Wer will ich sein?" am Sterbebett ihres Vaters, als seine Würde ihr unerwartet ins Auge fällt.
Es sieht so aus, als wäre der Würde-Einfall ein Ereignis, das dem Schrecklichen entgegensteht – und er kann es offenbar auch abschließen. Würde dämmt den Durchgang in die Vergangenheit wie ein Abstandshalter. Sie schützt und bewacht. Sie gibt Distanz irgendwie im Zeitfluss zwischen Davor und Danach. Auch bei Kindern.

Ein Beispiel aus der Kunsttherapie: Linda ist zehn Jahre alt. Sie lebt bei ihrer psychisch kranken Mutter. Diese ist zwar körperlich anwesend, und meistens klappt es einigermaßen, dass Linda satt und sauber in die Schule geht. Aber sie verwahrlost emotional. Dazu kommt, dass das Zusammenleben mit ihrer Mutter zeitweise lebensbedrohlich ist. Jederzeit, mit der nächsten akuten Psychose, können irritierende Zusammenbrüche, sinnloses Geschrei, neue verrückte Partner oder Misshandlungen ins Haus stehen. Linda ist auf mehr Hilfe angewiesen.

Dem Jugendamt sind die Hände aber gebunden, denn die Mutter lehnt Fremdunterbringung ab. Sie braucht ihre Tochter. Mehr ist nicht drin als eine ambulant betreuende Familienhelferin, die in Krisen vorbeischaut.

Linda hat erkannt: Sie verlässt sich am besten auf sich selbst. Damit sie die Kraft dazu hat, holt das zuständige Amt zusätzliche Hilfe mit mobiler Kunsttherapie dazu. Der Amtsleiter bewilligt zehn Sitzungen. Linda ist entschlossen, diese zu nutzen. Sie bewältigt ihre Gefühle beim Probehandeln im Spiel mit Ton. Sie gewinnt Halt und sie greift zu jeder Gelegenheit, ihr Selbstvertrauen zu stärken. Sie wünscht sich ein ganz normales Mädchen-Leben, mit ganz normalen Freundinnen.

In der Halbzeit formt Linda zwei Figuren aus Ton. In jeder Hand hält sie eine davon, in der Größe, die die Hand genau umfasst. Sie spürt dem Gewicht nach, das sie in ihren Händen hält. Sie erfasst die Formen mit dem Handinneren. Und während sie mit der sensiblen Handmitte genau empfindet, was da unantastbar ist im Schutz ihrer Hände, erlebt sie symbolisch, dass etwas in ihr ebenso unantastbar und für immer da ist. Mit ihrer Haptik kann sie es deutlich wahrnehmen. Und sie nimmt es im Körperbild auf. Linda geht nicht verloren. Ihre Würde geht nicht verloren. Sie ist immer da. Die beiden Figuren haben wir von Mal zu Mal gut aufbewahrt. Sie sind wichtig für den Neu-Start. Sie symbolisieren etwas, das bleibt, das nie mehr weggeht.

Im Verlauf der Therapie findet Linda in eine Gruppe gleichaltriger Mädchen. Sie hat die Nase voll von erwachsenen Betreuern. Sie schließt nun Freundschaften. Der wichtigste Schritt ist: Linda beendet die Therapie selbst. Wer soll ihr reinreden? Wer hätte das Recht dazu?

„Die brauche ich jetzt nicht mehr", sagt sie, wirft die Figuren in den Papierkorb und geht. Es ist wichtig, ein Kind zu beteiligen und im richtigen Moment in der eigenen Verantwortung zu lassen. Ich traue Linda zu, dass sie jetzt etwas Gutes aus ihrem Leben macht. Sie kann es selbst bestimmen.

Die kleinen Gestalten sind wie ein Signal für Umkehr. Ich habe sie als Träger der Würde des Mädchens verstanden. Linda nutzt sie, um dem alten Einfluss einen Riegel vorzuschieben.

Lindas Würde und Selbstbestimmung sind wie ein Gegenmittel für ihre erlebte Hilflosigkeit. Wenn ein Kind die Gelegenheit hat, die eigene Kraft zu erproben, und dabei zutiefst erlebt, dass es etwas bewirken kann, dann kann diese Erfahrung die vorher erlebte Ohnmacht überschreiben. Linda sagt heute: „Ich vergesse nicht. Und ich vergebe nicht." Sie hat mit ihrer Familie abgeschlossen. Denn für sie ist es wichtiger, dass sie sich selbst schützt, als dass sie ihre Mutter schützt.

Ein Beispiel für die Würde im Alltag von Kindern kann ebenso sein, wenn ein Kind einem Erwachsenen eine Ungerechtigkeit verzeiht, wie Donata Elschenbroich festhält.[19] Denn natürlich können Kinder das. So wie sie auch andere freiheitliche Fähigkeiten haben. Wir können tatsächlich darauf vertrauen, und es ist wichtig, Kinder auf diese Weise zu ehren und zu schützen.

Aybüke zieht aus dem Frauenhaus aus. Als sie die Straße entlang zu dem Zug geht, der sie in ihre neue Zukunft bringen soll, wird ihr klar: Sie wird niemals innerlich frei sein, wenn sie zulässt, dass sie verbittert. Sie hält inne. Sie schaut sich um und sieht in der Nähe eine Parkbank, auf der sie eine Pause macht. Aybüke sitzt in der Sonne. Sie geht in sich und vergibt ihrem Mann und allen anderen, die sie unterdrückt haben. Denn sie ahnt: Wenn sie das nicht tun würde, hätten sie sie am Ende doch so geformt, wie sie nicht sein will. In diesem Augenblick wird sie vollends frei. Er ist der Anfang von ihrem leichteren Leben.

4.2.7 Umkehrbild: Zeit

In der Philosophie fragt man seit jeher nach dem Wesen der Zeit. Die Psychologie untersucht die Wahrnehmung von Zeit und das Zeitgefühl. Die Ökonomie betrachtet Zeit als Wertgegenstand. Und das ist sie auch. Mit einem Sexualverbrechen wird sie regelrecht gestohlen.

Wir betrachten Zeit meistens linear. Sie verläuft als chronologische Abfolge und sie hat eine eindeutige Richtung. Sie schreitet in der Gegenwart fort, kommt von der Vergangenheit und führt unumkehrbar in die Zukunft. In diesem Sinn gibt es Zeit in Stunden, Tagen, Wochen usw., die jemandem für etwas zur Verfügung steht – oder nicht.

---

[19] Donata Elschenbroich: *Weltwissen der Siebenjährigen*. München, Kunstmann 2001, Seite 28.

4.2 Umkehrbilder des Schweigens

Hier sind Sie herausgefordert und werden nicht geschont. Mit Gedanken über Zeit als Umkehrbild, wie Zeit sich verdichtet und dabei die Chance aufmacht, dass jemand sich neu reguliert. Von daher biete ich streckenweise ein Heil-Level an und keine Schonkost.

In der linearen Zeit ist es wichtig zu funktionieren, um miteinander auszukommen. Wir messen die Zeit und gehen in planbaren Einheiten mit ihr um. Für Kinder, die noch in den Tag hinein leben, übernehmen es Erwachsene, die Zeit in die geeignete Form zu bringen. Sie wissen, wie sie mit Zeit rational umgehen und dass sie bestimmte Dinge in einer bestimmten Zeit tun müssen. Und sie wissen, dass manche biografische Möglichkeiten zeitabhängig sind, das heißt nicht wiederkommen.

Für die physikalischen Wissenschaften ist die Zeit ein zentraler, auch messtechnisch erfassbarer Parameter. Sie hängt ab von der Masse, der Gravitation, von Energie und Lichtgeschwindigkeit. Aber im Alltag erleben wir Zeit subjektiv: In einer Wartesituation kann sie endlos lang erscheinen, in einem glücklichen Augenblick viel zu kurz.

Ein kleines Kind wird Zeit anders wahrnehmen als seine Mutter. Und ein Kind, das krank alleine im Bett liegt, empfindet Zeit sicher anders als ein Kind, das gerade vergewaltigt wird.

Emotionen, die mit Gefahren einhergehen, sorgen dafür, dass unsere innere Uhr schneller tickt. Grund dafür sind vermutlich Aufmerksamkeitsprozesse. Viele Reize sorgen für hohe zeitliche Auflösung, und die Zeit wird weniger beachtet. Wenn wir überlastet sind, zum Beispiel unter Angst oder unter Todesangst, haben wir das Gefühl, dass die Zeit still zu stehen scheint.

Es geht also zum einen um Dauer. Aber es geht auch um die Qualität von Zeit. Wenn wir sie handhaben, können wir uns an drei Begriffe aus der griechischen Mythologie halten: Kronos (die lineare Zeit), Kairos (die richtige Zeit) und Äon (die ewige Zeit). Diese Phänomene halten es bestens nebeneinander aus, sie existieren ohnehin gleichzeitig. Mit allen Konflikten, die dazugehören.

Man nimmt an, dass das scheinbare Fließen der Zeit eng mit dem Phänomen des Bewusstseins verknüpft ist.

Lineare Zeit

Eine Szene: Die dreijährige Julia sitzt mit ihrer Mutter zu Hause auf dem Sofa. Beide sind gutgelaunt und kuscheln miteinander. Plötzlich rutscht das Mädchen nach unten und nähert ihr Gesicht dem Intimbereich der Mutter. Julia möchte ihr die Hose abstreifen und sie lecken. Ihre Mutter ist irritiert. Sie sagt: „Nein, das machen wir nicht." Die kleine Julia erwidert: „Der Papa-Mann will das aber so." Die Mutter erschrickt. Was soll das heißen?

Sie versucht herauszufinden, was Julia meint, erhält aber keine Antwort. Vielmehr bemerkt sie, dass sie ihre Tochter mit den Fragen verwirrt und hört auf nachzubohren. Sie will dem später nachgehen. Klar, dass eine Mutter dem nachgehen muss. Noch am selben Abend spricht sie mit ihrem Mann. Sie erzählt ihm den Vorfall und fragt: „Kannst du dir darauf einen Reim machen?" Er wiegelt ab.

Während der folgenden Wochen findet sie keine Klarheit. Sie lebt mit ihrem Mann zusammen, der Alltag geht seinen Gang. Wenn sie arbeitet, ist ihr Mann häufig mit Julia alleine. Unter der Woche, während Julias Eltern arbeiten, ist das Mädchen bei einer Tagesmutter. Deren Partner ist auch mit im Haushalt, meint sie ihn mit Papa-Mann? Julia ist außerdem regelmäßig am Wochenende bei ihren Großeltern zu Besuch. Sie ist dann zeitweise mit ihrem Großvater alleine. Im Kindergarten arbeitet ein männlicher Erzieher. Ist er der Papa-Mann? Oder kommt ein Unbekannter infrage? Julias Mutter sucht Hilfe bei einer Beratungsstelle.

Wie kann sie herausfinden, ob ihr Kind einer Gefahr ausgesetzt ist? Was wäre, wenn ihr Mann ein Kinderschänder wäre? Und wenn nicht, wie kann sie verhindern, dass ihr Kind missbraucht wird? Was kann sie tun? Während diese Fragen offen bleiben, verstreicht Zeit. Möglich ist – und wahrscheinlich –, dass Julia währenddessen leidet.

Jetzt ist große Nervenstärke gefragt, denn es ist wichtig, im richtigen Moment das Richtige zu tun. Das ist mehr als nur Abwarten und es ist mehr als schnelles Vorpreschen. Aktionismus ist falsch.

Richtige Zeit

Denn wir brauchen eine Handhabe, um sexuelle Gewalt zu beenden. Wir brauchen höchste Klarheit – und dafür die nötige Zeit. Für eine Anzeige müssen Beweise vorliegen. So viele und so eindeutig wie möglich.

Der Zeitraum, in dem ein Kind wie Julia weiter mit der blanken Not lebt, ist dann der Preis dafür, dass eindeutige Anhaltspunkte gesammelt werden. Sobald wir genug wissen, können wir einschreiten und den Missbrauch beenden. Hoffentlich, und hoffentlich für immer.

Gleichzeitig braucht Julia Hilfe, um die Geschehnisse zu verarbeiten – ganz egal, um was es genau geht. Wir können nicht so tun, als wäre nichts geschehen. Auch wenn die Gewalt noch nicht beendet ist. Ein Kleinkind braucht stärkende Erlebnisse, die den schwächenden Erlebnissen entgegenstehen und sie ausgleichen. Das können kreative Angebote sein, vitale Techniken (Sport, Tanz, Meditation), kindgerechte Lerngeschichten und therapeutische Prozesse. Oder wollen Sie es dem Zufall überlassen, ob es mit einem kleinen Mädchen gut weitergeht? Die *Bestie* wird zupacken, wenn nichts weiter geschieht. Wenn Sie nicht damit aufräumen, wird ein Kind annehmen, dass es normal ist, kindliches Spiel mit erwachsener Sexualität zu vermischen.

4.2 Umkehrbilder des Schweigens

Das ist es nicht. Das muss gerade gerückt werden. Es ist notwendig, dass Erwachsene eine sexualisierte Wirklichkeit korrigieren. Denn es geht um schweren Diebstahl an der Wirklichkeit eines Kindes.

Wie kann ein überlebendes Kind bei Verstand bleiben? Wie soll es Ekel und Schmerz erfassen – wie diese Gefühle einerseits zulassen und gleichzeitig Abstand davon nehmen? Wie kann es aktiv aus der Gehirnwäsche aussteigen? Wie kann es entsexualisieren? Im Verlauf, in Etappen. Die Schritte können ganz unspektakulär aussehen – und sie finden statt in der eigenen Zeit Ihres Kindes.

Ein Kind hat ungemeines Glück, wenn es in heilen Momenten mit seinen Eltern regelrecht baden kann. Wenn Sie zum Beispiel Leichtigkeit und Sinn in einem gemeinsamen Spiel finden. Quality Time kann wie ein Universum sein, das das Zeitgefühl aufhebt. Dafür haben Kinder ewig Zeit. Es ist nur ein Gefühl, aber ein intensives, und es lässt sich in einem einfachen Satz formulieren: Ich glaube, wir sind hier richtig.

Ewige Zeit
Stellen Sie sich eine Zeitschiene vor. Von links in der Vergangenheit nach rechts in die Zukunft. An einem bestimmten Punkt findet Missbrauch statt, mit zerrüttenden Folgen. Zeit verstreicht. Auf derselben Schiene, in der Zukunft, gibt es unablässig neue Punkte. Sie sind immer wieder Gelegenheiten, um Lasten abzustreifen und leichter weiter zu leben.

In solchen *ewigen* Augenblicken können Abstürze und Aufstiege passieren. Wir können vorzeitig altern, aber auch verjüngen.

Ein junger Mann sagt im Rückblick über den Horror seiner Kindheit: „Ich hatte immer gedacht, man müsse alt werden, bevor man stirbt, aber manchmal wurde man schon alt, während man noch ein Kind war ... Auf einem Schlachtfeld kann man in drei Stunden altern, oder in drei Jahren im Gefängnis, oder ... wie ich, in einem Schrank, in dem man sich versteckt und dabei zusehen muss, wie der Mann mit unserem Baby rummacht ... nicht an Mama ... und nicht an mir."

Das lässt sich nicht ungeschehen machen. Nicht während es geschieht und nicht zwanzig Jahre später. Und trotzdem holt der junge Mann einmal in einer Sternstunde im Fluss der Zeit möglicherweise die eigene Zeit zurück.

Die eigene Geschichte ist wie ein Film, den wir vor dem inneren Auge abspulen. Wir sitzen darin fest, aber wir haben auch Einfluss. Wir haben die Fähigkeit, auf dieser inneren Schiene zu reisen. Dabei transportieren wir Gepäck. Was schlecht geworden ist, werfen wir von Bord. Das, was uns wertvoll ist, das Gute nehmen wir mit – je nachdem, was wir uns wünschen, was notwendig ist. Immer dann, wenn die

Seele ruft: Jetzt Halt! Hier ist ein Bahnhof, an dem noch was zu regeln wäre! Ich denke zum Beispiel an die Szene, die Sarah Gran beschreibt, als sie sich mit ihren Eltern auf den Philippinen im Krankenzimmer befindet.
Vergangenheit und Zukunft können ineinander verschränkt sein, in einem Augenblick. Wie durch eine Brücke der Gleichzeitigkeit. In diesen Momenten erholen sich Hirnareale. Dann kann sogar ein inneres Lebensalter, das vergreist war, wieder jung und frisch werden. Der Organismus setzt auf diese Gelegenheiten. Er schaut ihnen entgegen und ist permanent bereit, einen Knoten zu lösen.

▶ [**Neuroplastizität** ist die Fähigkeit des Gehirns, sich selbst zu ändern, sich anzupassen. Sie besteht lebenslang. Magische Momente, z. B. Zeitphänomene in der Psychotherapie, beeinflussen diese Fähigkeit unmittelbar. Durch Stimulation werden neuronale Netze aktiviert, und ein Dialog zwischen Synapse und Zellkern findet statt. Innerhalb von 20 bis 30 min nach der Stimulation können neue Synapsen entstehen, neue Verbindungen unter Nerven. Besonders die mentale Überraschung, das „Aha-Erlebnis" kann zum Erfolg führen. Und dies besonders dann, wenn ein Mentor den Raum dafür öffnet, dass etwas Neues geschieht.]

Wer Missbrauch erlebt hat, kennt Zeit-Trancen. Wilde Trance, die jemanden von den Socken haut, und auch eher milde. Es passiert beispielsweise leicht, dass Überlebende von sexuellem Missbrauch beim Meditieren sehr viel weiter abdriften als gewollt. So als würde die leichte Trance ein Tor öffnen in eine ferne Welt. Die kann so weit weg sein, so fremd, dass sie eine ewige Dimension hat – weit über eigene Zeit hinaus.

Zeit kann sich dann scheinbar verzerren. Einerseits ist in der Trance die Orientierung in der Zeit verloren. Andererseits bringt die Orientierungslosigkeit ein Gefühl für Erneuerung mit. Und sie hat Ewigkeitscharakter. Die schmerzliche Gegenwart des Vergangenen und das zukünftige Mögliche kommen zusammen. Wo sie ineinander greifen gehen Möglichkeiten auf. Alles scheint möglich. Wir fühlen, dass die Ewigkeit so viel größer ist als wir selbst.

Ich denke, dass Trancezustände die Zeit „anhalten" zu einer Art galaktischem Zwischenraum. Therapeuten regen in diesem Schwellenzustand Heilung an. Seit je knüpfen sie an die ewige Zeit an, an ein Unendliches.

▶ [Eine **Schwellenerfahrung** meint, dass jemand erlebt, dass etwas nachher anders ist als vorher. Diese Erfahrung machen Menschen in schöpferischen Prozessen, vor allem in Aufführungen wie Theater, Performancekunst und Gottesdienst. Sie haben ebenso schöpferischen Charakter und rituellen Charakter wie

4.2 Umkehrbilder des Schweigens

Heilungsprozesse. Die Schwellenerfahrung hat verwandelnde Kraft. Sie führt im *Dazwischen* zu Transformation.[20]]

Die Seele ist größer als Missbrauch und Gewalt. Das Selbst, die Ganzheit unseres Wesens, ist höher. Wer das für den Augenblick erlebt, ist aufgehoben – in etwas Größerem. Das Gefühl von der Ewigkeit der Seele kann Schmerz aufheben. Die in einer Trance gebündelte Gegenwart ist die Gegenwart der möglichen Zukunft. Es gibt stets Anzeichen für den richtigen Augenblick. Die Seele prüft: Bin ich stark genug? Und wenn das so ist, kann das Ich über eine Schwelle gehen. Mit einem wachen Auge und mit ein wenig Hilfe. Beim Verarbeiten von Missbrauch können wir Trancezustände betreten wie ein Tor zwischen den Welten, zwischen desolat und gesund, zwischen Heute und Morgen.

Zeit zum Bewältigen
Die Wunde einfach nur in Ruhe zu lassen, ist keine Lösung. Je früher sie versorgt wird, desto besser. Achten Sie darauf, dass ein Kind traumatische Erlebnisse innerhalb der Kindheit verarbeitet. Wann immer es geht.

Ja, die Zeit heilt Wunden. Aber alles, was sie nicht heilt, bleibt. Vor allem heilt sie nicht einfach so, von alleine. Ich-versuche-halt-so-zu-tun-als-wäre-alles-normal ist eine Strategie. Okay. Doch es gibt mehr Antworten.

Es ist keine schlechte Idee, sich abzukapseln und so weiterzulaufen. Es ist nur nicht die einzige Methode. So wie Sprechen. Das Aus-Sprechen ist nur ein Teil der Bewältigung. Wer Missbrauch erlebt und dann abkapselt, hat ihn eingekapselt. Punkt. Das bleibt. Es gärt im Untergrund, stört in der Schule, im Privatbereich und später bei der Arbeit. Es beeinflusst die Beziehungen zu anderen Menschen und das innere Gleichgewicht. Es raubt Lebensenergie und nagt am Selbstwert. Es verbreitet Missmut. Ohne dass etwas hervorbricht, und sei der Ausbruch vornehm und zart, ist etwas unvollständig und falsch.

„Tief, tief in uns wohnt die Seele. Noch niemand hat sie gesehen, aber jeder weiß, dass es sie gibt", schreibt Michal Snunit.[21] Alles, was wir fühlen, hat seinen Platz in uns wie in einer Schublade. Die Seele bewahrt ihre offenen Fragen. Es erfordert Kraft, die Fragen runter zu schlucken. Und dann stören sie trotzdem – und vergiften den Alltag. Ab und zu kicken sie jemanden aus der Welt, in einen

---

[20] Erika Fischer-Lichte: *Die verwandelnde Kraft von Aufführungen.* Von vorübergehenden zu nachhaltigen Transformationen. In: K. Hasselmann (Hrsg.): Performing the Future. Die Zukunft der Performativitätsforschung. Wilhelm Fink Verlag, München 2013, S. 177–190.
[21] Michal Snunit: *Der Seelenvogel.* Hamburg: Carlsen Verlag, 1991.

Ausnahmezustand. Zum Beispiel in einem Moment, wo er in einer alltäglichen Situation nicht angemessen reagieren kann.

Dabei bin ich vollkommen sicher: Die Psyche ist dafür geschaffen, einen Schock aufzufangen. Weil unser Bewusstsein eine Schwellenfähigkeit besitzt. Sie ist gesund und hat eine erlösende Kraft. Sie geht mit „Zeitschwellen" zusammen.

Zeitschwelle
Die Schwelle ist der Moment zum Umsatteln – sie legt den Zugang zum Neuen. Den erleben wir als eine Art ewigen Moment, es fühlt sich an, als würde ein Zeittunnel aufgehen. Die Zeit steht still und gleichzeitig fliegt sie uns um die Ohren. Es ist wichtig zu wissen, dass bestimmte Lebensereignisse für vergewaltigte Personen eine besondere Schwelle darstellen. Manche Übergänge können sie in eine herbe Krise stürzen.

Die erste Liebesbeziehung ist so ein Moment. Oder das Ende derselben. Wenn wieder eine neue Partnerschaft beginnt, das ist wieder eine wackelige Zeit. Einen Berufsabschluss machen. Heiraten. Das erste Kind auf die Welt bringen. Eins der eigenen Kinder in dem Alter sehen, in dem man selbst Missbrauch erlebt hat. Plötzlich wird die Person durchlässiger, und das Zeitgefühl auch. Etwas drängt an die Oberfläche. Die Krise ist eine Gelegenheit, um an der Stelle, die jetzt besonders schmerzt, neu anzufangen.

Denken Sie an Sarah Gran. Sie ergreift die einzige Chance, ihren Vater zu sehen. Sie nimmt eine Auszeit, sie fliegt. Etwas in ihr fordert, dass sie vollständig wird. Es fehlen noch heilsame Erlebnisse aus der verschollenen Kindheit, die zu ihr gehören. Sie lässt die Angst fallen. Dann läuft es von alleine. Vergangenheit und Gegenwart fallen ineinander. Die Umkehr geschieht losgelöst von der linearen Zeit, wie sie tatsächlich verstreicht. Die Zeit steht still, und sie rennt auch gleichzeitig vor und zurück. Die Zeit dehnt die Sekunden aus, sie dehnt Sarah Gran aus, weit über sich selbst, während Sarah die alten Bilder mit den neuen Erlebnissen in Einklang bringt. Sie tritt auf die Straße vor der Klinik in Cebu City. Der Augenblick fühlt sich bereits wie eine Erinnerung an. Die Sonne scheint wie in Den Haag, als sie ein Kind war, wie in Remingsheim, und kurz hat sie das Gefühl, dass seither nur Sekunden vergangen sind.

Das Bewusstsein meldet die Umkehrschwellen als Zeitschwellen. Oder umgekehrt: Zeitschwellen sind geeignet für Umkehr, für eine Wandlung. Wer es schon erlebt hat: Die Zeit kann dicht werden wie Watte. Ich bin nicht sicher, ob sie vielleicht eine Farbe hat. Aber eines sage ich: Auch das Wattegefühl ist ein Zeichen für den richtigen Moment. Dann fassen wir besser zu. Denn die Seele ist stark genug, wenn der verflixte Tunnel aufgeht.

4.2 Umkehrbilder des Schweigens

Untersuchungen haben ergeben, dass es keine speziellen Zellen im Gehirn gibt, die den Zeitablauf messen. Es gibt keine eigene Gehirnregion für das Zeitgefühl,[22] die Fähigkeit, zu bestimmten Abläufen die Dauer abzuschätzen. Die gefühlte Dauer ist ein subjektiver Eindruck. Er hängt von Sinneseindrücken ab. Die Dauer der wahrgenommenen Gegenwart ist drei Sekunden. Die Schwelle, ab der wir zwei Ereignisse als getrennt erkennen, heißt Fusionsschwelle. Eindrücke unter dieser Zeitdauer verschmelzen miteinander. Die Fusionsschwelle ist vom jeweiligen Sinnesorgan abhängig. Damit wir optische Ereignisse als voneinander getrennt wahrnehmen, müssen sie 20 bis 30 Millisekunden auseinander liegen. Für akustische Wahrnehmungen reichen drei Millisekunden. Dann hören wir sie als voneinander getrennte Töne.[23]

Durch eine Kombination von Sinneseindrücken und Belastungserleben regt der Drang nach Selbstverwirklichung das Bewusstsein an, über eine Schwelle zur Heilung zu gehen. Verschiedene Sinne laden verschieden zu Schwellenerfahrungen ein.

Es scheint so, als könnte Musik das Zeitgefühl verändern, weil sie mit der Gegenwartsdauer und mit der Fusionsschwelle spielt. Sie kann den Augenblick verlängern, sie kann die Zeit verkürzen. Sie versetzt in eine leichte Trance.

Ein solches Spiel mit der Gegenwart nehmen wir beim Tasten ebenfalls wahr. Dem Tastsinn ist die Zeitspanne egal. Wenn jemand Ton in der Hand hält, erlebt er das so lange als sichere Gegenwart wie das Tasten anhält. Er ist orientiert, weil er etwas berührt. Er kann das Zeitgefühl verlieren und in eine leichte Trance rutschen, eine gefühlte Unwirklichkeit. Für den Tastsinn gibt es kein Vorher und kein Nachher. Jetzt ist Jetzt. In der Unwirklichkeit ist alles möglich. Dort holt jemand den therapeutischen Gewinn. Er ist aus der Zeit losgelöst, weil er in einer gefühlten Gegenwart sicher ist, die er so lange ausdehnt, wie er sie braucht.

Was vergangen ist, scheint nicht vorbei zu sein, sondern es schwingt in der Gegenwart mit und bestimmt sie. Es scheint so, als könnte das Erlebte gegenwärtig werden, wie in einer Zeitschleife, und darin könnte für die Zukunft eine neue Tür aufgehen. Das Angebot heißt quasi: diesmal probierst du eine andere Ausfahrt.

Wie nehmen wir dieses Angebot am besten an?

---

[22] Wikipedia: *Zeitwahrnehmung* https://de.wikipedia.org/wiki/Zeitwahrnehmung zugegriffen am 28.08.2019.
[23] Wikipedia: *Zeitwahrnehmung* https://de.wikipedia.org/wiki/Zeitwahrnehmung abgerufen am 28.08.2019.

Indian Time oder Sternstunden-Zeit

Das Umkehrbild Zeit ist leicht zu erkennen in einem Kinderleben. Die lineare Zeit dient uns dafür als Orientierung. Wir halten uns genau an die Minuten, an die Stunden und so weiter und wenn etwas aus dem Rahmen fällt, dann achten wir darauf.

So können wir den Kairos kommen sehen: Wenn Ihnen auffällt, dass Zeit überschritten wird, wenn Gespräche Überlänge bekommen und Schulstunden zu kurz sind, bis hin zur Abwesenheit, wenn Kinder zu spät kommen, nicht erscheinen – mit oder ohne Entschuldigung. Dann brauchen sie die Zeit für innere Prozesse im Heilhaus ihres Körpers, im Heilkreis von qualitativen, tragfähigen Beziehungen.

Die Zeit von einer Stunde und die Zeit, die wir für ein hilfreiches Gespräch brauchen, stimmen weitgehend überein. Diese Zeit ist objektiv messbar. So wie die objektiv messbaren Erfolge von therapeutischer Hilfe mit bildgebenden Verfahren. Diese Verfahren zeigen den Unterschied der Aktivität von betroffenen Arealen vorher und nachher.

Das bildgebende Verfahren für den Kairos ist Ihr Wochenplan oder der Stundenplan. Es kann sein, dass Martha ihre Termine verpasst, Lili für Sekunden in Gedanken verloren ist, Herr Müller viel zu früh vor der Tür steht, Frau Ott die festgelegte Zeit überschreitet, Silvia die Schule abbricht, Sibille das Schlafengehen hinauszögert, Martin immer zu spät kommt, Lisbet in einer Fantasiereise stecken bleibt ... und jemand anders in einer Psychose ... und meistens gibt es dafür eine schlaue Erklärung.

Aber Logik ist jetzt ungültig. Auch dann, wenn sie ernsthaft vorgetragen wird. Wir gehen so vor: Die Sprachebene lassen wir beiseite, Kommentare und Entschuldigungen laufen ins Leere.

Haben Sie schon einmal an einem Ort, wo viele Kinder waren, einfach nichts getan? Sie tun nichts – und plötzlich sind Sie von Kindern umgeben. Die spüren genau, dass Sie Zeit haben. Sie kommen auf Sie zu und öffnen alle ihre Schubladen. Sie wollen lernen, sie wollen spielen, gesehen werden, sie wollen wachsen. So macht man ein Fenster auf. Ernsthaft: Erwarten Sie das Loch in der Zeit. Es kann jeden Moment passieren. Zeit kann jeden Moment zu Watte werden. Es wird eine Weile dauern. Sie werden warten müssen, aber das ist kein Problem. Sie sind die Unendlichkeit. Das Fenster geht dafür auf, wie jemand von Anfang an gemeint ist. Darauf reagieren wir, und darum wird es wahr.

Es passiert viel zu oft, dass ein überlebendes Kind als erwachsener Mensch für immer ein Kind bleiben muss. Er muss dasselbe immer wieder erleben, bis es endlich, nach Jahrzehnten, zu Ende ist. Äußerlich ist er oder sie kein Kind mehr. Aber die Schublade, die er öffnen will und die die geheimsten Geheimnisse enthält, kann er nicht einfach aufmachen. Was darin ist, kommt niemals zum Vorschein. Denn sie ist abgeschlossen. Bis eine Sternstunde daherkommt.

4.2 Umkehrbilder des Schweigens

Unter Indian Time verstehe ich die heilsame, die ganze Zeit. Dass wir etwas planen, einen Termin zum Beispiel, und dabei die Schöpfung, die Zukunft, die Vergangenheit, die innere Zeit, die eigene Zeit und etwas einbeziehen, das weit über uns hinaus geht: die Ewigkeit, den *Großen Geist.*

Ich habe oft beobachtet, dass die Dauer der Therapiesitzung beim Thema sexuelle Gewalt eine Rolle spielt. Es kann sein, dass ein Kind besonders viel Zeit braucht, dann hat die Stunde Überlänge. Es kann sein, dass ein Kind die Sitzung abbricht, und es kann sein, dass es zurückschreckt – dann ist eben eine sehr kurze Sitzung möglich. Aber die gemessene Zeitlänge bestimmt nicht über den Erfolg.

Konkret: Wenn Ihnen auffällt, dass Beratungszeiten überzogen werden, dann gehen Sie dem nach. Es hat einen Sinn. Bringen Sie das Wahre ins Spiel, das Wesentliche. Lieben Sie statt an der genauen Uhrzeit festzuhalten. Sie ist zwar ein wichtiges Maß, und wir haben daran Halt und Orientierung, aber für die verletzte Seele ist 14.00 Uhr uninteressant. Wenn Sie von einer exakten Zeitkalkulation erwarten, dass sie Kinder davon abhält, Selbstmord zu begehen, dann können Sie auch etwas beliebig Anderes machen ... wie Blumen gießen.

Stellen Sie Zeit zur Verfügung, Ihre ganze Person, Ihre Geschichte. Erlauben Sie einem verletzten Kind, über Ihre Zeit zu verfügen – ja, sogar, sie zu stehlen.

Spielen Sie damit. Geben Sie zu viel Zeit, wenn es notwendig ist, bieten Sie auch kurze Momente als vollständige Sitzung an, gemäß der eigenen Zeit eines Kindes. Arbeiten Sie zirkulär, indem Sie sich in Wiederholungen um die neue Realität drehen. Wiederholen Sie stetig, als würden Sie auf Lehm bauen. Und behalten Sie auch die lineare Zeit im Auge, um nicht zu verpassen, was sonst für immer verloren geht.

Kinder wollen wesentlich sein und wesentlich handeln, so wie Sie und ich. Sie müssen Kind-sein-dürfen in gegenwärtigen Acts. Einen Act nenne ich eine Handlung zu einem bestimmten Zweck oder auf eine bestimmte Weise. In einem Act entstehen neue Synapsen, es kann etwas geschehen, das Ewigkeitscharakter hat – kostbar, zielsicher, neurobiologisch fundiert.

Der Körper hat kein Zeitempfinden. Er versteht nicht, dass die Situation Vergangenheit ist. Der Verstand weiß: Es ist vorbei. Die Information, was passiert ist, muss aus diesem Widerspruch heraus. Sie will und sie muss und sie wird. Denn sie drängt so lange darauf, bis der Ausgleich da ist. Und das geschieht in Acts. Nicht in leeren Zeit-Hülsen.

Wenn die Zeit sinnlos verstreicht, wenn ein Kind darin leer ausgeht, weil es so in den Tagesplan gehört – wie unendlich schade um die Vitalität und die Kreativität, die sonst gewesen wären. Um die innere Stärke, den Schutz und die Sicherheit.

Wir brauchen die Zeit für Trauer und wir brauchen sie, damit die Seele nachkommen kann. Zeit ist notwendig zum Erstellen eines Schutzkonzeptes – einer Strategie.

Auch ist Zeit zum Besinnen notwendig, zum Verarbeiten und zum wieder Starkwerden. Wir brauchen Zeit zum Loslösen aus einer Gewalt-Beziehung und Zeit zum Aufbrechen der Rollen und des Machtgefälles.

Gibt es in Ihrem Leben ausreichend Zeit für die zarten, verletzbaren, nachdenklichen Anteile Ihres Wesens? Haben Sie Zeit für Traurigkeit, Ohnmacht, Angst oder das Spüren einer tiefen Sehnsucht? Von hier aus startet das Leben. Übersetzen Sie die Sternstunden-Zeit auf Ihren Alltag, auf Ihre Situation. Ob als Nachbar, Sozialarbeiter, als Lehrer oder als Eltern – nehmen Sie Ihr Selbstvertrauen und Ihre Eigenverantwortung zusammen – und fangen Sie an. Das Leben mag kurz sein, aber der Tag ist lang.

4.2.8 Umkehrbild: Heilschlaf

Ein Heilschlaf kann sehr, sehr hilfreich sein. Der Trubel, in dem wir leben, gleicht einem Rad, das sich ständig dreht. In der Mitte ist die Achse. Sie ist Ruhe, sie stabilisiert. Wir haben die Möglichkeit, zu diesem ruhigen Kern vorzudringen. Manchmal sucht die Möglichkeit uns. Besonders dann, wenn wir in der Mitte extrem übergangen wurden. Pausen, die wir dort verbringen, können Entwicklung anschubsen. Das passiert manchmal im Schlaf.

Für Heilschlaf habe ich zwei Beispiele. Das eine handelt von Bella, einem kleinen Mädchen von drei Jahren. Sie ging in einen der Kindergärten, in denen ich für Kinder da war, für Kinder, die aus dem Rahmen fielen.

Als Bella geboren wurde, waren ihre Schwester Sissy fünf und ihr Bruder Mirko zwei Jahre alt. Daneben gab es noch zwei Halbschwestern aus der ersten Ehe mit 12 und 15 Jahren: Pip und Kim. Die Patchworkfamilie lebte zu siebt in der historischen Mitte von einem Dorf. Es waren die Mutter, ihre zwei großen Kinder, drei kleine Kinder und der neue Mann, der Vater der Kleinen.

Bella kam als winziges und schwaches Baby zur Welt. Sie entwickelte sich langsam, sprach erst mit drei Jahren ganz wenige Worte, schwankte beim Krabbeln, beim Gehen und beim Laufen. Sie lag hinter gleichaltrigen Kindern zurück – körperlich, geistig und sozial. Aber sie war fröhlich.

Klar, Bella hatte Förderbedarf und sie bekam Hilfe. Ich sorgte über drei Jahre für sie; im therapeutischen Spiel mit Sand, mit Ton, im Garten, im Motorikraum, in der Puppenecke und mit kreativen Medien. Nach zweieinhalb Jahren sprach Bella zum ersten Mal von Angst. In ihrer einfachen Art: „Monster kommt." Ihr Gesicht verzog sich vor Schreck, die Augen weiteten sich, ich spürte ihr Grauen. Sie weinte, aber sie übersprang es schnell, hörte auf damit und wendete sich den Spielsachen zu.

4.2 Umkehrbilder des Schweigens

Bella, das muss man wissen, löste von je her allerhand seltsame Gefühle in mir aus. So süß das Mädchen aussah – zart, hübsch und mit goldigen Locken – in ihrer Nähe schwang etwas Übles mit; wie eine Anwesenheit im Hintergrund, ein Bündel von Igitt-Unsauber. Anderen Kindern war sie schnell unangenehm – und sie quälten sie dann. In mir löste die Arbeit mit Bella Dinge aus, von denen ich wusste: Das bin ich nicht. Ich kam mir klein vor und verzweifelt oder ich raste innerlich vor Wut. Oder ich fühlte mich total hilflos. Bella hatte mich mehr oder weniger mit Ohnmacht angesteckt, regelrecht psychisch angesteckt. Nach meinen Bella-Tagen träumte ich schlecht. Oder ich weinte in einem Anfall von Leere – scheinbar grundlos, aus dem Nichts, kurz vor dem Schlafengehen.

Die psychische Infektion ging so weit, dass ich Gedanken hatte, wie Täter sie haben. In einem besonders hässlichen Moment betrachtete ich Bella wie Beute. Ich merkte, wie in meinem Kopf etwas Seltsames begann, mit den Worten: „Du bist mit mir hier allein ... keiner sieht uns ... ich könnte mit dir jetzt alles machen, was ich will." – und wissen Sie was? Diese Gedanken sind ein Hinweis auf sexuelle Gewalt.

Überlebende von sexuellen Übergriffen entwickeln häufig Täter-Introjekte. Das sind so eine Art Implantate in der Persönlichkeit. Wie innere Stimmen. Sie handeln im Sinn des Täters. Sie entschuldigen sein Verhalten, sie verharmlosen Gewalt. Sie greifen jemanden an oder sie stecken ihn an wie mit einem Virus. Jemand weiß dann nicht, woher die Gedanken kommen, und er kann sie nicht erklären. Und dieser fremde Anteil kann sich auf andere Menschen übertragen. Täter-Introjekte können in uns allen Platz nehmen.

Wichtig für Sie zu erkennen und zu wissen: Das sind nicht Sie! Ich habe dafür eine Strategie. Ich schüttle innerlich den Kopf, drohe mir mit dem Zeigefinger und spreche aus: „Nicht machen." Das hilft mir dann, mit Abstand für das Kind (und für mich) weiter zu machen.

Zurück zum Alltag im Kindergarten. Bella und ich spielen mit einem kleinen Drehkarussel. Darauf hat Bella gerade so eben genug Platz zum Sitzen. Sie will, dass ich sie drehe und drehe, mit großer Begeisterung, eine Runde nach der anderen. Bella probiert auf der Drehplatte zu liegen. Das klappt. Ich drehe sie weiter im Kreis, unaufhörlich und geduldig. Mit einem Mal werde ich müde – unglaublich müde. Ich kann die Augen kaum noch aufhalten – und Bella fällt in einen tiefen Schlaf.

Sie liegt quer auf der Scheibe, nicht größer als ein halber Meter, und sie schläft felsenfest. Ich beobachte ihren Atem, betrachte das feine blasse Gesicht und warte. Zehn Minuten. Ich bewache sie, und auch den Raum, denn niemand soll hereinkommen und stören. Dann kommt Bella zu sich, sie schlägt die Augen auf, ihren Blick ganz klar auf mich gerichtet. Sie ist munter, und ich bin es auch, und – Bella ist ein neuer Mensch. Ihre Wimpern wirken auf einmal unglaublich lang und ihre Augen unglaublich lebendig. Auch alles andere ist neu.

Bellas Mutter holt sie vom Kindergarten ab. Zu Hause erzählt das kleine Kind, dass Papa nachts ins Bett kommt und wehtut. Darauf sagen ihre Geschwister ebenfalls aus. Sie sprechen nach und nach über ihre Erlebnisse, über alles Schmerzliche, was geschehen ist.

Im Rückblick ergibt es Sinn: Das Annähern vor 9 Jahren – strategisch. Der neue Mann machte sich an Bellas alleinerziehende Mutter heran, um ihre Kinder zu bekommen. Pip und Kim erzählen nun von seinem Angebot Zigaretten-gegen-Sex. Die kleinen Kinder sprechen über das Eincremen, ein Ritual auf dem Sofa, wenn die Mutter nicht da ist, und wie er dann eindringt.

Danach geht alles schnell. Bellas Vater wird beschuldigt und muss ausziehen. Er wird nie gerichtlich belangt – weil die Handhabe nicht reicht. Aber das steht auf einem anderen Blatt. Er zieht nicht wieder in den gemeinsamen Haushalt ein und der Zugriff auf die Kinder bleibt ihm verwehrt.

Heilschlaf kann wie aus dem Nichts über einen kommen. Es kann ein Power-Nap sein oder eine Meditation, die ausartet. Heilschlaf kann wie ein Zusammenbruch aussehen oder wie eine Ohnmacht, wie Besinnungslosigkeit oder Koma, Schwäche und Schwindel. Das Zurückkommen ist das Heilsame, das Aufwachen. Wach werden und zu sich kommen.

Ein Heilschlaf kann sehr, sehr hilfreich sein.

Lassen Sie mich das nächste Beispiel schildern. Susanne ist schwer traumatisiert und lebt gerade in akuter Selbstmordgefahr. Sie lehnt es ab, in eine Klinik zu gehen. Sie lehnt Medikamente ab. Alles scheint ausweglos. Bei Soldaten nennt man es den „Thousand Yard Stare", diesen kalten, leeren Blick, wenn ein Soldat einfach zu viel gesehen hat.

Etwas Ähnliches zeigt sich jetzt in Susannes Gesicht. Sie blickt wie hinter Stacheldraht gefangen in ihren trostlosen Alltag, in dem alles so schön sein könnte. Ihr Mann lehnt eine gemeinsame Therapie ab. Das dickfellige Paar hält eisern am Vermeiden fest – beide ohne Verständnis dafür, dass Susanne seit neuem nicht mehr funktioniert. Früher ist es doch auch gegangen.

In der Nacht. Susanne findet keinen Schlaf. Nicht im Bett, nicht im Wohnzimmer, nicht im Hellen, wenn sie das Licht anlässt, und nicht im Dunkeln. Sie weiß, dass sie müde ist, dass sie müde sein muss, sie kann die ganze Nacht nicht schlafen. Sie liegt auf dem Sofa und starrt in die Dunkelheit. Sie zittert vor Schwäche und ihre Augen schmerzen. Sie spürt, dass sie so nicht weitermachen kann. „Na gut", denkt sie. „Ein bisschen Kunsttherapie ... so Tonfeld, das kann ja nicht schaden."

Montag, wieder ein heißer Vormittag. Kein Schlaf seit Wochen. Schon vor dem Frühstück hat Susanne zu wimmern begonnen. Spätestens gegen elf Uhr scheint das die einzige angemessene Reaktion auf den Rückblick in ihre Vergangenheit. Den möchte sie am liebsten abstellen. Susanne versorgt drei Kinder. Und einen Mann wie einen verärgerten Gast, der sie nicht mehr kennt. Sie zieht sich an und fährt in die Stadt, ohne weiter darüber nachzudenken.

4.2 Umkehrbilder des Schweigens

Um fünf vor zwölf ist sie der Meinung, sie kann bei mir im Setting die Augen schließen und ihr Leben in die Hand nehmen. Da irrt sie sich.

Aber von vorne: Wir setzen uns an den Tisch. Ich zeige auf das Tonfeld. Ich sage die einführenden Worte, die ich immer sage. Ich sage, dass es ohne Sprechen funktioniert, dass ich sie anleite, die Augen zu schließen und das Feld mit den Händen wahrzunehmen. Ich sage, dass sie ihre Augen jederzeit öffnen kann. Susanne flüstert: „Ich versuch's."

Sie schließt die Augen, fasst an und innere Bilder überwältigen sie. Susanne kann weder den Ton noch das Feld berühren. In einer übermenschlichen Anstrengung tastet sie den Holzrahmen ab. Sie vermeidet die Tonfläche. Und dann fällt sie in Schreckstarre.

Ich sage freundliche Dinge wie: „Sie können sich einfach Zeit lassen." oder: „Hören Sie mich?" Sie wispert: „Ich will, aber ich kann nicht." Sie zittert am ganzen Leib. Ich bitte sie, ihre Ellbogen auf den Tisch aufzusetzen. Sie atmet schwer. Ich stütze sie mit einer leichten Berührung im Rücken, während sie erschüttert durch die Flashbacks geht.

Ich spreche weiter, um sie zu unterstützen: „Mhm, ja ... Aufstützen ist gut." „Prima." „Ja, das ist eine Erschütterung." „Ruhig atmen." „Sie sind hier sicher." „So, das hat einen Rhythmus." „Da können Sie Druck abgeben." u.s.w.

Susanne streckt ihre Hand zum Himmel aus, sucht Hilfe. So, als würde sie sich losgelöst und gewichtslos fühlen, bereit abzuheben und davon zu schweben. Es ist nicht ihr Körper, der sich loslösen will, sondern ihr Bewusstsein. Ich denke: wenn sie jetzt dekompensiert, muss ich einen Notarzt rufen. Und das tut sie. Die Schwäche packt sie wie eine Welle. Susanne stammelt: „Das ist nicht gut." und fällt nach vorne. Ich kann ihren Fall gerade noch eben sanft mit einer Hand auffangen.

Es ist vierzehn Minuten nach zwölf, und Susanne ist eingeschlafen. Ihre Stirn liegt in meiner Handfläche und meine Hand liegt im Ton. Ihr Kopf ruht schwer darauf, während Susanne tief und fest schlummert. Nebenan spielen Kinder. Ich entscheide mich gegen den Notruf. Im Gegensatz dazu beschließe ich, mir eine zeitliche Frist zu setzen und Susanne danach vorsichtig zu wecken. Sie atmet in tiefen und regelmäßigen Zügen.

Zehn Minuten. Fünfzehn Minuten. Susanne kommt langsam zu sich. Sie sieht mich an. Ich schaue ihr direkt in die Augen und sage: „Ganz schön erfrischend so ein Heilschlaf." Susanne ist zu verblüfft, um zu antworten.

Im Lauf der Woche ruft sie mich an: „Jetzt ist vieles leichter ... und ich habe einen Termin gemacht für die Tagesklinik." Ich biete ihr weitere Sitzungen an bis zur Aufnahme in die Klinik. Dabei frage ich mich, wie wir einen Rahmen finden können, wo sie sich zu Hause fühlt. Als hätte sie meine Gedanken gehört, flüstert sie: „Wäre das möglich? Dass Sie zu mir nach Hause kommen?"

Und darauf lasse ich mich ein. An sechs Terminen besuche ich Susanne. Wir arbeiten, wenn ihre Kinder in der Schule sind. Ihr Zuhause wird zu dem sicheren Ort, an dem sie zu sich kommen kann. Danach beginnt sie ihre klinischen Therapien. Sie fasst ihren Mann an der Hand und dankt ihm, dass er bei ihr ist. Die Zwei nehmen ihre Ehe wieder auf, die geistige Nähe, die es dafür braucht. Susanne bittet mich, mit mir in Kontakt bleiben zu dürfen, wenn es nötig wäre. „Klar", sage ich. „Sehr gern." Sie braucht mich nie.

Susanne ist am Leben – ihre Kinder und ihr Mann sind bei ihr. Sie kann mit ihrer Familie einfach leben, mit dem Halt, den sie ihr gibt. Sie überlebt nicht nur so eben, sie geht ihren Weg.

4.2.9 Umkehrbild: Finsternis

Die schwarze Finsternis der Seele ist nicht wegzudenken aus der Arbeit mit missbrauchten Kindern. Sie ist das Dunkle und das bodenlose Nichts. Aber sie besitzt auch ihre eigene Kraft der Verwandlung. Wir können in Finsternis fallen. Und wir können wieder herauskommen.

Bildlich gesprochen ist Finsternis Krankheit, Tod und Verderben. Mit solchen Seiten wie Depression, Wahnsinn, Paranoia, Mord, Sklaverei, Folter, Vernichtung, Verbrechen, Terror, Not, Zerrissenheit, Zwang, Angst, Panik, Hass, Sadismus, Schmerzen, Albträume, Sucht, Unzurechnungsfähigkeit, Psychose, Obdachlosigkeit, Hunger, Quälen, Ausgrenzen, Verdrängen, Verhindern, Unterdrücken, Verachten ...

Wichtig sind ein paar Informationen, wie wir die Schwere handhaben. Alles, was Sie über die dunkle Seite wissen, wird Ihnen Sicherheit geben.

Menschen lösen ein sexuelles Trauma in zwei Abschnitten. Im ersten ist es ausgeschlossen, sich auf Kontakt mit dem Erlebten einzulassen. Denn es ist unerträglich. In diesem Stadium bleibt alles stecken. Wir können es nicht durchdringen. Es ist finster, hat einen Sog in die Tiefe – es ist der Ort, an dem nichts ist. Wir können nicht viel tun, als zu akzeptieren, dass es jetzt für eine Weile so ist.

Keine Angst vor der Finsternis. Nicht im ersten Abschnitt, nicht danach. Finsternis hat Schattierungen. Im zweiten Abschnitt können Überlebende standhalten. Sie finden ins Leben zurück.

Anders in der ersten Phase, nennen wir sie Finsternis 1. Da sind die Wege, die hinausführen, versteckt oder verstellt. Es ist möglich, dass jemand den Lebenswillen verliert. Und es ist möglich, dass jemand sich lieber totsäuft, als seine Kinder zu lieben. Oder jemand kann nur auf der Straße leben oder im Gefängnis – und das nicht lange. Wenn Sie sich vergeblich abmühen für jemanden, oder wenn es sich so anfühlt, dann ist das ein Zeichen für diese Dimension. Ich habe gelernt, dass es kaum einen guten Therapeuten gibt, der nicht schon einen Klienten verloren hat. Das ist Kontakt mit Finsternis 1.

4.2 Umkehrbilder des Schweigens

Ich erfahre Dinge – die machen mich ganz still. Genau das, wovor jemand sein Kind beschützen wollte, ist eingetreten. Das Schlimmste ist geschehen. Und jetzt lösen wir das Problem: ganz allmählich verdünnen wir die Finsternis. Dabei stärkt es Kinder doppelt, wenn sie die Dinge selbst in die Hand nehmen. Gleich nachdem Sie genug Abstand und genug Fürsorge möglich gemacht haben.

Wenn Sie der Finsternis freiwillig ins Auge sehen können, werden Sie eine erstaunliche Erfahrung machen – die Dinge wandeln sich. Und dann waschen wir und verdünnen weiter, beleuchten, klären, reinigen und waten durch. Das macht Mühe. Die Wahrheit ist, es geht vorbei. Wir kommen durch die schwärzeste Nacht. Bis zur anderen Seite. Und von dort können wir uns dann umdrehen, zurückblicken und sagen: Das liegt jetzt hinter mir.

Wichtig: Es ist unwahrscheinlich, dass ein Kind oder eine Familie diesen Prozess ohne Hilfe bewältigt.

Fachleute sehen eine lebenslang wirkende Verbindung von sexueller Gewalt in der Kindheit und chronischen Krankheiten. Diese Verbindung ist wie eine Gefangenschaft in Ketten. Ich sehe jeden Tag, wie Menschen etwas davon abstreifen. Wie unablässig Dinge geschehen, die Finsternis aufheben.

So wird es besser:

In Finsternis 1: Jetzt ist die Zeit für Unterstützer, die einfach da sind und die verstehen, dass ein Kind Abstand benötigt. Es braucht Schutz und Fürsorge. Vielleicht in der Familie. Vielleicht in einer Institution, im Krankenhaus. Abstand kann im Schweigen liegen, im Rückzug, es kann für manche Menschen sogar heißen: kiffen und fernsehen. Damit sorgen sie intuitiv mit einer selbst verordneten Kur für eine heile Welt und Betäubung – wenn auch gegen die Regeln. Medikamente, die ein Arzt verschreiben kann, sollen ebenfalls als Schutz dienen. Beides wäre nicht meine Wahl. Spüren Sie etwas auf, das Abstand bringt und das zu Ihnen passt.

Schutz kann auch heißen, dass jemand ein Kind davon abhält, anderen zu schaden. Ich kenne einen Jungen, der Glück hat, wenn er in seinem ganzen Leben niemanden töten wird. Die meisten Kinder schützen sich vor ihm, sie gehen ihm aus dem Weg. Es ist schwer für ihn, dass er so offen abgelehnt wird. Für mich ist es schwer, dabei zuzusehen, wie hilflos sein Umfeld reagiert und wie seine Mutter Schutz versteht. Sie entschuldigt sein Verhalten und bewahrt ihn vor Konsequenzen. Wenn das nicht so wäre, könnte ein Jugendamt ihn gut unterbringen, bevor die schlimmen Dinge geschehen.

In Finsternis 2: Jetzt ist die Zeit für diejenigen, die einem Kind die Hand reichen. Ein Kind, das sexuelle Gewalt erlebt hat, braucht jetzt zusätzlich zu äußerem Schutz innere Sicherheit. Damit meine ich Prozesse, die auf Dauer innere

Stärke anlegen. Lernen, Transformation, Neues. Holen Sie Rat und finden Sie therapeutische Hilfe, mit der Sie sich wohlfühlen.

Manche Verläufe sind einfach. Kinder sagen zum Beispiel: „Mama, können wir mein Zimmer schwarz streichen?" Oder: „Am liebsten möchte ich tot sein." Danach kommt es dann zum Ausgleich, schwarz auf weiß, Auge in Auge mit dem therapeutischen Material. Ausweglosigkeit ist im kunsttherapeutischen Prozess sichtbar. Erst sieht jemand schwarz, und er malt schwarz, und dann kommen hellere Farben dazu. Man kann *Viel-Schwarz* beim Malen als bedeutsam ansehen und bildlich übersetzen. Wenn ich das tue, dann weil es im Moment sinnvoll ist, um den Weg ins Helle zu gehen. Helligkeit übersetze ich dann eins zu eins mit Heilung. Nach und nach verarbeiten Kinder ihr Trauma mit dem Aufhellen im Bild. Sie gewinnen Klarheit. Allmählich werden die Bilder sonnig, die Last auf der Seele wird leichter, Albträume und Flashbacks nehmen ab. Die Nachtruhe kommt zurück.

Heller Ton tut gut. Er ist eine Realität, die man gerne annehmen kann. Wenn dunkle Farbe, dann Dunkelheit – wenn heller Ton, dann Helligkeit. Im gleichen Zug werden die Gedanken heller. In einem einfachen Fall kann es passieren, dass ein Kind in wenigen Sitzungen alle Panikattacken abbaut.

Im Tonfeld-Setting haben Finsternis 1 und Finsternis 2 zwei Merkmale, an denen wir sie klar unterscheiden können.

Finsternis 1: Nur-Abstand! Es ist noch zu schlimm, jemand kann den Kontakt der Hände mit dem Material nicht ertragen.

Finsternis 2: Kontakt! Jemand kann den Ton berühren und so die Beziehung und seine Entwicklung aufnehmen. Die Möglichkeitsdimension ist erreicht.

Der Punkt, ab dem Berührung mit dem Material möglich ist, ist wie eine Grenze zwischen Gefahrenzone und Chancenzone. Wenn wir jemanden über eine Klippe schubsen, solange er in der Gefahrenzone ist, wird er ins Bodenlose fallen. Wenn wir jedoch jemanden in der Chancenzone zu einer Schwelle bringen und darüber schieben, wird er neu starten, denn er kann Boden unter den Füßen spüren.

In der Zusammenarbeit mit Fachstellen gegen sexuelle Gewalt habe ich vielfach erlebt, dass Kinder, die den Kontakt mit dem Material eingehen können, die Therapie seltener abbrechen. Und sie lassen sich insgesamt auf den Heilungsprozess ein. Sie tun, was immer nötig ist. Sie arbeiten sich aus der Finsternis heraus.

Wenn ein Kind vor dem Tonfeld zurückschreckt, vor dem Kontakt der Hände mit dem Material, dann ist das, als würde die *Bestie* es aus der flachen Ton-Landschaft anspringen. Es kann sein, dass ein Kind dann wegläuft. Oder dass es das Spiel so verweigert wie ein Pferd in einem Reitturnier das Hindernis, das

4.2 Umkehrbilder des Schweigens

ihm unüberwindbar erscheint. Ein Kind kann auch flüchten, indem es einschläft oder indem es einen Plapperanfall hat. Oder es steht auf, damit es größer ist. Der Schrecken ist dann kleiner und die *Bestie* besser zu bändigen.

Das Zurückweichen ist in allen Varianten ein Zeichen für Finsternis. Die *Bestie* ist im Umkreis.

Der Instinkt sagt einem Kind: Wenn ich mich auf das hier einlasse, dann lasse ich mich auf Finsternis ein. Auf meine persönliche Finsternis, wo meine *Bestien* wohnen. Der Instinkt sagt einem Kind aber auch, ob es jetzt stark genug dafür ist. Dann helfen wir sorgsam wie Bergführer heraus.

Wenn es dann möglich wird, das Material zu berühren, kann der Transit durch das Land der Schatten beginnen. Es ist immer noch unheimlich. Die Nacht mit ihren Gefahren und rätselhaften Schrecken ist zu durchschreiten. Aber in dieser Gegend bedeutet Bewältigen: Ich *kann* standhalten, ich *werde* standhalten ... ich kann etwas bewirken. Und dann kriege ich das zu fassen, um was es geht. Und dann werde ich das Erlebte in mein Leben einordnen können.

Das Andenken

Wenn Sie einem Menschen begegnen, der Ihnen irgendwie ungewöhnlich fröhlich vorkommt, der leicht und scheinbar ohne Anlass lacht, dann kann es sein, dass er etwas Lebensgefährliches überstanden hat. Vielleicht richtig knapp. Das kann Jahre her sein. Sein Lachen ist ein Andenken. Es kommt aus einer tiefen Heiterkeit: es ist die helle Freude, am Leben zu sein.

Menschen, die dem Tod entkommen sind, haben manchmal eine solche Ausstrahlung. Sie gehören zu den 90 %, die aus dem Dunkeln ein Licht mitgebracht haben. Psychologen nennen es posttraumatisches Wachstum. Der Ausdruck stammt aus der Mitte der 90er Jahre, als sich Traumaforscher mehr und mehr für positive Traumafolgen interessierten. Posttraumatisches Wachstum meint einen Zugewinn psychischer Kraft. Wenn das Trauma jemanden stärker macht – zum Beispiel mutiger, weiser, glücklicher.

Das ergänzt die Frage, *wann* Menschen Traumafolgen bewältigen, um die interessante Dimension: wie kommt es, *dass* sie das tun? Wie ist es möglich, dass Menschen aus Schicksalsschlägen Stärke, Mut und einen neuen Lebenssinn schöpfen? Wann machen Menschen die Erfahrung, dass traumatische Erlebnisse sie nicht nur viel gekostet, sondern auch bereichert haben?

Stephen Joseph nennt dafür drei Elemente:

1. Damit umgehen lernen, dass das Leben unsicher ist und sich dabei nicht einschüchtern lassen.

2. Bewusst mit den eigenen Emotionen umgehen, sie zunächst wahrnehmen, sie verstehen und sie akzeptieren.
3. Die Einsicht, dass man Verantwortung für sich, seine Taten und sein Leben trägt. Eigenverantwortung und die eigene Wirksamkeit klar wahrnehmen.[24]
Martin Seligman und Ann Marie Roepke sehen einen vierten Punkt:
4. Nach neuen Möglichkeiten Ausschau halten und sie ergreifen.[25]

Nach der leidvollen Zeit folgt ein posttraumatischer Wachstumsschub mit 1.) einer größeren Wertschätzung dem Leben gegenüber 2.) tieferen sozialen Beziehungen 3.) mehr persönlicher Stärke 4.) neuen Prioritäten im Leben und 5.) einem erweiterten Sinn für Spiritualität.[26]

Kinder haben nach einem traumatischen Schock dreimal die Chance auf gesund im Verhältnis zu einmal krank (siehe Abb. 4.1). Weil ein Kind psychische Widerstandskraft entwickelt (a Resilienz). Oder weil ein Kind sich von alleine mit der Zeit wieder erholt (b Erholung). Oder weil ein Kind seine Kraft und seine Fähigkeiten erweitert (d Posttraumatisches Wachstum).[27]

Die vier Kurven der Abbildung zeigen, wie stark die psychische Last beim jeweiligen Reaktionstyp ist, wie lange die Beeinträchtigung dauert und ob es zu einer Erweiterung der Kraft und der Fähigkeiten führt, nachdem das Wohlbefinden gelitten hatte. Bei der vierten Kurve sehen Sie deutlich das Wachstum.[28]

Gewaltkreisläufe stoppen

Mit jedem Kind, das sein bestes Potenzial entfaltet, beenden wir Kreisläufe der Gewalt, die sonst weitergegangen wären. Auch mit Missbrauch im Gepäck kann jemand die Folgen hinter sich lassen. Wenn wir ihm glauben, wenn wir ihn vor weiteren Übergriffen schützen und wenn er die notwendige Unterstützung hat.

---

[24]Judith Mangelsdorf: Posttraumatisches Wachstum. Zeitschrift für Psychodrama und Soziometrie volume 19, pages 21–33 (2020) https://link.springer.com/article/10.1007/s11620-020-00525-5 zugegriffen am 05.06.2020 unter der Lizenz https://creativecommons.org/licenses/by/4.0/deed.de.

[25]Wikipedia: *Posttraumatisches Wachstum* https://de.wikipedia.org/wiki/Posttraumatisches_Wachstum zugegriffen am 07.09.2020.

[26]Judith Mangelsdorf: *Posttraumatisches Wachstum*. Zeitschrift für Psychodrama und Soziometrie volume 19, pages 21–33 (2020) https://link.springer.com/article/10.1007/s11620-020-00525-5 Zugegriffen am 05.06.2020.

[27]ebenda.

[28]https://link.springer.com/article/10.1007/s11620-020-00525-5/figures/1 zugegriffen am 10.09.2020.

4.2 Umkehrbilder des Schweigens

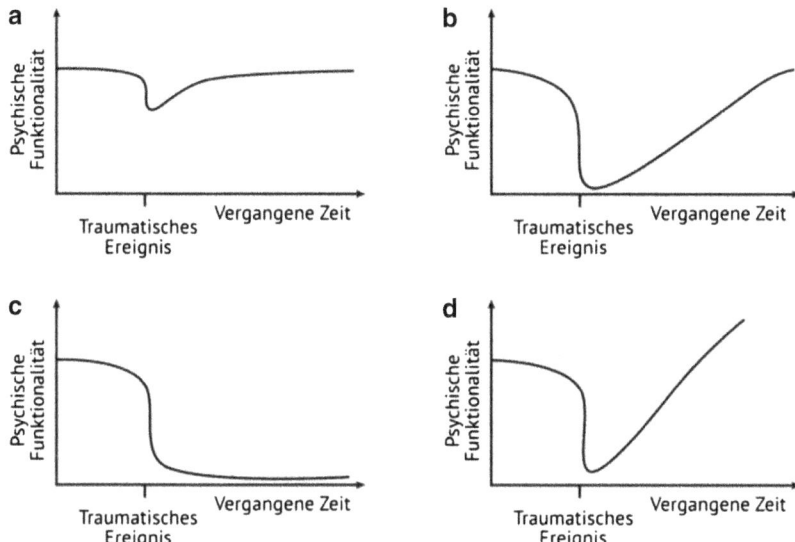

Abb. 4.1 Psychoemotionale Reaktionsformen nach traumatischen Erfahrungen. **a**) Resilienz (psychische Widerstandskraft), **b**) Erholung (natürliche Erholung), **c**) Posttraumatische Belastungsstörung, **d**) Posttraumatisches Wachstum. (© Springer Nature Switzerland AG. Part of Springer Nature, publiziert unter der Open Access Lizenz https://creativecommons.org/licenses/by/4.0/deed.de)

Andernfalls kann es passieren, dass jemand in seiner finsteren Privatlogik gefangen bleibt. Egal, wie Sie sich abmühen, jemand, der *täterisiert* in seiner Finsternis gefangen ist, sieht in Ihnen nur eine Wand, einen Störer oder ein Schaf. Oder er sieht Sie als Objekt – einen Gebrauchsgegenstand – und die Welt mit den Augen der *Bestie*. Ich wünschte, jemand hätte früher etwas für diese Menschen getan. Denn alles moralisch Üble kommt daher, dass jemand ein Kind nicht genug geliebt hat.

▶ [**Täterisiert** ist eine Wortschöpfung von mir für das, was es ausmacht, wenn jemand Kreisläufe der Gewalt weiterführt. Die Bereitschaft dazu ist unter Umständen reversibel. Man kann sie also rückgängig machen. Vor allem dann, wenn jemand die Chance hat, frühe Mangelerfahrungen auszugleichen. Wenn Menschen korrigierende Beziehungserfahrungen machen, wohltuend, wiederkehrend, ist es möglich, dass sie eine Gewaltkrankheit loswerden.]

Täterisierte Kinder ahmen nicht nur etwas nach mit ihren Taten. Wenn sie sexuelle Gewalt ausagieren, ist das mehr als eine reine Re-Inszenierung.
Mit dem Wort *Bestie* gibt man dem Schrecken ein Gesicht. Es erzählt von dem Erlebnis, attackiert worden zu sein, die Beute gewesen zu sein, die überlebt hat. *Täterisiert* möchte beschreiben, dass ein Kind von einer *Bestie* zu einer *Bestie* geformt werden kann. Und dass wir diesen Vorgang besser unterbrechen oder sogar verhindern. Das geht ja schließlich. Donald Winnicott und ich finden: Andernfalls haben wir als fördernde Umwelt versagt.[29]

Merkmale von täterisierten Kindern

1. Kindliches Spiel wurde mit erwachsener Sexualität vermischt.
2. Antisoziale Tendenz. Die antisoziale Tendenz ist wie ein Hunger nach guten Beziehungen. Sie ist mit Hoffnung verbunden. Jemand lebt in dem Gefühl, dass ihm die Gesellschaft etwas schuldet, weil er bisher zu kurz gekommen ist. Darum richtet er seinen Hunger wie einen Anspruch an alle und alles, indem er das einfordert, was fehlt. Das tut er nicht, indem er es sagt. Er weiß es nicht. Er fordert, indem er kaputtmacht. Dennoch ist der Beziehungswunsch gerechtfertigt. Weil wir alle in unseren Beziehungen Qualität brauchen statt Quantität. Wir wünschen uns gute Beziehungen, die unserem Bedürfnis entsprechen. Lieber gute Beziehungen als viele. Die antisoziale Tendenz gibt es bei allen Menschen mit einem Mangel an guten Beziehungen. Denn Geld oder Nahrung machen den Hunger nicht satt. Wenn der Mangel so groß ist, dass er das Gefühl von Unrecht hervorruft, dann aktiviert das die antisoziale Tendenz bei einem normalen Kind – genauso wie bei einem normal-neurotischen oder psychisch-kranken Kind.[30]
3. Gewalt-Ideologien und wahnhafte Gedanken
4. Basale Lücken. Das sind Reste aus frühkindlichen Mangelerfahrungen. Sie sind wie sensomotorische Laufmaschen im Körperbild gespeichert. Aus dieser Quelle kann das grundlegende Verständnis für Zusammenhänge fehlen. Der Bezug zu Sachen oder zu Menschen kann brechen. Es kommt vor, dass jemand Ursache und Wirkung nicht auseinanderhalten kann. Das hat nichts mit Dummheit zu tun. Solche Entwicklungslücken können die Empathie einschränken, das Empfinden für die Wirklichkeit verändern und Spaltungsphänomene festigen. Diese kleinen Brüche nehmen dann mehr Einfluss auf die Motivation als das Großhirn, als der

---

[29] Donald W. Winnicott: *Aggression: Versagen der Umwelt und antisoziale Tendenz.* Stuttgart: Klett-Cotta, 2019).

[30] Donald W. Winnicott: *Von der Kinderheilkunde zur Psychoanalyse.* Frankfurt am Main: Fischer Taschenbuch, 1983, S. 233 f.

4.2 Umkehrbilder des Schweigens

Verstand. Die Regionen im Gehirn, die aus sensomotorischen Gründen unreif bleiben, steuern in solchen Fällen das Handeln wie aus dem Hinterhalt. Sie machen einen Menschen unfrei. Das geht über ein unsichtbares Band – vor dem Ich ist es ganz verborgen.

Ein aktuelles Beispiel im Hier und Jetzt: Leo Mohr wächst auf in einem Dorf bei Ulm. Leos Leben beginnt so: Frau Mohr lebt zunächst allein mit ihrer vierjährigen Tochter Felizia. Sie wünscht sich eine intakte Familie mit Harmonie und Nähe. Sie lernt Herrn Fahr kennen. Sie werden ein Paar und heiraten.

Herr Fahr kann keine Kinder zeugen. Aber alles soll schön sein. Die Eheleute unternehmen einige Anläufe medizinischer Befruchtung. Das tun sie solange, bis es klappt. Frau Mohr erwartet ein Baby. Leo kommt auf die Welt. Er ist ein süßes Kind: hell und weich. Er schaut mit blassen Augen sanft umher. Aber irgendetwas ist seltsam.

„Komisch", denkt Frau Mohr eines Tages. „Warum fotografiert er das Baby immer nackt?" Herr Fahr ist selten zuhause, und wenn, dann schirmt er sich im Kinderzimmer ab. Tagsüber tut er das am liebsten dann, wenn Frau Mohr zum Einkaufen fährt. Oder nachts, wenn er glaubt, dass sonst keiner wach ist. Er geht mit fragwürdigen Kumpels ein und aus. Oft bleibt er lange weg. Er spricht nicht mit ihr darüber. Frau Mohr weiß selten, wo er genau ist.

Frau Mohr fühlt sich zurückgewiesen. Sie denkt, dass sie ihrem Mann gleichgültig geworden ist. Es kommt immer öfter zu Streit. Die beiden lassen sich scheiden. Nachdem sie getrennt leben, sind die Kinder am Wochenende oft bei ihm. Das entlastet Frau Mohr im Alltag. Das Leben geht seinen Gang.

Mit drei ist Leo schon lange kein angenehmes Kerlchen mehr. Er ist aggressiv, hemmungslos, launisch und laut. Er geht stets nur seinen eigenen Impulsen nach und er kennt keinen Schmerz. Er steuert auf Probleme zu wie andere Kinder auf Süßigkeiten. Im Kindergarten ist er isoliert; er kommt nicht zurecht. Später in der Schule läuft es ebenso.

Eines Tages, wieder Jahre später, klingelt es morgens um sechs an der Tür. Die Kriminalpolizei, zwei Männer mit steinernen Gesichtern, drängen in die Wohnung. „Dürfen wir reinkommen?" Sie konfrontieren Frau Mohr mit pornografischen Bildern aus dem Internet.

„Sind das Ihre Kinder?" Ihr wird schlecht, sie taumelt zum nächsten Stuhl. Ja, es sind ihre Kinder ... und so hässliche sexuelle Sachen hat sie in ihrem ganzen Leben noch nie gesehen. Mit einem Schlag versteht sie. Herr Fahr hat alles geplant, von Anfang an. Ihre Kinder sind in der Hand eines gewalttätigen Kriminellen, der sie benutzt. Leo hat er eigens für diese dreckigen Geschäfte gezüchtet. Er muss ihn von Geburt an missbraucht haben.

So fühlt es sich also an, wenn die Welt unter einem zusammenbricht. Es geschieht lautlos, kein Donnergetöse, eigenartig, kein Krach.

Die Polizeibeamten befragen Frau Mohr sachlich. Danach geben sie ihr eine Kontaktadresse beim Jugendamt und sie sitzt alleine da.

Mit sieben entdeckt Leo: Es gibt Glück. Glück ist wundervolle, harte Arbeit auf einem Bauernhof. Es geht derb zu. Endlich spürt er was. Der Stall ist ihm gewachsen. Der Bauer ist ihm gewachsen. Endlich macht etwas Sinn. Die Felder, die Wiesen, der Dreck. Er fühlt sich wohl. Ein einfaches, beschütztes Leben beginnt. Im Kopf bleibt es dunkel. Leos Merkfähigkeit und Konzentration sind sehr gering, Mitgefühl fremd. Er kennt keine Bindung, kein soziales Gefüge, keine Ordnung.

Nur dann, wenn Leo etwas Lautes macht, seine Kraft einsetzt, wenn er etwas zu tun hat, viel zu tun bekommt, wenn er läuft oder schuftet, ist er gut aufgehoben. So bewegt er die tiefsten Dunkelheiten aus sich heraus – aus dem Inneren, aus dem dunklen Körper. Vielleicht wird er lebenslang Schutz brauchen. Zum Beispiel davor, anderen etwas anzutun.

Nehmen wir einmal an, Sadismus ist eine Finsternis. Und Mitgefühl wäre die Helligkeit, die dem entgegensteht. Wenn wir Mitgefühl wecken können, ist es genau das richtige Verdünnungsmittel. Je mehr Mitgefühl wir wachrufen, und je weniger ein Kind auf seinen sadistischen Erfahrungen sitzen bleibt, desto mehr Licht wird möglich. Die Kinder und Jugendlichen, an denen ein schlechtes Schicksal klebt, erwägen durchaus, den Trip als Bösewicht oder Fiesling und somit den Gewalt-Trip zu verlassen. Das ist nicht leicht. Aber wenn Licht *in* ihnen ist, können sie die üblen Eigenheiten ablegen.

Die zentrale Dimension für das Aussteigen ist eine korrigierende Beziehungserfahrung. Oder viele solche positiven Erfahrungen.

Natürlich gibt es Wege aus der Finsternis. Sie scheinen versteckt und verstellt, aber es gibt sie. So wie es Schattierungen von Schwarz nach Weiß gibt, führen die Wege von Finsternis 1 über Finsternis 2, Dunkelheit, Nacht, Dämmerung, zu Morgengrauen, zu Tag. Die Schwärze kann stetig verdünnt werden. Vom Halbdunkel zur Morgenstunde. Am Ende geht es um Licht.

Wir können vieles tun, das die *Bestie* abwendet und das die Finsternis davon abhält, unsere Kinder zu verschlucken. Allerdings: Liebe allein genügt nicht.[31]

Ich möchte darauf hinaus, dass es sichtbar ist, wenn ein Kind täterisiert ist und dass wir das in vielen Fällen ändern können. Und ich trete dafür ein, dass wir Gewaltkreisläufe stoppen. Weil Kinder täterisiert bleiben, wenn nichts weiter geschieht. Weil sie die Merkmale weitergeben. Sie geben sie weiter an andere Kinder, wenn sie die Gelegenheit haben. Wenn sie jetzt inzwischen erwachsen sind, dann geben sie sie als Erwachsene weiter – in einer angereicherten Version.

---

[31] Bruno Bettelheim: *Liebe allein genügt nicht. Die Erziehung emotional gestörter Kinder.* Stuttgart: Klett, 1971.

4.2 Umkehrbilder des Schweigens

Der Horizont

Wenn wir nichts neu machen, ändert sich nichts. Und wenn es so bleibt, wie es heute ist, das wäre fatal. Schauen Sie, es genügt nicht, wenn ein zu Hause missbrauchtes Kind aus der Familie genommen wird. Es ist ungenügend, Kinder auf dem Papier zu verwalten. Es verletzt die Seele, wenn der Staat sie mit Geld entschädigt statt sie zu schützen, ihnen Sicherheit zu geben und sie als Menschen zu beachten. Es ärgert mich, wenn im Bundestag höhere Strafen für Sexualverbrecher verhandelt werden, während die Bedürfnisse von Kindern, die sexuelle Gewalt erfahren haben, und auch von Kindern, die sexuelle Gewalt ausüben, meilenweit ungesehen bleiben.

Nach Leos Schwester Felizia Mohr fragt meistens niemand. Sie ist unauffällig und beliebt, sie hat viele Freunde. Aber sie leidet an Depressionen. Die sind für sie wie ein schwarzes Loch, das ist da, wo Nichts ist. Diese Phasen kommen und gehen, extrem lästig in der Schule und im Alltag.

Sie sagt zu mir: „Das habe ich wo gefunden, ich habe es abgeschrieben." Sie kramt einen Zettel aus ihrer Tasche.

„Den habe ich immer mit dabei. Hier, guck, genau so ist es."

Sie liest vor: „Schwarze Löcher bestehen nicht aus Materie, obwohl sie eine große Masse besitzen. Daher lassen sie sich bisher auch nicht direkt beobachten, sondern nur über die Wirkung ihrer Schwerkraft auf die Umgebung. Sie krümmen Raum und Zeit und sie besitzen eine geradezu unwiderstehliche Anziehung."

„Willst du damit sagen, es geht dir wieder schlechter?"

„Nein", beruhigt sie mich. „Ganz und gar nicht. Ich habe keine Albträume mehr."

Mein skeptischer Blick bringt sie zur Korrektur. „Fast keine Albträume mehr. Ich brauche eine Idee, an der ich mich festhalten kann. Damit ich aus diesem ... aus diesem Zustand herauskomme."

„Aha."

„Aber weißt du, das zieht mich nicht runter. Für einen Moment denke ich, dass das Leben sinnlos ist. Der Gedanke kommt schnell und verschwindet schnell. Ich bin okay."

Felizia hasst ihren Bruder Leo. Aber sie hat Klarheit durch den Kontrast. Sie muss ihn nur ansehen, dann kann sie denken: „So nicht. Nicht mit mir. Aus mir wird mal was."

Felizia malt sich aus, wie sie in Zukunft leben will. Wie wird es sein, wenn sie ihr Zuhause hinter sich gelassen hat?

„Finsternis? Wenn ich genau hinsehe, ist die wie ein dunkles Zimmer, durch das man geht. Im Dunkeln denke ich, auch das geht vorüber."

Felizia findet den eigentlichen Weg im Dunkeln: eintauchen. Und sich einfach auflösen. Etwas stirbt und etwas Neues keimt auf. Das Neue ist noch nicht da, aber sie ist schon lange nicht mehr verloren.

Wir, die in diesem Bereich arbeiten, säen geduldig unser Licht und verdünnen die Finsternis. So lange, bis die freundliche Nacht wieder da ist. In ihrem Schutz sind unsere Kinder geborgen. Die Nacht kommt und die Nacht geht. Und wir wenden die Dinge zum Guten.

4.2.10 Umkehrbild: (fort)bewegen

Eine wichtige Regel für verletzte Kinder ist: „Ich-bewege-mich". Dabei kenne ich zwei Kräfte, die Abstand vom Trauma bringen: „Ich bewege mich weg von der Erfahrung, dass ich verletzt wurde." und „Ich bewege die Erfahrung, dass ich verletzt wurde, weg von mir."

Wir bewegen unablässig Gefühle in uns, Erinnerungen, Träume und Gedanken. Wir bewegen uns, entstauen Energie und bauen Stress ab durch Bewegung. Jeder Sportler wird Ihnen raten: Bewegen Sie sich – Bewegung ist gesund, sie stärkt und sie nimmt Schmerzen. Leben ist Bewegung. Ohne Bewegung gibt es keine Veränderung.

Kinder verwerten unterschiedlichste Bewegungen als Umkehrbilder, während sie ein Trauma verarbeiten. Das können alltägliche Szenen und Handlungen sein. Es gibt sehr unterschiedliche Antworten auf die Frage: Wie kann ich mich lösen?

Ein Kind legt seine Hand in die Hand eines Mentors. Ein Mentor nimmt ein weinendes Kind an die Hand. Ein Kind geht von einem Ort zu einem anderen. Ein Kind wechselt Bereiche: von Wasser an Land, von der Schule nach Hause (im Bus fahren, zu Fuß gehen, reiten, mit Rollschuhen rollen ...). Ein Jugendlicher beginnt zu beten. Eine junge Frau bekommt ein Baby. Jemand kocht wie verrückt. Jemand entscheidet sich gegen eine öde Ehe. Jemand zieht einen Strich unter eine Sache.

Aber bevor ich weiteres aufzähle und mehr darauf eingehe, möchte ich *therapeutische* Bewegungen schildern. Diese Gedanken sind wie Wurzeln für Menschen, die mit seelisch verletzten Kindern umgehen.

Die Idee von der biologischen Basis
Peter Levine entwickelte die Traumatherapie Somatic Experiencing, auf deutsch Körperliches Erleben. Somatic Experiencing ist ein Ansatz, um traumatischen

4.2 Umkehrbilder des Schweigens

Stress zu lösen. Die Grundidee ist, dass eine Traumafolgestörung ein unvollständig durchlaufener Prozess ist. Als wäre die Bewegung stecken geblieben.

Peter Levines Interesse an der Biologie des Traumas begann 1969, weil eine Klientin sich körperlich an eine Operation erinnerte, die in ihrer Kindheit traumatisch verlaufen war. Sie bewegte instinktiv ihre Beine als würde sie laufen, wie bei der Flucht vor einem imaginären Tiger. Davon besserten sich ihre Symptome. Sie konnte wieder ein normales Leben führen.

Peter Levine sagt, dass ein Trauma im Nervensystem gebunden ist. Wenn wir das Nervensystem lockern, dann helfen wir jemandem, seine ganze Spannweite und Kraft zurückzufinden. Gelingt es, die biologischen Prozesse zu vervollständigen, so gewinnt er seine volle Lebensenergie zurück.[32] Er kann die biologischen Mechanismen abrunden und so die seelischen Folgen hinter sich lassen.

Mit Somatic Experiencing ist es möglich, an der bewussten Erinnerung vorbei zu arbeiten. Das ist besonders hilfreich, wenn das traumatische Ereignis zu belastend erscheint. Die eingefrorene Energie wird in kleinen Dosen aufgetaut und schrittweise entladen.[33]

Während einem traumatischen Erlebnis steuert vor allem das Stammhirn die Reaktionen. Darum sind sie durch den Intellekt nicht beeinflussbar. Das erklärt, so Peter Levine, warum kognitive Ansätze und auch die Arbeit mit Emotionen keine vollständige Auflösung der Trauma-Reaktionen bringen. Es braucht noch die vitalen Antworten aus dem neurobiologischen Schema. Wenn dieses Schema nicht vollständig durchlaufen wird, verbleibt der Organismus im traumatisierten Zustand. Hier sieht Peter Levine die Basis für Folgestörungen. Gelingt jedoch ein vollständiges Durchleben des natürlichen Schemas, so erholt sich der Organismus spontan und vollständig. Die neurobiologischen Reaktionen treten in unterschiedlichster Weise auf. Wer traumarisiert ist, kann sie nicht verhindern.

Bei den meisten Traumatisierungen werden alle drei Reaktionen vom Körper angestoßen: Kampf, Flucht und Erstarrung. Bewegungselemente aus allen drei Bereichen tauchen auch meistens während der Therapie auf.

Bei einem Autounfall könnte der Impuls entstehen, den Unfallgegner zu schlagen (Kampf). Danach wird jemand sofort nach Hause wollen und vielleicht in sein Bett (entsprechend der sicheren Höhle, Flucht). Häufig ist auch das Bedürfnis da, in Urlaub zu fahren (Flucht), und beim Herannahen des Unfallgegners hat man sich vielleicht wie versteinert gefühlt (Erstarrung).

---

[32] Peter A. Levine: *Trauma-Heilung: Das Erwachen des Tigers. Unsere Fähigkeit, traumatische Erfahrung zu transformieren.* Essen: Synthesis, 1999.
[33] Somatic-Experiencing Deutschland: *Trauma gehört zum Leben. Traumabewältigung auch.* https://www.somatic-experiencing.de Abruf am 25.03.2020.

Alle diese Reaktionen können in der Lebensführung andauern oder immer wieder auftauchen (Angst, wieder Auto zu fahren, Ohnmacht, wenn etwas im Leben schnell geschieht, Wut, wenn jemand einem beim Einkauf zu nahe kommt). Ein Teil des Menschen befindet sich weiter in der traumatischen Situation und reagiert aus dieser Perspektive auf das Leben.

Dieses vitale Echo auf den Schock wird mit Somatic Experiencing vital aufgegriffen. Ziel ist, dass die Erlebnisbasis frei funktioniert, ohne das Echo. Die im Nervensystem gebundenen Energien bauen sich ab und eine neue Erfahrung richtet sich auf. Zum Beispiel: „Ich kann Fahrradfahren." „Meine Familie steht hinter mir." „Ich kann Hilfe holen." „Mein Arzt hilft mir unkompliziert und immer gleich dann, wenn ich ihn brauche."

Die genaue Dosierung ist ein Thema. Einerseits ist es notwendig, Aspekte des Traumas zu berühren, um die gebundene Energie zu lösen. Andererseits wiederholt zu viel davon die Überforderung und wirkt deshalb wieder verletzend – retraumatisierend. Daher ist die Absicht, dass jemand die Intensität selbst wahrnimmt und selbst steuert. Alle arbeiten also gemeinsam daran, im zumutbaren Bereich zu bleiben.

Plastische Erinnerungen abbauen
Die unbewussten Erinnerungen im Körperbild tauchen von alleine auf, zum Beispiel durch Stimmungen, Gefühle, Körperzustände, Reaktionen des Nervensystems und Bewegungsansätze. Man greift sie auf, arbeitet sie einzeln durch, und sie lösen sich auf.

Die therapeutischen Gespräche folgen der körperlichen Empfindung. Das Bewusstsein *und* das Nervensystem sind in den Lösungsprozess einbezogen.

Auch mit Focusing, einer Form nach innen gerichteter Aufmerksamkeit, kann jemand die Selbstheilungskräfte des Körpers mobilisieren. Die erste Grundannahme ist hier, dass die eigentliche Arbeit nicht der Therapeut leistet, sondern der Klient. Im therapeutischen Verlauf besitzt alleine der Klient die Kompetenz, die Autorität und das Wissen. Er ist sein eigener Therapeut, er ist der Focuser, den Prozess eigenverantwortlich beginnt, steuert und beendet. Der Therapeut ist sein Begleiter. Der Erfolg einer Focusing-Sitzung ist unabhängig von der Dauer der Sitzung. Der Prozess führt regelmäßig zu körperlich spürbaren Erleichterungen, bis hin zu einer vollständigen inneren Entkrampfung = Body Shift. Der Body Shift ist das Kernstück des Verlaufs. Eugene Gendlin, auf den Focusing zurückgeht, vergleicht den Body

Shift mit dem Einatmen frischer Luft, nachdem man einen stickigen Raum verlassen hat.[34]

Der Body Shift reguliert das Nervensystem, wirkt auf den Muskeltonus, die Durchblutung, auf die hormonell aktiven Organsysteme und die geistige Klarheit. Der Mensch fühlt sich insgesamt gesünder.

Mit körperorientierten Therapien bauen Kinder und Jugendliche die Gefühlsreaktionen auf bestimmte Trigger ab. Auch die überschießenden Reaktionen des Nervensystems, die der Gegenwart nicht entsprechen. Deutungen oder Bewertungen, die überholt sind, haben ausgedient. Die Kinder und Jugendlichen strukturieren sie um.

Ein Gefühl der Befreiung ist typisch. Das Bewusstsein, überlebt zu haben, setzt sich auf allen Ebenen durch. Jemand kann die positiven Seiten des Lebens wieder zulassen. Idealerweise lebt er in jeder Hinsicht wieder in der Gegenwart.

Auf Somatische Intelligenz vertrauen
Der Körper ist klug. Verlassen Sie sich darauf. Erlauben Sie ihm, sich laufend selbst zu heilen. Das Warum aus dem Somatic Experiencing und den anderen Wurzeln körperorientierter Therapien gilt auch für die spontanen Bewegungen und Fortbewegungen im Alltag eines seelisch verletzten Kindes.

Kinder und Jugendliche wenden den Body Shift ungeplant und intuitiv richtig an. Sie gewinnen dann aktiv und in eigener Regie Abstand von erlebtem Missbrauch. Auf unterschiedlichen Wegen:

Weinen und **Schreien.** Wehklagen. Jammern. Seufzen. Stöhnen. Atmen. Würgen. Erbrechen. Die Substanzen wie Tränen und Schleim, das Erbrochene oder Gestank oder auch Geräusche lösen Substanzen aus dem Körper. Sie binden Gefühle, Erinnerungen oder Gedanken wie Gift an sich, nehmen sie mit und spülen sie aus.

Auch mit **Einnässen** und **Einkoten** stellen Kinder Abstand her und bewegen fort, was nicht in ihnen sein soll. Mit Kot und Urin geben sie Dinge zurück, die sie nicht (mehr) in sich haben wollen. Sie geben damit auch im übertragenen Sinn etwas von sich. Wenn ein Kind erlebt, dass jemand diese Ausscheidungen gut versorgt, dann fühlt es sich selbst gut versorgt. Wenn jemand da ist, der weiß, wie man sie an den richtigen Platz tut, wie man sie aufhebt und was man damit macht, dann hat das Einkoten einen Sinn. Die ausgleichende Wirkung ist stärker. Das Fortbewegen wird von der Selbstregulation zur therapeutischen Tat.

Vielleicht kennen Sie das: Diese Transportbewegungen sind eigentlich einfach und klar, und es liegt nah, dass Kinder so reagieren, und trotzdem sind Sie im ersten

---

[34] Eugene T. Gendlin, Johannes Wiltschko: *Focusing in der Praxis. Eine schulenübergreifende Methode für Psychotherapie und Alltag.* 3. Auflage, Klett-Cotta, Stuttgart 2007.

Moment erschrocken. Dabei müssen diese Prozesse so ablaufen, so wie ein Schnitt eben bluten muss, damit die Wunde richtig heilt.

Es ist gut, einem Kind die Ausscheidungen abzunehmen. Dem Kind dann ein Glas klares Wasser anzubieten, unterstützt mit einer Geste das Lösen von Ballast, der nicht zu ihm gehört. Frische Luft einatmen ist ein ähnlich lebendiges Prinzip wie klares Wasser trinken. Ob Sie mit Ihrem Kind an die frische Luft gehen oder sein Zimmer lüften – beides tut gut.

Weglegen. Menschen gehen mit ihren Abfällen und mit ihren Ausscheidungen auf eine bestimmte Art und Weise um – in jeder Kultur. Wir Erwachsenen wissen, was zu tun ist: in die Toilette fallen lassen, in den Müll werfen, wegbringen, ordnen, sortieren, vergraben, verbrennen, abputzen, abwaschen, reinigen, lüften. Es gibt einem Kind Halt und Orientierung, wenn Sie wissen, was zu tun ist und wenn Sie es tun. Damit ist das (Fort)Bewegen klar und deutlich signalisiert.

Weiterreichen. Der Drang, sich zu bewegen, damit ein traumatisches Erlebnis zu integrieren und so ins Leben einzuarbeiten, ist übertragbar. Er überträgt sich dann oft auf die nahen Mitmenschen – ein Transfer, der das, was abtransportiert gehört, einfach umverteilt. Das kann so weit gehen, dass bereitwillige Helfer zu „Fußmatten" werden. Es gibt eine Art Hebel, der Angehörige beispielsweise einen Sport ergreifen lässt, stellvertretend für ein Kind. Handball, Fußball, Marathon, Turniertanz, Jagd ... die reinste Befreiung. Das ist wie zusammen etwas gewaltig Großes verteilen, um gemeinsam freier und unbelasteter zu leben.

Aussprechen. Unausgesprochene Worte können wie Parasiten wirken. Sie schaden nicht nur der Gesundheit, sondern sie können auch das Verhalten befallen. Die Worte sitzen tief im Bauch. Sie sind wie weggepackt. Sie können sich so festkrallen wie ein Bandwurm. Der Bandwurm hakt sich fest und hat nicht vor loszulassen. Er passt sich an und bleibt lieber da, wo er ist. Bis jemand entdeckt: Der will ja raus, wenn ich es zulasse. Wenn ich es nicht verhindere. Wenn ich ihm anbiete, dass er draußen einen Platz hat, da ist jemand, der ihn aufheben kann.

Dieser Sprech-Vorgang ist beim Lösen von einem sexuellen Trauma so typisch und so befreiend, dass er ein eigenes Format hat. Die Bewegung ist: eine Reihe von Sätzen kommt aus dem Mund wie von tief unten. Wenn jemand seine Geschichte wie einen Bandwurm aneinanderreiht, dann weil er ihn schon lange aus sich heraus haben wollte. Dieses Aussprechen wie (Fort)bewegen aus sich heraus und von sich weg ist wichtig. Wer zuhören kann, der erfährt etwas. Wir sprechen hier von ernsten Dingen. Die Worte wollen sich nahtlos aneinanderreihen können, sie wollen laufen, ohne Zwischenfragen. Damit jemand sie ganz ausscheidet. Wenn das Leid plötzlich da ist, draußen, dann wissen wir, was damit zu tun ist: Weglegen, Aufheben, Verstauen.

Wenn Sie zuhören, sind Sie ein Gefäß dafür – für den Moment. Lassen Sie die Sensationen ins Leere laufen und auch die starken Gefühle, die dazugehören.

4.2 Umkehrbilder des Schweigens

Erwarten Sie. Vielleicht ermutigen Sie jemanden mit kleinen Gesten. Und dann werden Sie es gründlich los. Bewegen Sie es aus sich heraus, damit ein gesunder Abstand entsteht. Am besten bei einem professionellen Helfer. Die Begebnisse möchten einen Platz haben. Aber weder bei Ihrem Kind noch bei Ihnen. Es gehört zwar zum Leben – aber weit weg und draußen. Der Körper wartet nur darauf, dass er das machen kann. Vertrauen Sie, dass es klappt. Der Bandwurm ist schon ziemlich eindrucksvoll und er ist auch meistens unfein. Manchmal brutal. Und außerdem können Sie ihn nur erwarten. Der Bandwurm wird sich von selbst loshaken. Es gibt günstige Bedingungen dafür. Die können Sie schaffen – mehr nicht. Platz machen, innerlich zur Seite treten, in Ruhe lassen. Das ist das psychosoziale Vorgehen.

Woran erkennen Sie, dass das jetzt dran ist? Auf jeden Fall am Satzanfang: „Und dann ..." Oder daran, wie ausdruckslos es klingt, fast wie unbeteiligt, ohne Punkt und Komma, wie abgespult. *„Und dann hat Papa Mama fest gepackt und dann hat er gesagt, dass ich mich hinsetzen soll. Mama hat geschrien. Dann hab ich an die Decke geschaut, ich hab geweint, dann war Mama still und dann hat er mich hochgehoben und dann bin ich hingefallen und dann weggelaufen. Und dann habe ich mich versteckt."* Und dann: neue Situation.

Aufbrechen oder **Weitergehen**, also Abstand zwischen sich und das Ereignis bringen. Körperliches Gehen hilft, um in tiefen Ebenen anzukommen. Oder nur auf dem Boden. Verbunden mit der Erde ist verbunden sein mit sich. Unzählige Kinder und Jugendliche überall auf der Welt haben auf diesem konkreten Weg von Aufbruch und Fortbewegen Schlimmes hinter sich gelassen. Manche sind prominent geworden, wie Waris Dirie[35] und Dave Pelzer[36].

Arbeiten. In einem kindgemäßen Sinn wie planmäßig und zweckmäßig tätig sein. Querdenker haben jetzt Vorteile. Kinder und Jugendliche, deren Drang nach Gestaltung und Unabhängigkeit niemand neutralisiert hat. Manche Kinder, die ein sexuelles Trauma erlebt haben, brauchen die Chance, an Tätigkeitsfeldern von Erwachsenen teilzunehmen, mehr als bisher. Arbeit kann ein Spiel sein, das stärkt, das nicht monoton ist, sondern für überraschende Momente sorgt und Erfindergeist freisetzt. Geld verdienen ist auch für Kinder möglich. Arbeiten ist sinnvoll und zielgerichtet tätig sein, schöpferisch Handeln bis hin zu selbstlosem oder prosozialem Handeln. Man muss keine großartige Begründung vorweisen können, warum man einen Job findet und liebt oder seine Arbeit wichtig findet. Was zählt ist, dass sie einem etwas bedeutet. Für Kinder kann Lebensqualität zustande kommen, wenn sie arbeiten.

---

[35] Waris Dirie mit Cathleen Miller: *Wüstenblume*. München: Knaur, 2007.
[36] Dave Pelzer: *Sie nannten mich "Es"*. München: Goldmann, 2000.

Schreiben. Kritzeln. Plappern. Weben. Zeichnen. Malen. Töpfern. Stricken. Schnitzen. Diese und ähnliche Tätigkeiten sind angenehm. Und sie können zu innerem Abstand führen. Sie helfen, Distanz zu gewinnen. Sie funktionieren so wie die „Entstehung der Gedanken beim Sprechen"[37] oder „Die Entdeckung des Gehens beim Wandern."[38] Jemand bekommt mehr Abstand und versteht plötzlich mehr. Die Hände machen einfach, und etwas Neues entwickelt sich beim Tun. Ich habe Kollegen, die dann von Heil-Schreiben, Heil-Malen etc. sprechen. Denn: „Machen ist wie Wollen, nur krasser".[39] Es ist das körperliche Ausführen, das hilft. Und noch etwas: Menschen berühren die Oberfläche von etwas, um sich zu beruhigen, von Stift und Papier, Wolle, Holz – egal, Hauptsache, sie merken, dass es noch etwas anderes gibt. Manchmal fällt es Kindern leichter, über das Erlebte zu schreiben. Als wäre es jemand Anderem passiert. Oder als wäre es eine Geschichte. Das ermöglicht ihnen Abstand – bei aller Nähe. Die Personen auf dem Papier betreffen sie nicht so sehr wie sie selbst. Auch ein Märchen kann helfen.

Die Bremer Stadtmusikanten ist ein Volksmärchen, das von den Brüdern Grimm aufgezeichnet wurde. Sie veröffentlichten es 1819 in den Kinder- und Hausmärchen. Es erzählt von den Tieren Hahn, Katze, Hund und Esel, die ihren Besitzern nicht mehr nützlich sind und daher getötet werden sollen. Die Tiere können entkommen und treffen sich. Alle folgen der Idee des Esels, in Bremen Stadtmusikanten zu werden. Sie brechen nach Bremen auf. Ihr Motto: „Etwas Besseres als den Tod finden wir überall." Auf ihrem Weg müssen sie im Wald übernachten. Sie entdecken dort ein Räuberhaus, erschrecken die Räuber, vertreiben sie mit lautem „Gesang" und übernehmen das Haus als Nachtlager. Einer der Räuber, der später in der Nacht erkundet, ob das Haus wieder betreten werden kann, wird von den Tieren nochmals verjagt und die Bande damit endgültig vertrieben. Die Bremer Stadtmusikanten bleiben. Mit ihrem Aufbruch, dem Weg, ihrem Zusammenhalt und Mut schaffen sie das Unmögliche. Sie überlisten die Bösen, schaffen sich ein Heim und damit ein neues Leben.[40]

Trainieren. Wer trainiert hat Freude an der Bewegung. Ein gutes Trainingsprogramm basiert auf der Idee, dass der eigentliche Spaß im Laufen, Spielen, Rennen

---

[37] Heinrich von Kleist: *Über die allmähliche Verfertigung der Gedanken beim Reden. (1805–06) Sämtliche Werke und Briefe*, 2 Bde., hrsg. Helmut Sembdner, 8. Aufl., München 1985, II, S. 319–324.

[38] Thomas Rosenlöcher: *Die Wiederentdeckung des Gehens beim Wandern – Harzreise*. Berlin: Suhrkamp, 1991.

[39] Verfasser unbekannt.

[40] Grimm, J., Grimm, W.: *Kinder- und Hausmärchen gesammelt durch die Brüder Grimm*, Frankfurt am Main: Insel Verlag, 1. Auflage 1974, Erster Teil, Seite 180 f.

4.2 Umkehrbilder des Schweigens

etc. besteht. Und dann auch im Wettbewerb, in der Verbesserung der eigenen Leistung. Gewinnen wollen und verlieren können gehört zu einer Liste von Dingen, von denen Menschen überall auf der Welt glauben, dass Kinder sie mit sieben Jahren gelernt haben sollen.[41]

Suchen und **Finden.** Zum Beispiel eine Liebe, einen Wert, einen Glauben, eine Hoffnung, einen sicheren Ort, einen Sport, einen Beruf, eine Fähigkeit ...

Umziehen oder **Umherziehen.** Abwechseln. Von Ort zu Ort gehen. Ankommen. Zurückkehren. Den Platz tauschen. Erwachsene können solche Ortswechsel für ein Kind sogar bewusst in den Tag einbauen. Dann hat es eine Alternative zum Streunen. Oder es muss gar nicht erst damit anfangen.

Ich wechsle gerne die Räume, wenn ich bemerke, dass das einem Kind gut tut. Zum Beispiel bei der Arbeit für eine Fachstelle in Reutlingen. Da begrüße ich die Kinder zu Beginn im Beratungszimmer. Von dort wechseln wir in den Therapieraum. Und von da aus wieder zurück zum Händewaschen dorthin, wo das Waschbecken steht. Manche Kinder nehmen ihre Mutter oder ein Geschwisterkind dann noch einmal mit in den anderen Raum, um ihnen das Tonfeld zu zeigen. Viele Wechsel – viele vitale Acts von (Fort)bewegen.

In einer Zeit, als ich oft für Jugendämter arbeitete, ging ein Kind, das ich betreute, sonderbare Wege. Sissy kam in der Schule, schon in den ersten Tagen in der ersten Klasse, nach den Unterrichtspausen nicht wieder zurück ins Klassenzimmer. Sondern sie blieb im Klo. Sie zog sich dort aus und sie kletterte die Trennwände der Toilettenkabinen hoch. Dann hangelte sie von Kabinenwand zu Kabinenwand. Ihre Lehrerin brauchte lange, um herauszufinden, wo das Kind steckte. Als jemand sie gefunden hatte und zurückbrachte, reagierte Sissy ohne Worte, ein schiefes Grinsen im Gesicht.

Am Nachmittag nach der Schule wechselte Sissy zwischen ungewöhnlichen Aktivitäten, die die Anwohner beobachteten. Sie wühlte in Mülleimern, sie setzte sich mitten auf die Straße. Sie brachte sich wohl in Gefahr, folgte damit jedoch ganz real ihrem Drang nach Lösungen. Auch im Unterricht legte Sissy immer schrillere Wege zurück und sie ließ sich nicht davon abhalten. Sie entwischte unglaublich schnell, die Umsprünge kamen jäh und unerwartet, niemand konnte auf ihr spleeniges Verhalten angemessen reagieren. Man war ihr niemals voraus, sondern im Gegenteil grundsätzlich hinterher. Natürlich war sie das Gesprächsthema Nr. 1 im Lehrerzimmer. Vielleicht wäre es ein Plan gewesen, sie sanft festzuhalten und bei ihr zu sitzen. Aber wie sollte das gehen?

Einmal war eine Vertretungslehrerin in der Klasse: Frau Klaus. Die Klassenlehrerin hatte sie darauf aufmerksam gemacht, dass Sissy den Unterricht extrem störte, indem sie zum Beispiel umherlief oder über die Tische sprang. Sie selbst hatte ihr inzwischen erlaubt, in der Ecke am Waschbecken zu spielen, damit sie wenigstens für die anderen Kinder da sein und den Stoff vermitteln konnte. Die Lehrerin, die sie vertrat, hielt

---

[41] Donata Elschenbroich: *Weltwissen der Siebenjährigen. Wie Kinder die Welt entdecken können.* München: Verlag Antje Kunstmann, 2001, Seite 28.

sich daran und unterrichtete ihren Lehrstoff. Sissy spielte mit Wasser. Leider hatten die Kinder in den Tagen zuvor etwas über gesättigte Lösungen gelernt – deshalb stand eine halbvolle Tüte mit Feinzucker noch am Fenster. Sissy ließ das Waschbecken volllaufen und rührte den Inhalt ins Wasser. Der Zucker löste sich auf. Sissy fand einige Spielkarten und begann eine nach der anderen einzuweichen. Als Frau Klaus es bemerkte, eilte sie zur Katastrophe. Aber Sissy war schneller. Sie tauchte ihren Kopf unter Wasser und sprang durch das ganze Klassenzimmer. Dann schleuderte sie ihren Kopf hin und her, voller Freude, wie ein Hund, der einen Regenschauer aus dem Fell schüttelt. Keine Lehrerin ist auf so etwas gefasst.

Wer würde da nicht aufgeben? Was blieb übrig, als die Mutter anzurufen, damit sie das Kind sofort abholte? Alles ... alles klebte wochenlang. Frau Klaus zeigte mir den Raum am nächsten Tag. Sie selbst sah aus, als wäre sie durchs Fegefeuer gegangen. So wie viele Menschen schien sie später davon aufzublühen. Weil es so schön ist, wenn der Schmerz nachlässt. In ein schulisches Gräuel hinabzusteigen ist wirklich nervtötend. Deshalb fühlt sich die Rückkehr ein paar Tage danach richtig gut an. Kurzum: Nach sechs Wochen schloss die Schule Sissy aus. So kam es zum Ortswechsel. Eine Sozialarbeiterin engagierte sich für das Mädchen und brachte Sissy in einem Kinderheim mit angegliederter Schule unter, wo der Abstand zum Vater ihr gut tat. Die Kinder- und Jugendhilfe hat dieses Kind beschützt. Mit einer Lösung, die sich an der Schulpflicht orientierte. Es gab den Verdacht, dass Sissys Vater seine Kinder missbrauchte und sie deswegen aus dem Rahmen fielen. Aber das wurde nie bewiesen. Sissys Aktionen haben ihr beim Verarbeiten geholfen, und sie haben anderen Menschen geholfen, die Zeichen zu deuten: „Ich muss woanders leben."

Wiederholen. Wir alle brauchen Wiederholungen, um etwas zu lernen. Um das Gefühl von Sicherheit, von Ruhe und Gleichgewicht zu speichern, bis in jede einzelne Zelle, ist es wichtig, es zu verbuchen. Das klappt, indem ein Kind sich vergewissert. Die Formel dafür ist Wiederholung. „Werden Sie wegen dieser Wiederholungen nicht ungeduldig. Kinder müssen Fakten aufnehmen, ihre Gefühle bewältigen und ihre Ängste beherrschen", schreibt Doris Brett.[42]

Fahrradfahren ist aus eigener Kraft vorwärts kommen, im eigenen Gleichgewicht. Unabhängigkeit erleben, mit Selbstantrieb, ohne auf einen fremden Motor angewiesen zu sein. Ein Ziel erreichen oder mehrere Ziele. Einordnen in den Verkehr, Orte verbinden, Menschen begegnen.

Spielen. Doris Brett schreibt: „Wir haben immens viele unterschiedliche Entwicklungsaufgaben zu lernen, bevor wir uns sicher in die Welt hinauswagen können. Um nur einige zu nennen: Wir müssen lernen zu sitzen, zu essen, zu stehen, zu gehen, nachzudenken, zu kommunizieren, zu kooperieren usw. Diese Aufgaben sind so vielfältig und vielzählig, dass es unmöglich wäre, ihre fehlerlose Ausführung als

---

[42]Doris Brett: *Ein Zauberring für Anna. Therapeutische Geschichten für Kinder von 3 bis 8 Jahren.* Salzhausen: iskopress, 2020, Seite 23.

Instinkt zu verankern. Man muss sie lernen und üben. Und genau hier kommt das Spiel zum Tragen. Einige Theoretiker betrachten das Spiel auch als Möglichkeit, Energieüberschuss abzubauen. Jedem, der schon einmal mit Kindern zu tun hatte, ist aufgefallen, dass sie eine enorme, scheinbar unerschöpfliche Energie besitzen. Das Spiel kann ähnlich wie ein Ventil bei einem Druckkessel funktionieren, indem es der überschüssigen Energie erlaubt zu entweichen. […] Manchmal ist die aufgebaute Energie, die durch Spiel freigesetzt wird, aggressiv. Die meisten Menschen haben dies schon erlebt. Es kann eine große Befriedigung sein, sich gleich nach einem unangenehmen Zusammenstoß mit dem Chef bei einer Runde Squash so richtig auszutoben. Wenn wir schon den Chef nicht durchprügeln können, so bereitet es uns doch ganz sicher Vergnügen, den Squashball als seinen Stellvertreter zu betrachten, und danach fühlen wir uns meist viel besser. Vergleichbares kann man häufig bei Kindern sehen, die gescholten wurden, und nun eine stattliche Anzahl Puppen für genau dasselbe Vergehen ausschimpfen. Diese Art von Spiel erlaubt es dem Kind, seine eigenen Schuldgefühle auf die versammelten Puppen zu „projizieren". Schuldgefühle bewirken, dass wir uns schlecht und ängstlich fühlen. Indem wir diese Schlechtigkeit auf jemand anderen schieben („Es war **seine** Schuld"), können wir uns wirksam von unserer Furcht befreien. […] Das Kind wiederholt außerdem beunruhigende Vorfälle. Das tun Kinder mit großer Konsequenz. Wenn ein Haus gebrannt hat, wird man sie oft immer wieder Feuerwehr spielen sehen. Auf diese Weise können sie das beunruhigende Ereignis bewältigen und verarbeiten."[43]

Seilspringen ist wie Himmel und Erde im eigenen körperlichen Erleben zu verbinden. Rhythmus und Erde tragen das Kind. Es bündelt seine Energie, ist ganz bei sich und intakt. Oben und Unten sind verbunden, das Kind kann jede Spaltung überbrücken.

Reiten kann die heilsame Erfahrung sein: von einem Pferd getragen, seine Nähe, Wärme und Kraft direkt spüren. Ein Pferd ist jemand, der zuverlässig, natürlich existiert und sich selbst treu ist. Wer reitet, ist mit jemandem verbunden, der stark und groß ist.

Schlittschuhlaufen. Was ist das Tolle daran? Auf dem bruchsicheren Eis getragen sein, Schnelligkeit genießen, Leichtigkeit erleben. Der Beziehungs-Kälte und der eigenen Erstarrung die Wärme des eigenen Blutkreislaufs entgegensetzen. Im körperlichen persönlichen Gleichgewicht und unter Menschen unabhängig und ganz bei sich sein.

Schwimmen bedeutet, neben der kräftigen, angenehmen Bewegung das Wasser auf der Haut zu spüren. Das Wasser, wie es entlang der Haut streift. Die Haut als

---

[43] Doris Brett: *Ein Zauberring für Anna. Therapeutische Geschichten für Kinder von 3 bis 8 Jahren*. Salzhausen: iskopress, 2020, Seite 22 f.

Körpergrenze fühlen. Die Berührung und den Kontakt selbst bestimmen. Die eigene Existenz gewiss haben.

Überwältigen. Ich denke, auch beim Ausagieren an Schwächeren folgt ein Kind dem Impuls, das Trauma von sich fort zu bewegen. Es sagt sich: „Besser du als ich." Wer ist nicht gerne stärker als andere und hat die Macht? Wenn ich etwas oder jemanden überwältige, dann ist wohl klar: Ich kann etwas bewirken. Ich gebe zurück, was ich erlitten habe. Zweifellos ein gutes Gefühl. Wenn da nicht die Folgen wären. Denn wenn es Ihrem Kind gelingt, dieses Verhalten durchzusetzen, dann ziehen Sie einen Gewalttäter groß. Es ist wichtig, dass Ihr Kind nicht auf seinen aggressiven Impulsen sitzen bleibt. Gegenstände wie Fußbälle oder Teddybären sind geeignet, um Rache einzustecken – in therapeutischen Momenten. Kinder knallen mit Türen, sie behämmern Zimmerwände u.s.w. Besser misst ein Kind sich an ebenbürtigen Gegnern, kämpft mit Gleichstarken, besiegt sich selbst im Wettbewerb. Davon wird es stärker werden, statt schwächer und entmenschter.

Singen. Summen. Gefühle mit Stimme aus sich bewegen, sich selbst hören, und den eigenen Leib als Resonanzkörper besitzen. Ich vergewissere mich, ich höre, dass ich existiere – weil nämlich, dann … die Welt auch außerhalb von mir existiert.

Einfach machen. Damit kennen Sie einige Möglichkeiten. Ich möchte sagen: Es ist kein Problem, mal daneben zu liegen. Machen Sie einfach. Im schlimmsten Fall sind es Suchbewegungen, und Sie werden dem Eigentlichen später auf die Spur kommen.

Für alles Fortbewegen und Bewegen gilt für Sie so wie für Ihre Kinder: Handeln Sie. Nicht so schnell wie möglich, nicht kopflos. Finden Sie Wege, etwas zu tun, das Richtige zu tun, um Ihre Kinder zu unterstützen.

Ein Pilot sagt es so: Wenn das Flugzeug abstürzt, erstmal einen Tee trinken. Das ist seine Lebensregel. Er lacht, wenn er das sagt – aber das Prinzip ist damit gut beschrieben. Und so mache ich's. *Handeln ist der Schlüssel.*[44] Mit Bedacht, wenn Sie missbrauchte Kinder schützen.

Wenn ein Kind nach einem Trauma schon nicht selbst darüber bestimmen kann, ob es alle Sinne beisammen hat, ob seine Gedanken gerade an- oder abgeschaltet sind und seine Gefühle in Ordnung, so kann es dennoch im Handeln, in Bewegung, wieder die Kontrolle über etwas gewinnen.

---

[44] Bodo Schäfer: *Die Gesetze der Gewinner.* Bergisch Gladbach: Bodo Schäfer Akademie GmbH, 2018, Seite 200.

4.2.11 Umkehrbild: (ab)schütteln

Mollie ist fünf Jahre alt. Ihr Vater ist fünfunddreißig. Im Kindergarten bemerken ihre Erzieherinnen, dass Molli seltsame Dinge tut. Sie stiftet eine Freundin an, einem jüngeren Mädchen kleine Stöcke in den Popo zu schieben. Sie fragt ihre Freundin Nora: „Musst du auch immer deinen Papi am Penis anfassen?"

Wie die Frauen im Kindergarten es auch drehen und wenden, sie können keinen vernünftigen Grund finden, warum Molli so auffällt. Vielleicht sind es tatsächlich Zufälle. Das hoffen sie insgeheim. Nur, dass sie in ihrem Job eines sicher gelernt haben: Die Anzahl der Zufälle ist begrenzt. Werden es zu viele, verwandeln sie sich in Hinweise, in Anhaltspunkte und Indizien. Und die Zufälle rund um Molli haben diese Grenze fast erreicht. Aber vielleicht ... haben sie die Grenze noch nicht überschritten? Der Kindergarten ruft eine Gesprächsrunde ein – ohne die Eltern. Diese bleiben erst einmal ausgeschlossen. Das ist das übliche Vorgehen. Der Sinn ist, dass das Team gemeinsam auf einen Nenner kommen möchte, bevor es auf die Mutter oder den Vater zugeht.

▶[An einem runden Tisch nehmen möglichst viele teil. Denn so ergänzen sich die unterschiedlichen Blickwinkel. Viele Augen sehen mehr. Das hilft beim Durchblick und es kann Entscheidungen erleichtern. Wenn die Mehrheit die Situation gleich einschätzt, können alle sicherer handeln. Das Team sammelt Eindrücke und Ideen, legt alles auf den Tisch und entscheidet, was zu tun ist.]

In Mollies Fall sammeln die Teilnehmer die Informationen am runden Tisch, besprechen das, was passiert ist und den Verdacht auf sexuellen Missbrauch. Und sie überlegen, was sie tun können, wie sie weiter vorgehen wollen. Sie entscheiden sich dafür, Mollies Mutter darauf anzusprechen.

Diese ist schockiert. In diese Richtung hat sie nie gedacht. Bisher war sie davon ausgegangen, dass ihre Kinder nun mal anstrengende Kinder sind. Denn beide Mädchen sind aggressiv und sie streiten viel. Sie schlafen schlecht und weinen oft. Sie wollen mit dem Vater nicht alleine sein. Und mit seiner Mutter, ihrer Großmutter, schon gar nicht.

Die beiden Mädchen sind grundverschieden. Die kleine Molli ist verträumt, positiv gestimmt, und immer in Bewegung. Sie tanzt und hüpft, sie rennt viel und klettert auf alles hoch, sich scheinbar keiner Gefahr bewusst.

Ihre große Schwester Lisa handelt stets überlegt, sie wirkt vernünftig und weit überlegen. Distanziert. In der scharfen Konkurrenz zu Molli hat sie gute Karten – mit Weitblick. Die neunjährige Lisa ist eher kühl, ehrgeizig und gut in der Schule. Sie schlägt mit schlauen Worten zu. Molli weint immer gleich ganz aufgeregt und holt sich Hilfe bei den Großen. Lisa dagegen fühlt sich oft erwachsener als ihre Eltern.

In Mollies Mutter wirbelt jetzt alles durcheinander. Und trotzdem sorgt sie für beide Kinder. Sie trennt sich von ihrem Mann. Die Mädchen bekommen therapeutische Hilfe. Denn die Berater in diesem Fall kennen die Regel: „Für Geschwister ist es so, als hätten sie den Missbrauch selbst erlebt." Darauf haben sie die junge Mutter aufmerksam gemacht.

Nach jeder Therapie-Einheit schwappt aus Molli mehr heraus. Sie spricht dann aus, was ihr Vater gemacht hat. Für ihre Mutter ist es die Hölle. Lisa bringt es so auf den Punkt: „Wenn ich das gewusst hätte, hätte ich ihr natürlich geholfen."

Kinder sind Realisten. Lisa und Molli begraben untereinander das Kriegsbeil. Und sie hören mit der Zeit auf, von ihrem Vater ein gesundes Verhalten zu erwarten. Ihr Vater hört auf, sie sehen zu wollen. Lisa und Molli trauern und sie bewältigen beide die seelischen Folgen von dem Missbrauch.

Ein positiver Effekt bei der psychosozialen Hilfe für Geschwister ist, dass die eine jeweils das Gute, das die andere gewinnt, genauso auch selbst bekommt. Sie haben doppelten Gewinn und sie stärken sich gegenseitig.

Nicht nur Molli hat die Grenze zur Täterseite überschritten, indem sie ihre Pein an schwächeren Kindern abreagiert. Auch Lisa hat die Täterrolle schon eingenommen. Wie viel sie aufgestaut hat, wird im Tonfeld-Setting deutlich.

Lisa richtet ihre zerstörerische Kraft ungebremst auf die Tonbatzen, die ihr in die Quere kommen. Der normale kindliche Sadismus ist weit überschritten. Lisa entwertet und quält ihre Gegenüber, die sie vorher sorgfältig aus Ton aufgebaut hat. Sie sticht mit hundert Nadeln tief und gezielt in die Tonkörper. Ihr Mitgefühl hat Sendepause. Lisa fühlt sich erhaben. Sie verachtet die Therapeutin und sie handelt sadistisch.

Sie tobt die Eindrücke aus, die die familiäre Gewalt in ihr hinterlassen hat. Der Ton nimmt ihren Zorn, ihren Hass, ihre mörderische Wut und die Enttäuschung auf, ohne zurück zu schlagen oder es übel zu nehmen. Lisa lädt ab. Und sie findet nach und nach zu Mitgefühl.

Zum Abschluss, nach 20 Sitzungen, sagt Lisa knapp: „Ich werde nie mehr Kunsttherapie machen. Das brauche ich jetzt nicht mehr." Sie betrachtet drei faustgroße Tonfiguren in ihrer Hand und legt sie sorgfältig in den Papierkorb – auf seinen Boden. Diese Männchen hat sie über die sieben letzten Therapiestunden gut aufgehoben, sie wieder und wieder abgenutzt, gemartert, geschliffen, gewaschen, getrocknet und aushärten lassen. Sie hat sie Gespenster genannt. Nun sagt sie: „Tschüß." Dann schüttelt sie ihren Kopf hin und her, wild, so dass die Haare fliegen (siehe Abb. 4.2), und dann ihren ganzen Körper. Sie lacht befreit. „Tschüß." Ruhig besieht sie noch einmal den Abfalleimer und nimmt Abstand. „Tschüß, ihr drei Gespenster", wendet sich um und geht.

Das Schütteln ist ein angeborener Mechanismus, der die spontane Lösung und die Erholung vom Trauma fördert. Er führt die biochemische Ladung und die neuromuskuläre Spannung aus dem Körper ab.

4.2 Umkehrbilder des Schweigens

Abb. 4.2 (Ab)schütteln befreit. (© Andrea Brummack)

Ein Kaninchen, das einem Angriff und dem Tod als Beute entflohen ist, kommt nach der Gefahr für einen Moment zur Ruhe. Es schüttelt sich kurz, entlädt damit die Spannung und läuft dann ohne Hochdruck weiter. Ein Trauma ist im Nervensystem gebunden. Mit Schütteln – und auch mit Zittern, Beben, Wackeln, hin und her bewegen, Wippen, Durchbeuteln, Rappeln und Klopfen – können wir es aus dem Nervensystem ablösen.

> *Ein Mann erzählte mir, dass er als Kind ein schlechter Schüler war. Seine Lehrer waren zu der Zeit brutal. Sie verhöhnten die Kinder, schlugen sie, und sie hoben sie auch schon mal an den Ohren hoch, um sie zu bestrafen.*
>
> *Wenn dieser Mann, als er noch klein war, aus der Schule nach Hause kam, blieb er eine Weile im Keller sitzen. Da kam er zur Ruhe. Und doch trödelte er nicht. Lief die Waschmaschine, wartete er auf den richtigen Moment, und wenn dann der Schleudergang losging, warf er sich auf den Apparat, hielt sich mit aller Kraft daran fest und rief: „Die Welt! Die Welt!"*

David Berceli ist Psychotherapeut, Theologe und Sozialarbeiter. Während er als Traumatherapeut in verschiedenen Krisengebieten der Erde tätig war, registrierte David Berceli das Zittern des Körpers als natürliche Reaktion auf Schock und traumatische Erlebnisse. Wie Peter Levine sieht er den Menschen als eine Tierart im Prozess der Evolution. Er kommt zu dem Schluss, dass das Zittern nach einem

Trauma zur Grundausstattung von Säugetieren gehört. Dass es der Selbstheilung dient und das innere Gleichgewicht wieder herstellt.

▶ [**Zittern** als Folge eines traumatischen Ereignisses ist bekannt und gut dokumentiert. In vielen Kulturen gibt es Redewendungen wie: „Ich hatte solche Angst, dass meine Zähne klapperten." „Ich zitterte an allen Gliedern, ich konnte nichts dagegen tun." Dieses Zittern ist so verbreitet, dass es auch als ein diagnostisches Merkmal von Panikattacken, sozialen Phobien, Angststörungen und posttraumatischer Belastungsstörung beschrieben ist.]

David Berceli schreibt: „[…] Studien bei Tieren haben gezeigt, dass es bei einem traumatischen Ereignis zu einem physiologischen Schock kommt. Dieser Schock ruft eine heftige und unmittelbare biochemische Reaktion im Tier hervor. Menschen haben dieselbe Reaktion auf eine wahrgenommene Bedrohung oder Gefahr. Der Unterschied zwischen dem menschlichen Tier und anderen Säugetierarten besteht darin, dass Tiere in der Wildnis, wenn ein traumatisches Ereignis vorüber ist, einen angeborenen Mechanismus neurogenen Zitterns nutzen, der diese hohe biochemische und neuro-muskuläre Ladung aus dem Körper abführt und damit eine spontane Erholung vom traumatischen Ereignis fördert." David Berceli schildert, wie dieser Zitter-Mechanismus Tieren sozusagen eine eingebaute Immunität verschafft, damit sie nach einem traumatischen Schock zum normalen Leben zurückzukehren – ohne die Symptome einer posttraumatischen Belastungsstörung. Und warum sollte dieser natürliche Mechanismus beim menschlichen Tier fehlen? Also geht der Traumatherapeut davon aus, dass Menschen durch die Aktivierung dieses Zitterns die abgebrochene Kampf-Flucht-Reaktion lösen, ihr Gleichgewicht wiederherstellen und ihre posttraumatischen Reaktionen reduzieren.[45]

David Berceli entwickelte eine Folge von sieben Übungen. Die Übungen sind leicht und sie rufen das neurogene Zittern direkt hervor. Das wirkt entspannend und vitalisierend.

Die Übungen sind als *Tension and Trauma Releasing Exercises* bekannt. Jeder kann das Verfahren leicht lernen. Es ist ohne Risiko durchführbar. Es wirkt unmittelbar und kann einzeln, in der Familie oder auch von großen Bevölkerungsgruppen praktiziert werden. Es wurde entwickelt, um die genetisch angelegten, natürlichen Heilungsprozesse im menschlichen Körper zu aktivieren. Es kann in allen Kulturen der Welt angewendet werden.

---

[45] David Berceli: *Neurogenes Zittern. Eine körperorientierte Behandlungsmethode für Traumata in großen Bevölkerungsgruppen*, https://www.traumaundgewalt.de/journal/tg_2010_02 S. 148–157, abgerufen 20.08.2020.

4.2 Umkehrbilder des Schweigens

In den meisten Volkshochschulen gibt es Kurse mit TRE. Ein solcher Workshop dauert in der Regel 90 min. Er beinhaltet eine theoretische Einführung und das Lernen der Übungen. Eine Abwandlung ist Faszien-Stress-Release, für das es ein Buch mit einer genauen Praxisanleitung gibt. Die Autorin zeigt die Körperübungen. Man muss das Zittern nur aktivieren, man kann dabei nichts falsch machen, sondern nur richtig.[46]

Laut David Berceli spielen die Psoas-Muskeln eine zentrale Rolle im körperlichen Prozess der Traumatisierung. Sie liegen in der Körpermitte und verbinden den Rücken mit dem Becken und den Beinen. Bei jedem traumatischen Erlebnis kontrahieren diese Muskeln. Sie ziehen den Körper zusammen und schützen so das Herz, den weichen Bauch und alle inneren Organe.

Durch das Zittern lassen die tiefsitzenden Muskelgruppen ihre schützende Spannung los und kehren zu einem entspannten Zustand zurück. Das zentrale Nervensystem sendet dann Signale an das Gehirn, dass die Gefahr vorüber ist. So wird nach Ansicht von David Berceli das Trauma auch auf der psychischen Ebene gelöst.

Unser Nervensystem ist immer da. Es existiert einfach. Im Vertrauen auf seine Vitalität liegt eine wesentliche Kraft. Wir können sie im Alltag nutzen. Beim Schütteln, Zittern und Klopfen in therapeutischen Situationen und im Alltag, beim Schütteln im Tanz, mit Musik oder im Sport oder einfach so.

Die Erfahrung zeigt: Abschütteln kann Traumafolgen lösen. Vielleicht ist es vergleichbar mit Weinen. Wir könnten sagen, beides sind organische Lösungen. Kinder und Jugendliche können zu jedem Zeitpunkt ein Schütteln oder Zittern aktivieren, das ihr Nervensystem lockert und sie entspannt.

Ungewohnt? Aber wahr. Rachel Remen meint ganz klar, dass wir alle die Fähigkeit haben, die Lebenskraft zu beeinflussen. Die Ärztin erinnert daran, dass Menschen sich gegenseitig geheilt haben, lange bevor es Psychologen, Chirurgen und Internisten gab. Sie findet, dass die Kunst des Heilens in einem so hohen Maß angeboren ist, dass wir ihr, wenn wir keine Mediziner sind, meistens nur wenig Beachtung schenken. Trotzdem hat die intuitive Heilkraft nichts von ihrer Macht verloren.[47] Auch heute können wir Verletzungen abschütteln, wenn wir uns auf diese Fähigkeit besinnen.

---

[46] Ulrike Balke-Holzberger: *Zittern Sie sich frei! Mit Faszien-Stress-Release Verspannungen, Ängste und Schmerzen lösen.* Stuttgart: Klett-Cotta 2018.
[47] Rachel Naomi Remen: *Kitchen Table Wisdom. Geschichten, die heilen.* München: Goldmann, 2007, Seite 252.

Es gibt wieder ein historisches Beispiel, diesmal aus dem 18. Jahrhundert: Die Shaker. Die Bezeichnung kommt von dem Schütteltanz, den die Shaker bei ihren Gottesdiensten zur Ehre Gottes performten.

Die Shaker (englisch für Schüttler) gründen ihre freikirchliche Gemeinschaft in der Stadt Manchester in England. Dort begleiten elende Lebensumstände die Industrialisierung. In der traumatisierten Gesellschaft sieht es so aus: in Armut leben, in erbärmlichen Verhältnissen wohnen, als Familie in einem einzelnen Zimmer hausen, mit Wanzen, Flöhen und Krätze. Geschlechtskrankheiten sind verbreitet. Kinderprostitution und Elend, Bandenbildung und Kinderarbeit sind alltäglich. So wie Hunger, Ungerechtigkeit, Krankheit und Tod. Die Arbeitsbedingungen sind schwer. Man ist zu Arbeitszeiten von 12 und mehr Stunden pro Tag gezwungen, Nacht- und Sonntagsarbeit sind selbstverständlich.

Charles Dickens beschreibt den überwältigenden Problemdruck in dem Kinderbuch Oliver Twist. Er macht auf die Zustände aufmerksam, wie er sie selbst als Kind durchlitten hat. Verschiedene Fieslinge misshandeln ein Waisenkind über viele Jahre. Charles Dickens beschreibt mit Oliver Twist ein Schicksal für viele – eine normale Kindheit ist eine traumatische Kindheit.[48]

Eines der Kinder, die in dieser Zeit aufwachsen, ist die Fabrikarbeiterin Ann Lee, die sich den Shakern mit 22 Jahren anschließt. Sie leitet performative Retreats, die (Ab)schütteln als Ausdruck religiöser Bekenntnis enthalten. Ich denke, dass sie dabei auch sexuelle Traumata löst. Man kann es zwischen den Zeilen ihrer Lebensgeschichte lesen.[49]

Der rituelle Schütteltanz als Gebetsform bietet Anlass zu Hohn und Spott. Die Shaker werden abgelehnt und verfolgt. Aber ihre Performance hat auch eine mächtige Anziehungskraft.

Ann Lee wird für ihre Aktivität verfolgt, eingekerkert und misshandelt. Sie wandert deshalb 1774 mit einer Gruppe von Anhängern nach Amerika aus. Dort gründet sie den amerikanischen Zweig der Shaker.

Neue Mitglieder kommen dazu, wenn jemand neu in die Gemeinschaft eintritt. Und wenn die Shaker Waisenkinder aufnehmen.[50] *Wer sollte besser zu den Shakern passen als seelisch verletzte Kinder? Sie können regelmäßig das wohltuende Abschütteln genießen und die stetige shakermäßige Bereitschaft der anderen, sie so zu nehmen, wie sie sind und das Gute in ihnen zu entdecken. Sie leben ausgeglichener, konfliktfreier und zufriedener.*

Daraus ergeben sich persönliches Wachstum und wirtschaftlicher Erfolg für die Gemeinschaft. Die Shaker sind mehr als eine tanzende Kommune. Sie finden eine

---

[48] Charles Dickens: *Oliver Twist*. Übersetzt von Gustav Meyrink. Köln, Anaconda, 2012.
[49] Wikipedia: *Ann Lee* https://de.wikipedia.org/wiki/Ann_Lee abgerufen am 11.07.2020.
[50] Wikipedia: *Shaker (Religion)* https://de.wikipedia.org/wiki/Shaker_(Religion) am 01.09.2019.

weite Verbreitung. Ihre Lösung für das kollektive Trauma ist hilfreich. Die Shaker-Gemeinden des 19. und frühen 20. Jahrhunderts werden zu den wohlhabendsten und erfolgreichsten des Landes.

4.2.12 Umkehrbild: Der Rahmen

Das Umkehrbild Rahmen hat eine Plus-Kultur (alles, was gut ist und das wir am besten verstärken) und eine Minus-Kultur (alles, was schiefgehen kann und was wir deshalb rausfiltern). Beide Kulturen sind wichtig, um gut mit Kindern und Jugendlichen umzugehen, die sexuelle Gewalt erlebt haben.

Die Plus-Kultur: Die Grenzen, die Koordinaten und die Mitte
Ich stelle mir ein Weltbild wie einen Rahmen vor. Kleine Kinder haben kleine Rahmen. Sie brauchen viel Schutz – in einem engen Rahmen. Und verletzte Kinder ebenfalls.

Kinder kommen unbedarft zur Welt, sie wissen noch nicht, wo oben und unten ist. Sie lernen erst langsam, sich zu orientieren; zwischen Himmel und Erde, auch in den Himmelsrichtungen, im Raum und in der Zeit und in der Welt der Beziehungen.

Sie finden eine Welt vor, die sie kennenlernen müssen, die sie erproben, und in der noch alles offen ist. In einem guten Rahmen fühlen sie sich geborgen. Dort lernen sie das Grundsätzliche kennen. Das Gesetz und die Ordnung des Universums – Sonnenaufgang und Sonnenuntergang, den Wechsel der Jahreszeiten und die Position der Sterne.

Auch die Gesellschaft hat ihre Gesetze. Kinder wachsen in sie hinein: in familiäre Regeln, in die sozialen Gesetze einer Gemeinschaft. Dieser Beziehungsrahmen dient dazu, dass sie ihren Antrieb, ihre Wünsche und Bedürfnisse in Einklang mit den vielen anderen Menschen bringen. Kinder leben sozusagen in einer sozialen Mini-Farm, die ihre Instinkte einzäunt – bildlich gesprochen.

Den Rahmen für Kinder bestimmen die Erwachsenen. Sie können ihn so lassen wie er ist, erweitern oder verkleinern. Jedes Format und jede Linie, die Sie vorgeben, kann Ihr Kind stärken und schützen. Was Sie tun, kann scheinbar gering oder minimal sein – wenn die Maßnahme gut sitzt und wenn Sie ein gutes Bauchgefühl haben, dann ist sie es wert. Wenn ein Rahmen durch Gewalt beschädigt wird, brauchen wir etwas anderes.

Ein liebevolles Umfeld schaffen
Falls etwas gewaltsam in den Rahmen einbricht, wird es ihn verändern. Wenn etwas geschieht, das ein Kind überlastet, dann sprengt das den Rahmen. Es verletzt das Kind.
Die neurobiologische Reaktion auf das Rahmensprengen verändert die Wirklichkeit. Einerseits sieht das Kind nun die Welt durch eine andere Brille. Andererseits kann die Reaktion verhindern, dass ein Kind sich psychisch vollständig in Luft auflöst. Ein traumatisiertes Kind kann sehr wohl wieder Boden unter den Füßen bekommen. Ein neuer Rahmen ist immer möglich. Der neue Rahmen überlagert dann den alten, ersetzt oder ergänzt ihn.

Ein Beispiel mit Tierversuchen kann das bestätigen: In einer paradiesischen Umgebung für Mäuse erholen sich traumatisierte Mäuse von krankmachenden Versuchen. Ein Forscher-Team in Zürich belegte, dass eine anregende Umgebung traumabedingte Symptome bei Mäusen rückgängig machen kann. Damit konnten die Wissenschaftler nachweisen, dass positive Umweltfaktoren Verhaltensänderungen korrigieren können, die sonst an die Nachkommen vererbt würden.[51]

Klare Grenzen für Kinder setzen
Gegenüber Kindern ist es wichtig, klare Grenzen zu setzen. Das ist oft eine schwierige Aufgabe. Je klarer Erwachsene ihre eigenen Grenzen kennen, desto klarer können sie sie auch kommunizieren. Daher ist es wichtig, sich selber den eigenen Beziehungsrahmen bewusst zu machen. Dazu gehören eigene Beziehungsvorstellungen, Beziehungsbedürfnisse und Werte.

Zu allem zu stehen, was einem wichtig ist, zu allem, was zu einem gehört, und was man leben will, ist gar nicht so einfach. Für Kinder und Jugendliche ist es wohltuend, diesen Rahmen wahrzunehmen. Es ist befreiend für sie, weil sie wissen, woran sie sind. Sie können spüren, wer sie in diesem Rahmen sind. Und natürlich ist es wichtig, dass wir die Grenzen mit Kindern beständig neu verhandeln. Wir richten sie immer wieder neu aus.

Das innere Gerüst stärken
Kinder sind weich und schutzlos. Sie kommen zur Welt nicht etwa mit einem Panzer, sondern der Schutz wird angelegt durch das Umfeld. Erwachsene bieten den Schutz durch Erziehung und Fürsorge, also durch einen Rahmen und ein liebevolles Umfeld.

---

[51] Katharina Gapp et al.: *Potential of Environmental Enrichment to Prevent Transgenerational Effects of Paternal Trauma.* Neuropsychopharmacology. June 9, 2016 https://ethz.ch/de/news-und-veranstaltungen/eth-news/news/2016/06/traumata-rueckgaengig-gemacht.html zugegriffen am 08.08.2020.

4.2 Umkehrbilder des Schweigens

Das führt zu innerer Stärke in einem Kind. Je stärker der Rahmen und das Umfeld sind, desto stärker sind der Selbstwert und die Ich-Kraft, die ein Kind entwickelt. Wir Menschen sind biologisch anders angelegt als Schalentiere, die ihr weiches Inneres mit einer äußeren Kruste schützen. Ein tragfähiges Knochengerüst hält uns zusammen. Das Feste, das uns davor bewahrt, auseinander zu fallen, liegt im Inneren. Das gilt besonders für die Psyche. Sie ist nicht darauf aus, einen Gefühlspanzer auszubilden. Ein stabiler Selbstwert ist ihr lieber.

In der Kindheit bilden wir inneren Zusammenhalt und innere Stärke aus, so ähnlich wie einen Erdkern, der der Erde die Anziehungskraft gibt, während die Erde sich um ihn dreht. Wir bilden Koordinaten aus. Sie sind die besten Voraussetzungen für ein gutes Leben.

Damit Kinder solche Koordinaten ausbilden, mit denen sie weit kommen, ist es notwendig, dass ihre Beziehungsbedürfnisse erfüllt werden. Ein Kind braucht Wertschätzung, Anerkennung, Respekt u.s.w. Das fördert die innere Stärke eines Kindes wie ein inneres Gerüst. Wenn Sie unsicher sind, wenden Sie sich an Sozialpädagogen oder Psychologen, lassen Sie sich in einer Fachstelle beraten. Lernen Sie etwas über Beziehungsbedürfnisse.[52]

Den Beziehungsrahmen erneuern
Ein Rahmen ist im Prinzip darauf angelegt, dass wir ihn immer wieder stabil einrichten. Der Beziehungsrahmen soll möglichst ständig stabil bleiben – er soll nicht verschwimmen oder dünn und löchrig werden. Ist das dennoch passiert und der Rahmen wurde beschädigt, kann er wiederhergestellt werden.

In der sozialen Arbeit ist Reframing eine Technik, mit der jemand einer Situation eine neue Seite abgewinnt. Das ist eine einfache Möglichkeit, um die Wirklichkeit in ein besseres Licht zu setzen und zugleich auch das Weltbild zu erneuern. Es geht nicht darum, wie schlimm etwas ist. Es zählt, wie viel von dem Schlimmen am Ende zum Guten gewendet werden kann. Das ist die Frage, um die es geht.

Wir erneuern den Rahmen dadurch, dass wir Löcher füllen und Wunden schließen. Die Möglichkeiten der Plus-Kultur tragen dazu bei, verletzte Kinder zu stabilisieren. Ich denke, dass wir alle wissen, dass es ein schwieriger Weg sein kann.

---

[52]Gerlinde Ruth Fritsch: *Praktische Selbst-Empathie. Herausfinden, was man fühlt und braucht*. Paderborn: Junfermann, 2010.

Die Minus-Kultur: Was schief gehen kann
Für Kinder, die sexuelle Gewalt erlebt haben, ist es gut, wenn sie das Folgende beiseite lassen können: Erörtern, prüfendes Nachdenken, Vergleichen, Grübeln, Durchdenken oder Nachsinnen. Die Fragen Warum? Was? Wer? Wann? und Wo? Denn es ist wichtiger, dass ein Kind psychisch stabil bleibt, als dass alle wissen, was genau passiert ist.

Wir Erwachsenen sind ja meistens unter Druck, etwas richtig zu machen. Aus der Schule haben wir vermutlich alle den Anspruch mitgebracht, schlau zu sein oder uns schlau zu machen. Und dennoch hilft diese Art von Denken einem Kind jetzt wenig. Besonders wenn wir Reflexion erwarten. Am besten Sie hören einfach zu.

Es ist wirklich wichtig, die Warum-Fragen, das Interesse am genauen Ablauf und die Fragen nach der Erinnerung hinten an zu stellen. Denn das stört Kinder beim Standhalten. Jemand muss den Teil mit der Reflexion *für* sie tun und *für* sie tragen. Wer Kinder ausfragt, kann leicht an ihrem Bedürfnis vorbeifragen. Und er könnte einen Zusammenbruch riskieren. Die Frage: „Was hast du gedacht, als ...?" kann sogar Psychosen auslösen.

Falls Ihnen das schon passiert ist ... es ist das Normalste von der Welt, etwas zu fragen – kein Beinbruch. Starten Sie vorne. Uns allen passieren Verwicklungen.

Vorsicht mit dem Dramadreieck
Das Dramadreieck beschreibt ein Muster zwischen Menschen, die darin drei Rollen einnehmen: Täter, Opfer und Helfer. Das geschieht, weil Menschen miteinander in Resonanz sind. Nicht nur Viren verbreiten sich viral. Noch schneller springen Gedanken über – und Rollen. Die Beteiligten rutschen zwangsläufig in diese Gedankenmuster. Sie übernehmen die Rollen, weil das Muster sozusagen danach ruft, aus der inneren Notwendigkeit des Dramadreiecks. Sie *spielen* die Rolle, das will heißen, sie *sind* nicht ihre Rolle. Das Dramadreieck ist im Rahmen von Missbrauch und Gewalt immer dabei, wie ein Schatten. Es kann extrem irreführend sein.

▶[Stephen Karpman eröffnete das Konzept vom **Dramadreieck** 1968. Er nannte es auch eine Brücke zwischen Drama und Zufriedenheit. Der Psychiater fand bei der Analyse von Märchen drei Rollen, die immer wiederkehrten. Er übertrug die Rollen auf mitmenschliche Beziehungen und nannte sie *Verfolger, Opfer* und *Retter.* Wir kennen sie auch als *Täter, Opfer* und *Helfer.* Diese Akteure besetzen ihre Rollen wie in einem Drama.]

Die Beteiligten wechseln ihre Rollen. Häufig ist in diesem Wechselspiel nicht mehr klar, wer eigentlich für was verantwortlich ist und womit es angefangen hat.

4.2 Umkehrbilder des Schweigens

Sachlichkeit, Ziel und Aufgabe verschwinden in diesem dramatischen Bermuda-Dreieck. Zurück bleibt das dynamische und verwirrende Hin- und Herschieben von Verantwortung und Schuld, von Ärger, Enttäuschung und Ohnmacht. Viele lang andauernde und wiederkehrende Konflikte lassen sich mit diesem Modell verstehen. Es macht Verstrickungen deutlich ... damit wir davon Abstand nehmen können. Das Ziel ist klar: Das Dreieck stabilisieren. In der jeweiligen Rolle steckt bereits die Kraft für die mögliche Lösung.

Das Maß für die drei Rollen: *So viel wie zur Erfüllung der Aufgabe nötig ist, nicht mehr und nicht weniger.* Das Verhalten eines Helfers kann unter einem kritischen Blick zu viel sein. Zum Beispiel wenn jemand dem Opfer mehr Unterstützung gibt als es wirklich braucht. Oder wenn der Helfer sich aufdrängt. Oder wenn jemand den Täter verteidigt und auf die symbolische Macht einsteigt, die dieser hat. Vielleicht hat er sie durch seinen Status, seinen Besitz, oder auch sein Ansehen. Die einzelnen Positionen sind erst dann angemessen, wenn sie zusammen dazu beitragen, die Aufgabe, um die es geht, zu erfüllen.

In einem Krimi ist die Aufgabe leicht: Die Helden gehen los und buchten die Dreckskerle ein. Im wirklichen Leben ist es schwer, einen klaren Kopf zu behalten, sobald das Dramadreieck aufploppt.

Sehen Sie, es ist schwer, sich emotional rauszuhalten. Andernfalls wären wir keine Menschen. Ein wirksamer Helfer weiß das. Er hilft im Sinn von *reif* und *partnerschaftlich,* und er wird einem Kind zur Selbsthilfe verhelfen. Er wird es aus der Schusslinie nehmen, falls das notwendig ist, und ihm so weit Hilfe geben, bis das Kind sich selbst helfen kann.

Professionelle Helfer wie Pädagogen oder Therapeuten reflektieren ihr Helfen. Sie stellen sich Mentoren, die mit ihnen offenlegen, an welchen Stellen sie ihre Klienten unmündig halten. Das Werkzeug dazu heißt Supervision. Supervision kann ziemlich wehtun, wenn sich alle ihren Fehlern stellen.

Aber zuerst: Im Lauf des Dramadreiecks kommt es zu plötzlichen Rollenwechseln. Wenn zwei Kinder sich zum Beispiel prügeln und einer unterliegt, also Opfer ist, dann kann der andere als Täter betrachtet werden. Ein Nachbar könnte dem Opfer zu Hilfe kommen und sich gegen den Täter wenden. Wenn das Opfer sich mit dem ursprünglichen Täter (wieder) verbündet und behauptet, das sei alles nur Spaß gewesen, und der Nachbar hätte sich unerwünscht eingemischt und sei sogar schuldig an der Eskalation, wird der Helfer nun als Täter gesehen und der ursprüngliche Täter als Opfer. Die Positionen vertauschen sich: Das ehemalige Opfer handelt jetzt zusammen mit dem ehemaligen Täter gegen den Nachbarn, der sich auf einmal in der Opferrolle wiederfindet. Meistens wird er das nicht lange auf sich sitzen lassen. Die Kettenreaktion kann über Generationen in die Zukunft reichen.

Wir finden dramatische Effekte in Verfahren gegen Sexualstraftäter. Zum Beispiel wenn jemand, der dort Entscheidungen trifft, in Täter-Opfer-Helfer-Strukturen verwickelt wird. Zwei kurze Beispiele:

1.) Ein Schöffe sagt in der Verhandlung: „Ich finde es unglaubwürdig, dass Sie mit dem Mann nochmal mitgegangen sind nach der Vergewaltigung, nur weil er Sie sonst mitten in der Nacht alleine im Wald zurückgelassen hätte." Ein scheinbar normaler Gedanke, und dennoch ist es eine Art sozialer Kurzschluss von ihm. Er drängt die Überlebende in eine Rolle, die er für angemessen halten möchte. Weil die Gefühle unerträglich sind, die mit der Vergewaltigung einhergehen. Eigene Angst, eigene Schauder überfallen ihn, aber ehe er sie spüren kann, wehrt er sie ab. Das Bewusstsein ist sehr schnell damit, und der Mechanismus Dramadreieck hilft auch noch dabei und stupst jeden schnell in eine Rolle. Das Dramadreieck flüstert ihm Gedanken ein: „Wenn ich mich mit solchen Gedanken retten kann – warum nicht?" Es ist schwer, das zu bemerken und es sich dann auch noch einzugestehen.

2.) Eine Richterin pflaumt eine Mutter an, die weint, während man in der Verhandlung die pornografischen Fotos von ihren Kindern herumreicht: „Bringen Sie Ihre Gefühle unter Kontrolle, die tun hier nichts zur Sache." Es ist eher harmlos, Abwehrgedanken zu denken, aber sie auch auszusprechen und gegen ein Kind oder seine Eltern zu richten, das hat Täterqualität. Ein Supervisor könnte hier sagen: Ich übersetze jetzt einmal für die Richterin. Was sie (auf der Beziehungsebene) meint, ist: „Wenn ich solche Bilder sehe, bringe ich meine Gefühle nur unter Kontrolle, wenn ich so tue, als ob Sie wie eine optimale Zeugenmaschine funktionieren müssten. Darum werfe ich Ihnen vor, dass Sie unsachlich weinen, während ich hier die wirklich wichtige Arbeit tue. Es ist leichter, wenn ich Ihnen damit etwas antue, als dass ich mir eingestehe, dass wir beide verletzliche Menschen sind."

Die gute Nachricht: Diese beiden sind keine Soziopathen. Ganz im Gegenteil sind sie in eine Falle getreten, die ihr soziales Gespür ihnen gestellt hat. Eine Falle, die dazu dient, mit unerträglichen Gefühlen fertig zu werden.

Gefühlsabwehr passiert dauernd, sie ist menschlich. Ob mit einem Dramadreieck oder mit anderen Mechanismen. Die schlechte Nachricht ist, dass wir alle hin und wieder unseren Verstand für anscheinend normales Denken benutzen, um einen Seitenhieb auf andere Menschen abzugeben. Das kann man besser machen.

Sie wären überrascht, wie viele Gewaltverbrecher sich selbst als Opfer sehen.[53]

„Wer daran die Schuld hat? Meine Frau ist schuld. Wenn sie sich nicht hätte scheiden

---

[53] Michael Buchholz, Franziska Lamott, Kathrin Mörtl: *Tat-Sachen: Narrative von Sexualstraftätern.* Gießen: Psychosozial-Verlag, 2008.

4.2 Umkehrbilder des Schweigens

lassen, wäre das nicht passiert." „Das Mädchen ist da an mir vorbeigegangen. Wäre sie mit dem Bus gefahren, wäre das nicht passiert."

Im Umgang mit sexuellem Missbrauch werden ganz bestimmte Mechanismen wach. Die Situation ist teuflisch und sie löst Schutzinstinkte und Angstreflexe aus. Wir können davon nicht unberührt bleiben. Leider kommen wir dem nicht so schnell auf die Spur. Niemand kann das. Das vernünftige Großhirn ist langsamer als die Reflexe, die das Ich schützen. Außerdem führt unser angeborener sozialer Sinn dazu, dass wir von diffusen Unterströmungen angesteckt werden. Eine davon ist die Parteinahme für einen scheinbar bemitleidenswerten Missbraucher. Oder für einen, der scheinbar bereut. Alle psychologischen Phänomene, die Täter schützen, sind sehr stark. Darum ist es gut, auf diese Strömungen aufmerksam zu reagieren und sie bei sich wahrzunehmen.

Resonanz: Sand im Getriebe wahrnehmen

Kennen Sie das, wenn Sie innerlich verschiedene Gedanken zu einem Thema haben? Wenn Sie kleine Entscheidungen im Alltag treffen: „Ziehe ich morgen das graue Hemd an oder lieber ein T-Shirt?" „Reicht die Butter noch übers Wochenende oder nehme ich jetzt im Supermarkt zwei neue mit?" Wir haben diesen inneren Dialog. Wir könnten ein Spiel daraus machen und den inneren Stimmen Namen geben. Der innere *Geizhals* setzt sich durch und kauft die Butter erst dann, wenn die alte aufgebraucht ist. Der innere *Schweinehund* ... der hat sich bei mir schon viel zu oft durchgesetzt.

Jetzt stellen Sie sich vor, wie Sie im Gerichtssaal sind und plötzlich noch mehr Stimmen in Ihnen dazukommen. Eine ungläubige Stimme, eine wütende Stimme, eine kaltschnäuzige. Vielleicht haben Sie den Impuls wegzulaufen. Wenn Sie genau hinhorchen, weint sogar jemand in Ihnen. Ganz weit innen.

Das ist keine Einbildung. Die Resonanz von einer Gruppe Menschen ist eine Tatsache. Sie bilden zusammen eine Art Einheit, in der Menschen sich gegenseitig mit Angst oder Schmerz oder mit ihren Reaktionen darauf anstecken. Das ist dann so, als wären fremde Stimmen in Ihnen, die sofort wieder verschwinden können, sobald Sie den Raum verlassen. Vielleicht werden Sie sich fragen: Was war denn das jetzt?

Härte: Inszenierung und Spaltung erkennen

Ein Sexualstraftäter ist gut darin, sich zu schützen. Er hat lange geübt. Er kennt die Mechanismen, die ihm dienen, damit er möglichst unbeschadet wegkommt. Er setzt alles zu seinem Vorteil ein, auch soziale Instinkte. Oft hat er symbolische Macht, zum Beispiel gesellschaftliche Anerkennung. Er hat Geld oder einen Beruf, der ihn ins rechte Licht rückt. Vielleicht ist er Lehrer oder Pfarrer … er kann sich gut ausdrücken u.s.w.

Wenn es darauf ankommt, verharmlost er seine Taten, er beschönigt, er leugnet, er streitet ab, er wiegelt ab, er verschleiert. Er wird Menschengruppen psychisch anstecken und wahnhafte Gedanken in Gerichtsverfahren einschleusen. Meistens muss er nicht viel tun, damit jemand Abwehrgedanken hat. Ein gewissenloser Täter hat in diesem Rahmen viele Möglichkeiten. Er tarnt und er täuscht. Er inszeniert sich als Opfer. Er nimmt Menschen für sich ein, er manipuliert so gut er kann. Er weckt die innere Stimme der *Anscheinend Normalen Persönlichkeit* wo immer es geht. Sie klingt wie die Stimme der Vernunft. Aber das ist sie nicht.

Die emotionale Auseinandersetzung mit traumatischen Ereignissen kann so belastend sein, dass Teile abgespalten werden, um das *Ich* zu schützen. Ein Teil ist die *Emotionale Persönlichkeit*. Sie ist in den Schrecken der Vergangenheit gefangen und erlebt das Trauma immer wieder. Daneben gibt es die *Anscheinend Normale Persönlichkeit*.[54]

Die *Anscheinend Normale Persönlichkeit* ist eine Verdrängerin. Sie übergeht das Geschehene und tritt die Flucht nach vorne an. Jemand schafft sich eine fixierte Welt. Die *Anscheinend Normale Persönlichkeit* flüchtet in Fantasien und sagt Dinge wie: *Wir müssen an die Zukunft denken! Wir müssen die Täter fassen! Das Leben geht weiter… Wir müssen die Welt – uns selbst – in Zukunft gegen solche Ereignisse schützen.* Auf den ersten Blick wirkt das realistisch. Nur bei näherer Betrachtung fällt die Erstarrung auf.

Willem Lammers schreibt, dass die *Anscheinend Normale Persönlichkeit* sowohl in der Retter- als auch in der Verfolgerposition auftreten kann. Beide Positionen dienen der inneren Stabilisierung. Sie vermeiden den Kontakt mit dem Schmerz und bringen persönliche Zuwendung und Bestätigung. Beide Positionen verführen zu Gedanken, die das Gegenüber abwerten. In der Retterposition bevormundet jemand ein Kind durch seine Hilfe. In der Verfolgerposition legt er es durch Eingrenzung und Gewalt fest. Um die Folgen traumatischer Ereignisse wirklich aufzulösen, ist es wichtig, dass wir die damit verbundenen Gedankenformen neutralisieren, auch wenn sie noch so normal scheinen."[55]

Die glaubwürdige Aussage von Kindern ist ein wichtiger Punkt in den Strafverfahren. Das scheint vernünftig. Es gibt selten Beweise für die Tat. Die Überlebenden

---

[54] Wikipedia: *Strukturelle Dissoziation* https://de.wikipedia.org/wiki/Strukturelle_Dissoziation Zugriffen am 17.09.2020.
[55] Willem Lammers: *Logosynthese. Triffst Du nur das Zauberwort.* Maienfeld: ias Verlag, 2007, Seite 120 ff.

4.2 Umkehrbilder des Schweigens

und die Verbrecher sind die einzigen Zeugen. Angeklagte müssen vor Unrecht bewahrt werden. Was jetzt?

Leider machen Sexualstraftäter die Psyche von Mädchen und Jungen absichtlich kaputt, damit sie unglaubwürdig wirken. Sie verursachen systematisch Wahrnehmungsstörungen. Sie provozieren bei Kindern Erinnerungslücken und Wirklichkeitsverluste. Manche Gutachter betrachten diese dann leider als ein Zeichen für Unglaubwürdigkeit. Ist das nun ein Fall von Täter-Opfer-Helfer-Verstrickung? Oder etwas Schlimmeres?

Ein Gutachter hat meistens den Status von „Wie-kannst-du-es-wagen-mir-zuwidersprechen". Das hat schon viele vergewaltigte Kinder und Jugendliche ins Unrecht gesetzt. Es hat Menschen, die Leid tragen, noch mehr Leid aufgebürdet. Manchmal einfach nur, weil sie nicht genau sagen konnten, zu welcher Tageszeit sie mit in ein Schlafzimmer gegangen sind.

Wer sich den Inszenierungen rund um sexuellen Missbrauch entziehen möchte, muss Fuchs und Hase zugleich sein. Die Aufmerksamkeit für die eigenen Anteile kann gar nicht oft genug geübt werden. Ein wenig Wissen über die trickreichen Muster nützt schon sehr viel. Es hilft dabei, leichter bei der Aufgabe zu bleiben.

Einen therapeutischen Rahmen einbeziehen
Ein Rahmen muss nicht perfekt sein, damit Kinder darin aufblühen können. Genau genommen handelt es sich eher um einen Garten als um eine geometrische Figur.

In den Kindergarten gehen, oder das Prinzip nachholen
Für kleine Kinder ist der Kindergarten ein besonderer Rahmen. Unsere Kultur richtet ihn für Kinder zwischen drei und sieben Jahren ein. Er ist exakt so begrenzt, dass sie sich einerseits frei bewegen und andererseits in die soziale Welt hineinwachsen. Sie lernen Regeln im Zusammenleben. Wohlwollende Erzieherinnen und Erzieher geben ihnen die Fürsorge, die Grenzen, die vier Wände und die festen Zeiten, die sie brauchen – für Halt und Orientierung. Der Kindergarten kann ein entscheidender Rahmen sein für ein missbrauchtes Kind, mit kostbaren Möglichkeiten für die Rettung.

Kinder, die ihre Kindheit auf der Flucht verbracht haben, können das Prinzip des Kindergartens nachholen. Ohne etwas vom Kindergarten in ihr Leben einzubauen können sie in der Schule kaum Fuß fassen. Manche brauchen dafür eine Therapie. Das ist vor allem dann so, wenn die Herkunft sehr fremd ist, kulturell ganz anders als unsere. Ohne Therapie wird die Integration auch dann nicht gehen, wenn noch ein Trauma eine Rolle spielt. Sexuelle Gewalt gehört oft dazu. Ein Therapeut, oder noch besser ein therapeutisches Team, kann auf dieses Prinzip achten. Es geht um

„einhegen", um „Hege und Pflege". Und auch um die frühe Bildung, die ein Kind braucht, um kulturell anzuknüpfen.

Gedanken in ein Quadrat bringen
Es ist normal, dass Kinder und Jugendliche nicht wissen, wo die Grenzen verlaufen. Deshalb sind sie so angreifbar. Aber ich unterscheide sehr genau zwischen kindlichem Spiel, Sinnlichkeit, Intimität, Nähe, Lust, erwachsener Sexualität, Erotik.

Dieses Prinzip halte ich strikt ein. Es ist eine enge Leitlinie in meiner Arbeit. Irgendwie ist es engstirnig, also Quadrat-Denken. Deshalb definiere ich meinen professionellen Rahmen als ein Quadrat. Nur so kann ich sexuelle Gewalt genau einordnen und meine Arbeit tun. Ich verstehe das Quadrat als einen idealisierten Rahmen. Es ist das stabilste und harmonischste Viereck. Die Enge, das strukturierende Element, die Symmetrie, die Rechtschaffenheit, die Ehrlichkeit und die Bodenständigkeit des Quadrats[56] sind hilfreich, wenn Sie mit dem Thema sexuelle Gewalt zu tun haben.

Zum Quadrat-Denken von Andrew Vacchs gehört beispielsweise eine klare Kampfansage an die Täter. Das ist bei mir nicht so. Es hat in meinem Leben viele verlorene Kinder gegeben – und ich habe viele zurückgebracht. Vielleicht kann ich nicht alle retten, aber ich kann es *wollen*. Das ist eine Formel, mit der ich meine Gefühle ordne und Bewusstsein schaffe – immer und immer wieder.

Andere Menschen haben Halt an anderen quadratischen Ordnungssystemen. Kein Problem, wenn sie da etwas eigenwillig sind ...

Quadratisch nenne ich also einen Rahmen, den jemand in eigene enge Grenzen einfasst. Das kann jedes strukturierende Element im Beziehungsrahmen sein, das dem persönlichen Bedarf entspricht. Braucht ein Kind eher einen Garten oder eine lange Leine? Eher einen festen Knoten, einen lockeren Knoten oder überhaupt keinen Knoten in der Leine?

Die Grundregeln im Quadrat sind ungefähr:

1. Wir grenzen eng ein; inhaltlich, symbolisch, räumlich, zeitlich.
2. Wir geben Halt von außen.
3. Wir stärken die innere Kraft.
4. Wir bestimmen unsere Position.
5. Wir lösen Probleme.
6. Wir nehmen die guten Gelegenheiten beim Schopf.

---

[56]Leonhard Reiter: *Symbole in Märchen, Mythen und Therapie.* 2011, Seite 320.

4.2 Umkehrbilder des Schweigens

7. Wir wirken gefühlsmäßig neutral. Übermäßige Anteilnahme birgt die Gefahr weiterer Schäden. Auch ein distanzierter oder strafender Umgang kann Hilfesuchen im Keim ersticken.
8. Wir hören aufmerksam zu. Wenn wir jemandem bereitwillig zuhören, vernehmen alle leichter die Stimme der Wahrheit.

Beispiele, wie Sie ein Quadrat eingrenzen

Zuhören ordnet inhaltlich.Es gibt dem Inhalt einen Platz. Rachel Remen nennt die Fähigkeit des Zuhörens das älteste und vielleicht auch das wirkungsvollste Heilmittel, über das wir verfügen. Indem wir zuhören, sagt die Ärztin, werden wir zu einem Ort der Zuflucht für den anderen Menschen.[57]Dem schließe ich mich an. Ich glaube wie Rachel Remen, dass es wichtig ist für Kinder. Es ist wichtig für alles, was von ihnen und von anderen verleugnet, abgelehnt und als wertlos erachtet wird. Was ihnen auf der Seele liegt. Was verborgen bleiben muss.

Missbrauchte Kinder und ihre Therapeuten orientieren sich auch an Dingen, die symbolisch hilfreich sind, zum Beispiel Zahlen. Das grenzt ein Quadrat-Denken ab. **Zahlen sind einfache Ordnungen.***Sie geben Kindern Halt und Orientierung. Ich weiß von einer Hebamme, dass manche Frauen unter dem Chaos der Geburt laut zählen. Das finde ich quadratisch. Zählen Sie mit einem Kind. Machen Sie ein Spiel daraus.*

Der biologische Körper*ist für manche Kinder die letzte Ressource, die ihnen geblieben ist. Seine räumliche Ordnung und seine Ausrichtung nach oben, im aufrechten Gang und nach vorne, geben Halt, Gewissheit und Trost. Die Orientierung im Raum ist grundlegend für Kinder, die sexuelle Gewalt erfahren haben. Kinder und Jugendliche überprüfen, ob sie Himmel und Erde wirklich wiederfinden, und ob die beiden in jedem Fall halten. Das kann wie eine Unfallneigung aussehen. Oder an selbstverletzendes Verhalten erinnern. Erkennen Sie dieses Prinzip im alltäglichen Rahmen und auch im Rahmen einer Therapie.*

Kinder testen den Rahmen,*sie testen Beziehungen: „Magst du mich auch dann, wenn ich so bin?" (Das frechste und gemeinste Verhalten, das Sie sich vorstellen können.) Reagieren Sie mit einem Verhalten, das stärkt. „Natürlich mag ich dich. Und ich kann dich halten. Und dazu gehört, dass wir zusammenarbeiten." Das wäre dann für meine Ohren eine quadratische Antwort.*

Die Antwort kann **ein zeitlicher Vertrag***sein, an den sich beide halten. Ein Kind mit Schmerzen braucht das Erlebnis vom Rahmen doppelt und dreifach und manchmal quadratisch. Wenn Sie wie Leitwölfe vorausgehen, wie Jesper Juul sagt[58], wird das einem Kind gut tun. Und einem Jugendlichen auch. Leiten Sie an, führen Sie, gehen Sie voraus, setzen Sie Grenzen und vermeiden Sie Doppelbotschaften.*

---

[57]Rachel Naomi Remen: *Kitchen Table Wisdom. Geschichten, die heilen.* München: Goldmann, 2007, Seite 255.

[58]Jesper Juul: *Leitwölfe sein. Liebevolle Führung in der Familie.* Weinheim: Beltz, 2018.

Der Rahmen und die Metaebene

„Ich wollte, ich wäre ein Vogel, dann könnte ich fliegen. Ich könnte alles von oben sehen. Ich wollte, ich wäre zwei Vögel, dann könnte ich mir beim Fliegen zusehen. Ich wollte, ich wäre drei Vögel, dann könnte ich mir dabei zusehen, wie ich mir beim Fliegen zusehe." Diesen Vergleich lernen Studenten im Praxissemester bei mir. Er beschreibt die Metaebene, die wir brauchen, um unserer Arbeit als Therapeuten einen Rahmen zu geben. Ein Therapeut soll nicht einfach nur fliegen, also seine Arbeit tun und zusammen mit einem Klienten Gespräche führen, Ton kneten oder schöne Bilder malen. Dann könnte er genauso gut Blumen gießen oder ins Kino gehen. Diese Tätigkeiten und Schöne-Bilder-malen sind prima, so wie Fliegen.

Demgegenüber stellen Sie sich für einen Moment vor, Sie wären ein Student unter meiner Anleitung. Ein Kind vertraut sich Ihnen für einen Lernprozess an. Noch dazu für einen so schwierigen Prozess wie die Heilung von seelischen Schmerzen. Ich denke, dann ist es hilfreich, mindestens zu zweit zu fliegen und sich dabei gegenseitig zuzusehen. Dann reflektieren Sie bei Ihrer Arbeit, also beim Ton-kneten und Bildmalen, das, was Sie tun. Sie denken darüber nach, wie Sie tun, was Sie tun, während Sie es tun. Sie planen. Sie überprüfen. Sie haben sich selbst bei der Arbeit im Blick. Dann sind Sie ein umsichtiger Therapeut mit Aussicht auf Erfolg. Sie können mit sich zufrieden sein.

Sie können auch nach Exzellenz streben. Ihr Klient will fliegen, sozusagen. Frei von den seelischen Folgen leben. Sein Leben kann sich ändern. Jetzt stellen Sie sich vor, Sie wären der Klient. Würden Sie sich besser fühlen, wenn ich darauf achte, was der Student tut? Wenn ich Ihnen beim Fliegen zusehe und weiß, wie Sie jederzeit sicher landen und wie ich den Therapieschüler, mit dem Sie unterwegs sind, lenken kann?

Ein Therapeut, der diese drei Vögel gleichzeitig in sich hat, nimmt die Metaebene ein. Ich mag dieses Bild auch deshalb, weil es besagt, dass ein guter Therapeut immer weiter lernt. Er ist ein Meister, der übt. Die Metaebene einzunehmen ist sein Job.

Wenn Sie als Eltern Verantwortung für missbrauchte Kinder haben, dann sind Sie wie der eine Vogel aus dem Vergleich, der fliegt. Oder zwei. Der Rahmen für diejenigen von uns, die es beruflich tun, darf weiter gehen.

Und noch etwas: Kinder sollen nicht reflektieren müssen, nicht auf die Metaebene gehievt werden. Ich wiederhole mich da, weil das so wichtig ist.

Je schwerer ein Thema ist (so wie Missbrauch, Folter, Mord, Selbstmord u.s.w.) desto weiter sollen die Metaebenen gehen. Schwere Themen brauchen Meta-Meta-Meta-Ebenen für ihre Verwandlung.

4.2 Umkehrbilder des Schweigens

Transformation
Manchmal ist das Neu-Einrahmen, das Reframing, wie ein Herausfiltern: Was ist das Trauma, was die Psychose? Viele offene Fragen wollen geschlossen werden. Was ist bei dieser Sache eventuell eine Aufmerksamkeitsstörung und kann ich das ändern? Was ist hier antisozial und wie kann ich das aufheben? Was ist daran ungesund und wie kann ich damit aufräumen? Wie kann ich entrümpeln? Was ist zu wenig und wie kann ich es nähren? Was ist an meinem Verhalten sexuell aufgeladen und wie kann ich diese Ladung wieder rausnehmen? Was an mir ist gutgläubig und großherzig, und wie kann ich diese Qualität festigen, sodass sie nicht ausgebeutet wird? Was kann ich dafür tun, dass in meinem Leben weniger Psychopathen vorkommen? Was hat mir früher geholfen und schadet mir jetzt? Wie kann ich am besten trauern? Wie kann ich meinen Raum einnehmen? Wie ordne ich eine Vergewaltigung in mein Leben ein? Wie schließe ich ein Kapitel?

Manchmal ist ein Kind besonders schwer getroffen. Dann ist es gut, wenn Sie den Rahmen noch genauer an seinen Bedarf anpassen. Je mehr Sie den Therapieplan differenzieren, desto besser kann ein Kind von seinem Trauma heilen. Einen Bedarf punktgenau zu treffen kann die Heilungszeit verkürzen. Je intensiver wir den Rahmen gestalten, desto kürzer ist die Heilungszeit. Zum Beispiel indem wir die Hilfe meta-meta-mäßig ausfeilen. Wir holen zahlreiche Dimensionen ins Boot. Weil die Hilfe weiter reicht, wenn viele Facharbeiter dazu beitragen. Nicht in einem quantitativen Sinn – sondern qualitativ. Ich meine: nicht viel, sondern anders … und aufeinander abgestimmt. Sie und die Geschwister, die Freunde, die Ärzte, die Lehrer, die Kinder- und Jugendhilfe, die Berater und Therapeuten, die Verwandten, die Haustiere und die Pausen tragen in unterschiedlichen Qualitäten dazu bei. In den Augen der meisten Traumaexperten bedeutet auch die spirituelle Dimension einen dicken Pluspunkt für die Besserung.

Das vom Bewusstsein entfernte Prinzip
Therapeutische Techniken, die nicht direkt im Bewusstsein arbeiten, können den psychotherapeutischen Rahmen erweitern. *Eye Movement Desensitization and Reprocessing*[59] ist eine Technik, die die Gedanken lockert und die Nerven beruhigt. Desensizitation heißt, dass jemand widerstandsfähiger wird und Reprocessing bedeutet, dass er das Trauma aufarbeitet.

Der Therapeut sitzt direkt vor dem Klienten und bittet ihn, sich die erlebte schlimme Situation vorzustellen. Er bewegt zwei Finger hin und her. Er bittet den

---

[59]C. T. Eschenröder: *Eye Movement Desensitization and Reprocessing* https://link.springer.com/chapter/10.1007/978-3-540-75740-5_31 abgerufen am 01.09.2019.

Klienten, gleichzeitig den Fingern mit den Augen zu folgen, während er an die traumatische Situation denkt und auch darüber spricht. Die Technik hat nichtsprachliche Anteile, und sie unterstützt auf jeden Fall, das Erlebte zu verarbeiten. Das Gehirn rückt das Trauma im Hintergrund in eine andere Perspektive. Die Vorgänge neben dem Gespräch, das Augenbewegen, das Flattrige, die doppelte Konzentration lösen die Blockade.

Eine andere Therapie fern dem Bewusstsein ist sensomotorische Kunsttherapie wie zum Beispiel Tonfeldtherapie. Ihr großer Vorteil: Das Kind muss nicht sprechen. Es muss sich an das Trauma nicht erinnern. Die Haptik tritt vor und das Denken tritt in den Hintergrund. Tonfeldtherapie eignet sich besonders bei Kindern, die klein sind, die behindert sind oder bei fremdsprachigen Kindern und Jugendlichen. Verstummte Kinder und Jugendliche profitieren doppelt.

Das Tonfeld-Setting hat einen therapeutischen Beziehungsrahmen und einen Rahmen aus Holz. Ein Kind lernt im therapeutischen Beziehungsrahmen und parallel im Holzrahmen. Das Tonfeld dient als Rahmen, in dem jemand seine innere Situation erforschen kann.

Einmal ganz knapp: Ein Kind sitzt vor einem Holzrahmen, in dem sich Ton befindet. Der Therapeut leitet es an, seine Hände auf den Ton zu legen. Später will das Kind den Ton verändern und gestalten. Der Therapeut regt es an, seinen Impulsen zu folgen. Er achtet darauf, dass das Kind seine Beziehungsbedürfnisse erfüllen kann. Er kann auch darauf achten, wie tief die Verletzungen sind und wie das Kind aus seiner Not findet. Erst kommt etwas zutage, und dann löst sich das Trauma. Der Therapeut erkennt Ansätze für die weitere Heilung. Er findet heraus, was man noch machen kann, wie viel mehr ein Kind braucht und wie es weitergeht.

In diesem Rahmen können erfahrene Therapeuten Schlussfolgerungen ziehen. Die Umkehrbilder sind wiederkehrende Lösungen aus der täglichen praktischen Arbeit. Die Tonfeldtherapie ist wie eine Nische, in der geschulte Therapeuten Lösungen zusammentragen – auch für andere Arbeitsbereiche. Ich gehe davon aus, dass Wissenschaftler die Arbeit am Tonfeld in der Breite bald anerkennen und schätzen werden – so wie schon jetzt Martin Grunwald und Peter Levine. Das Tonfeld-Buch *Trauma healing at the clay field* von Cornelia Elbrecht ist in Australien ein Bestseller.[60]

Alles in allem kommt es darauf an, dass Sie einen guten Therapeuten finden. Ein traumatisiertes Kind braucht wirklich Unterstützung, eine Hand, um eine Brücke zu bauen. Ein Kind braucht diese Hand. Da nutzt der Austausch auf einer bewussten Ebene gar nichts. Sondern ein Kind will lernen wie es ist, in Kontakt zu treten.

---

[60] Cornelia Elbrecht: *Trauma healing at the clay field: A sensorimotor art therapy approach.* London: Jessica Kingsley Publishers, 2013.

Wie ist es, eine Hand zu fühlen? Wie ist es, zu fühlen, dass jemand für es da ist? Erst einmal ohne dass jemand etwas von ihm verlangt. Bis das Trauma allmählich verschwindet.

Literatur

Balke-Holzberger, U.: Zittern Sie sich frei! Mit Faszien-Stress-Release Verspannungen, Ängste und Schmerzen lösen. Klett-Cotta, Stuttgart (2018)
Barwinski, R. (Hrsg.): Vergewaltigung und Trauma. ZPPM Zeitschrift für Psychotraumatologie, Psychotherapiewissenschaft, Psychologische Medizin. 9(1). Asanger, Kröning (2011)
Bettelheim, B.: Liebe allein genügt nicht. Die Erziehung emotional gestörter Kinder. Klett, Stuttgart (1971)
Brett, D.: Ein Zauberring für Anna. Therapeutische Geschichten für Kinder von 3 bis 8 Jahren. Übersetzt aus dem Englischen von Alrun Kerksiek, 9. Aufl. Iskopress, Salzhausen (2020)
Buchholz, M., Lamott, F., Mörtl, K.: Tat-Sachen: Narrative von Sexualstraftätern. Psychosozial-Verlag, Gießen (2008)
Cleave, C.: Little Bee. Deutscher Taschenbuch Verlag GmbH & Co KG, München (2011)
Dickens, C.: Oliver Twist. Übersetzt von Gustav Meyrink. Anaconda, Köln (2012)
Elschenbroich, D.: Weltwissen der Siebenjährigen. Wie Kinder die Welt entdecken können. Verlag Antje Kunstmann, München (2001)
Fischer-Lichte, E.: Die verwandelnde Kraft von Aufführungen. Von vorübergehenden zu nachhaltigen Transformationen. In: Hasselmann, K. (Hrsg.) Performing the Future. Die Zukunft der Performativitätsforschung, S. 177–190. Wilhelm Fink Verlag, München (2013)
Fritsch, G. R.: Praktische Selbst-Empathie. Herausfinden, was man fühlt und braucht. Junfermann, Paderborn (2010)
Gendlin, E. T., Wiltschko, J.: Focusing in der Praxis. Eine schulenübergreifende Methode für Psychotherapie und Alltag, 3. Aufl. Klett-Cotta, Stuttgart (2007)
Grimm, J., Grimm, W.: Kinder- und Hausmärchen gesammelt durch die Brüder Grimm, 1. Aufl. Insel, Frankfurt a. M. (1974)
Johnson, S.: Eine Minute für mich. Deutsch von Lieselotte Mietzner. Rowohlt Taschenbuch Reinbek bei Hamburg, (2002)
Juul, J.: Leitwölfe sein. Liebevolle Führung in der Familie. Übersetzt von Ursula Bischoff und Nuka Matthies. Beltz, Weinheim (2018)
Lambert, J.: Sprechende Hände. Die Geschichte von Helen Keller. Aus dem Amerikanischen von Johanna Wais. Egmont Grafic Novel, Köln (2015)
Levine, P.A.: Trauma-Heilung: Das Erwachen des Tigers. Unsere Fähigkeit, traumatische Erfahrung zu transformieren. Synthesis, Essen (1999)
Pelzer, D.: Sie nannten mich „Es". Übersetzt aus dem Amerikanischen von Ulrike Ziegra. Goldmann, München (2000)
Perry, P., Graat, J.: Couch Fiction. Wie eine Psychotherapie funktioniert. Übersetzt aus dem Englischen von Ulrike Becker. Verlag Antje Kunstmann GmbH, München (2011)

Remen, R.N.: Kitchen Table Wisdom. Geschichten, die heilen. Aus dem Englischen von Lothar Schneider. Goldmann, München (2007)
Reiter, L.: Symbole in Märchen, Mythen und Therapie. VLB, Thüngersheim (2011)
Ritsos, J.: Die Umkehrbilder des Schweigens. Aus dem Griechischen von Klaus-Peter Wedekind. Suhrkamp, Frankfurt a. M. (2001)
Rosenlöcher, T.: Die Wiederentdeckung des Gehens beim Wandern – Harzreise. Suhrkamp, Berlin (1991)
Schäfer, B.: Die Gesetze der Gewinner. Bodo Schäfer Akademie GmbH, Bergisch Gladbach (2018)
Snunit, M., Glomb, N.: Der Seelenvogel. Übersetzt von Mirjam Pressler. Carlsen, Hamburg (1991)
Starling, R.: Kleiner Drache – große Wut. Übersetzt von Sylvia Tress. Thienemann-Esslinger, Stuttgart (2017)
van Derbur, M.: Tagkind – Nachtkind. Das Trauma sexueller Gewalt: Überlebenswege, Heilungsgeschichte, Hilfen zur Prävention. Aus dem Amerikanischen von Gabi Breitenbach. Asanger, Kröning (2017)
von Kleist, H.: Über die allmähliche Verfertigung der Gedanken beim Reden. (1805–06) Sämtliche Werke und Briefe, 2 Bde., Hrsg. Helmut Sembdner, 8. Aufl., München 1985, II
von Bracken, R.: Unglaublich – aber wahr! Rechtliche Aspekte Ritueller Gewalt. In: Fließ, Claudia, Igney, Claudia (Hrsg.) Handbuch Rituelle Gewalt. Pabst Science, Lengerich (2010)
Waris Dirie mit Cathleen Miller: Wüstenblume. Aus dem Amerikanischen von Bernhard Jendricke, Christa Prummer-Lehmair, Gerlinde Schermer-Rauwolf und Barbara Steckhan. Knaur, München (2007)
Winnicott, D.W.: Von der Kinderheilkunde zur Psychoanalyse. Fischer Taschenbuch, Frankfurt a. M. (1983)
Winnicott, D.W.: Aggression: Versagen der Umwelt und antisoziale Tendenz. Klett-Cotta, Stuttgart (2019)

Links

Berceli, D.: Neurogenes Zittern. Eine körperorientierte Behandlungsmethode für Traumata in großen Bevölkerungsgruppen, S. 148–157. https://www.traumaundgewalt.de/journal/tg_2010_02. Zugegriffen: 20 Aug 2020
Bundesministerium der Justiz: Gesetze im Internet. https://www.gesetze-im-internet.de/gg/art_1.html. Zugegriffen: 27 Aug 2019
Corcoran, S.: Deutsche Übersetzung von Andreas Huettl (2004): Eines einzigen Anwalts Kreuzzug. ursprünglich veröffentlicht in Lawyers Weekly USA, 25. November 2002. https://www.vachss.de/vachss/artikel/lw_usa.htm. Zugegriffen: 7 Sept 2020
Eschenröder, C.T.: Eye Movement Desensitization and Reprocessing. https://link.springer.com/chapter/10.1007/978-3-540-75740-5_31. Zugegriffen: 1 Sept 2019
Gapp, K. et al: Potential of Environmental Enrichment to Prevent Transgenerational Effects of Paternal Trauma. Neuropsychopharmacology. June 9, 2016 (übersetzt: Potenzial der

Umweltanreicherung zur Verhinderung generationsübergreifender Auswirkungen väterlicher Traumata). https://ethz.ch/de/news-und-veranstaltungen/eth-news/news/2016/06/traumata-rueckgaengig-gemacht.html. Zugegriffen: 8 Aug 2020

Lindau, A.: Einen herzlichen Gruß an alle Mütter. Ihr seid ein Wunder. Post auf Facebook von Veit Lindau am 13.05.2017. https://de-de.facebook.com/veitlindau/photos/heute-zum-muttertag-möchte-ich-einen-text-meiner-liebsten-andrea-lindau-posten-m/1352524311508388/. Zugegriffen: 3 Sept 2020

Mangelsdorf, J.: Posttraumatisches Wachstum. Zeitschrift für Psychodrama und Soziometrie 19, S. 21–33 (2020). https://link.springer.com/article/10.1007/s11620-020-00525-5. Zugegriffen: 5 Juni 2020 unter der Lizenz https://creativecommons.org/licenses/by/4.0/deed.de

Somatic Experiencing: Trauma gehört zum Leben. Traumabewältigung auch. https://www.somatic-experiencing.de. Zugegriffen: 25 März 2020

Andrew Vacchs: Richtlinien für die Vertretung eines Kindes. https://www.vachss.de/vachss/guidelines.htm. Zugegriffen: 11 März 2020 (1996–2004)

Wikipedia: Ann Lee. https://de.wikipedia.org/wiki/Ann_Lee. Zugegriffen: 11 Juli 2020

Wikipedia: K.-o.-Tropfen. https://de.wikipedia.org/wiki/K.-o.-Tropfen. Zugegriffen: 11. März 2020

Wikipedia: Marianne Bachmeier. https://de.wikipedia.org/wiki/Marianne_Bachmeier. Zugegriffen: 27 Aug 2019

Wikipedia: Posttraumatische Belastungsstörung. https://de.wikipedia.org/wiki/Posttraumatische_Belastungsstörung. Zugegriffen: 27 Aug 2019

Wikipedia: Posttraumatische Belastungsstörung bei Kindern und Jugendlichen. https://de.wikipedia.org/wiki/Posttraumatische_Belastungsstörung_bei_Kindern_und_Jugendlichen. Zugegriffen: 11 März 2020

Wikipedia: Posttraumatisches Wachstum. https://de.wikipedia.org/wiki/Posttraumatisches_Wachstum. Zugegriffen: 7 Sept 2020

Wikipedia: Shaker (Religion). https://de.wikipedia.org/wiki/Shaker_(Religion). Zugegriffen: 1 Sept 2019

Wikipedia: Strukturelle Dissoziation. https://de.wikipedia.org/wiki/Strukturelle_Dissoziation

Wikipedia: Trigger. https://de.wikipedia.org/wiki/Trigger_(Medizin). Zugegriffen: 27 Aug 2019

Wikipedia: Zeitwahrnehmung. https://de.wikipedia.org/wiki/Zeitwahrnehmung. Zugegriffen: 28 Aug 2019

Ebenfalls lesenswert

Böhm, T., Kaplan, S.: Rache. Zur Psychodynamik einer unheimlichen Lust und ihrer Zähmung. Psychosozial-Verlag, Gießen (2009)

Busse, D. u. a., Bundesministerium für Justiz (Hrsg.): Belastungserleben von Kindern in Gerichtsverhandlungen. Bonn (1996)

Herrmann, B., Dettmeyer, R.B., Banaschak, S., Thyen, U.: Kindsmisshandlung: Medizinische Diagnostik, Intervention und rechtliche Grundlagen. Springer, Heidelberg (2016)

Hirigoyen, M.-F.: Masken der Niedertracht. Seelische Gewalt im Alltag und wie man sich dagegen wehren kann. Übersetzt von Michael Marx. dtv, München (2009)

Hüther, G.: Die Macht der inneren Bilder. Wie Visionen das Gehirn, den Menschen und die Welt verändern. Vandenhoek & Ruprecht, Göttingen (2005)

North, S.: Rascal der Waschbär. Übersetzt von Irene Mühlon. Fischer Taschenbuch, Frankfurt a. M. (2005)

Rosa, H.: Resonanz: Eine Soziologie der Weltbeziehung. Suhrkamp, Frankfurt a. M. (2016)

Therapie mit Hand und Fuß 5

Wer etwas mit den Händen berührt, wird auch davon berührt. Diese Wechselwirkung fordert heraus – zu handeln, etwas zu greifen, zu fassen. Sie führt zu weiterem wie Wandel, Erkenntnis und Selbstgewinn. Das ist der haptische Transformations-Plan, das erste Tonfeld-Prinzip. Es ist der Plan einer natürlichen Schöpfung. Und es gibt einen Rahmen vor.

Die Haptik spielt eine Hauptrolle, und dann gibt es die Seele. Was sie sagt und fragt, legt sie in den Ausdruck der Hände (siehe Abb. 5.1). Die Sprache der Hände transportiert Botschaften. Menschen sind es zwar gewohnt, Informationen auf tiefen Ebenen auszutauschen, aber sie haben Probleme mit dem Entwirren. Das gilt ganz besonders bei den Botschaften aus dem Unbewussten.

Für die haptische Grammatik und die Poesie der Hände brauchen wir Übersetzer, die sie „lesen" können. Wir brauchen Fachleute, die sich mit der Hand-Auge-Hirn-Achse auskennen, die die nonverbalen Signale verstehen und entwirren. In diesem stillen Dialog kommen Tonfeldtherapeuten ins Spiel. Sie führen den Therapieverlauf nach dem, was sie in den Bewegungen der Hände sehen.

5.1 Was können die Hände?

Unsere Hände sind wie Anwälte der Seele. Sie verhelfen dem Ich zu seinem Recht. Sie machen das möglich, was missbrauchte Kinder brauchen: Verständigen ohne Sprache. Berühren ohne Gefahr.

Der Körper hat, weil er die Gefahr kennt, das Verlangen, sich zu schützen. Darum kann es entscheidend sein, dass die Hände sich weit genug weg vom Körper mitteilen. Gleichzeitig ist es leicht für die Hände, im natürlichen Kontakt mit Ton zu sein. Es passiert nichts Schlimmes. Im Gegenteil hat ein Kind es jetzt selbst in der Hand, wie es Nähe und Distanz gestaltet (Abb. 5.2). Seine Hände fol-

Abb. 5.1 Arbeit am Tonfeld (© Andrea Brummack)

Abb. 5.2 Verständigen ohne Sprache. Berühren ohne Gefahr. (© Andrea Brummack)

5.1 Was können die Hände?

gen dem Drang, Antworten zu finden und diese für die persönliche Entwicklung zu nutzen. Die Hände bearbeiten den Ton entsprechend dem seelischen Auftrag in ihrem eigenen Tempo. Sie nehmen ein Kind und seine Themen mit in den Beziehungsrahmen Tonfeld.

Wenn Kinder fühlen, dass sie dabei die Kontrolle haben, fühlen sie, dass sie etwas bewirken können. Die eigene Wirksamkeit ist wie ein Gegenmittel zu der erlebten Ohnmacht, zu der Auslieferungserfahrung bei sexueller Gewalt. Kinder steigen aus dem *Macht-und-Kontrolle-Verhältnis* aus und lernen stattdessen das Verhältnis von *Spüren-und-Antworten*.

Die Hände in Aktion am Tonfeld holen ein, was ein Kind braucht, um ein sexuelles Trauma zu lösen. Was ein Kind in der Therapie erfahren hat, setzt es direkt in den Alltag um. Das liegt daran, dass Arbeit am Tonfeld ein System ist, in dem neben physikalischen Gesetzen auch das psychologische Feld und das soziale Feld gelten.

Eine flache Kiste mit Boden und Holzrand ist der *reale Rahmen*, in den die Hände eingreifen. Die Kiste enthält zehn Kilogramm formbaren Ton in einer feinen Textur. Boden und Rand sind je nach Wunsch lackiert oder nicht. Die Kiste steht in einem gut gewählten Therapieraum auf einem stabilen Tisch. Das verstärkt das Gefühl von Halt und Orientierung. Zum Setting gehören ein freundliches Beziehungsangebot einer Therapeutin oder eines Therapeuten, eine Schüssel mit Wasser und Hilfsmittel wie Spielfiguren (siehe Abb. 5.3), Schwämme, Schürzen, Handtücher u.s.w.

Für das therapeutische Setting ist es notwendig, mehr als nur das physikalische Feld zu sehen. Denn die teilnehmenden Personen bestimmen das Feld gemeinsam als ein System. Sie bestimmen es mit allem, was sie einbringen. Das sind die physikalischen Daten, die Beziehungstemperatur, alle ihre gesellschaftlichen Interaktionen und psychologischen Konstellationen.

So kommt ein Feld zustande, das die soziale Welt der Personen abbildet, die in diesem Moment, an diesem Ort, hier und jetzt teilnehmen. Das funktioniert nach einer bestimmten Logik, die für die Soziale Arbeit interessant ist: die Theorie vom Sozialen Feld. Hier spielt zum Beispiel das Wort Kapital eine Rolle. Damit sind Fähigkeiten und Ressourcen und Potenziale gemeint, die jemand besitzt: alles, was jemand weiß, kann und hat.

Felder sind demnach niemals bloß Gegenwart, sie wurden durch die Vergangenheit geschaffen. Ein familiäres Feld hat seine Entstehungsgeschichte. Darin sind Strukturen gewachsen, vielleicht Problemfelder, die bis in die Gegenwart reichen. Ein Kind, das durch seine Geschichte im Nachteil ist, kann sich mit neuem Kapital wieder auf einen Gleichstand bringen. Oder sogar in den Vorteil. Kinder,

Abb. 5.3 Bär und Ente sind typische Elternfiguren im therapeutischen Spiel. (© Andrea Brummack)

die an kulturellem Kapital zulegen, verbessern ihre Position im Feld. Sie können besser mitspielen.

Mit den Händen ins Feld gehen
Nehmen wir an, ein Kind kommt zum Tonfeld. Es nimmt sofort den Feldcharakter wahr: „Aha, das ist mein Gesamtfeld. Anschaulich!"

Ein Kind wird die Lösung am Feld selbst erarbeiten. Es muss die Wege selbst gehen, damit sie ihm ganz selbst gehören. Das Tonfeld steht ihm zur Verfügung wie ein soziales Labor. Was es dort an neuem Kapital erforscht und erobert, nimmt es in sein Lebensfeld mit. Dort setzt es die neuen Mittel ein.

Am Material entstehen Spuren. Was die Hände tun führt zu Gestaltungen. Diese sprechen ebenfalls – in Bildern, in Szenen. Sie erzählen Geschichten aus dem Alltag eines Kindes. Kinder stellen plastisch dar, um was es geht. Sie agieren ihre Geschichte, ihr Familienfeld. Das Problemfeld wird sichtbar. Mit Sigmund Freud kann man sagen, ein Kind reproduziert das Feld nicht als Erinnerung, sondern als Tat, es *wiederholt* es.[1]

---

[1] Sigmund Freud: *Gesammelte Werke, Band X, Erinnern, Wiederholen und Durcharbeiten.* Frankfurt am Main: Fischer, 1991, Seite 126 f.

5.2 Transformation

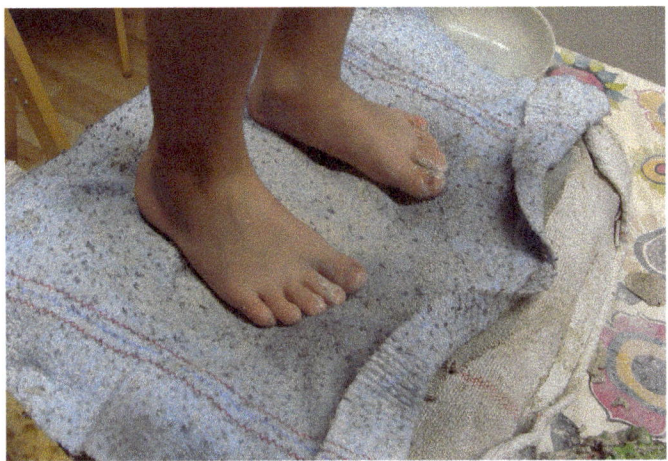

Abb. 5.4 Leichter Standhalten mit Stoff dazwischen (© Andrea Brummack)

Die Taten haben ein Ziel. Wer am Tonfeld arbeitet, wird sich in seiner authentischen Geste verwirklichen. Er lernt sich kennen in dem, was ihn bewegt. Er nimmt seine Themen auf.

Ein Kind kann sich haptisch finden, und auch haptisch *neu* erfinden. Das ist mehr als sich nur antreffen. Die formbare Tonerde ermöglicht im anschaulichen Gesamtfeld die Transformation des kindlichen Gesamtfeldes (bsp. Abb. 5.4).

5.2 Transformation

Ein Kind löst im Feld das Problem. Damit ist das Problem Vergangenheit. Den Lösungsweg verstaut das Kind im Beziehungs-Gepäck und reist zurück in die Zukunft. Dann überträgt es das neu eroberte Kapital in sein allgemeines soziales Feld.

- Neue sensomotorische Elemente, die die Vitalität und die Persönlichkeit stärken.
- Therapeutische Gewinne und soziale Triumphe auf symbolischen Ebenen.
- Transpersonale Errungenschaften spielen eine Rolle.

- Gefühle kommen in Ausgleich, Bedürfnisse werden gestillt und Beziehungen erfüllt.
- Reifere Spiele sind möglich, die neurobiologischen Grundlagen sind besser vernetzt.

Ein Ziel ist der Selbstgewinn, der eigene Erhalt. Daraus folgen Ausgleich, Stabilität und innere Stärke. Das führt zu Entwicklung. Es hat positive Perspektiven zufolge, neue Horizonte und letztlich die innere Freiheit zu sich selbst. Ich meine nicht die Freiheit, die Schule zu schwänzen oder so viele Süßigkeiten zu essen, wie ein Kind will. Oder ein tolles Handy zu kaufen. Vielmehr denke ich an die Frage: Was für ein Mensch will jemand sein? Wie will er leben?

Wenn die Schutzbedürfnisse von einem Kind erfüllt sind, kann es sich sicher bewegen. Wenn es sich sicher bewegen kann, dann ist es frei für seine Entwicklung. Es ist frei, die Schule besuchen *und* sie auch nutzen zu können. Statt verstört aus dem Rahmen zu fallen. Statt über andere herzufallen. Die Freiheit liegt innen. Sie ist ein Teil der inneren Stärke.

Manche Tonfeld-Praktiker kennen die Illusion: „Es gibt keine Hierarchie, keine Herrschenden und keine Beherrschten, alle haben gleich viel Macht. Hier dreht sich alles ausschließlich um Selbstgewinn. Wir kämpfen nicht und wir machen uns nichts aus finanziellem Erfolg. Unsere Tätigkeit handelt nur und ausschließlich von Fürsorge und Liebe."

Tja, das wäre schön! Täuschen Sie sie sich nicht. Es geht natürlich auch um Elend in der Welt.[2] Es geht um Macht, Anerkennung, um Hilflosigkeit oder um Politik. Es geht um eigene Probleme und Macken. Und es kann um sehr tiefe Krater in Kinderseelen gehen.

Tonfeldtherapeuten können interessante Werte für eine bessere Welt vertreten, in verschiedenen Bereichen: Sozialarbeit als eine *gewaltlose* Arbeit um des Friedens und der Liebe willen. Schulbildung als ein *ausgereiftes* System mit *Beziehungsqualität* im Fokus, und auch mit Rücksicht auf Kinder, die aus dem Rahmen fallen. Familien als *zerstörungsfreie* Zonen. *Wärme* und *Vitalität* in abgehobenen Wissensfeldern. *Verbundenheit* mit sich selbst oder mit anderen Menschen in gespaltenen oder verdrehten Situationen. *Persönliche Größe* in Wirtschaft und Politik.

Die Position im Tonfeld-Setting
Die Position eines Kindes besteht im Verhältnis zu seinen Eltern. In seinem Beziehungsrahmen kommen Mutter und Vater als zwei Pole vor, zwischen denen das

---

[2] Pierre Bourdieu: *Das Elend der Welt.* Stuttgart: UTB, 2009.

5.2 Transformation

Kind sich ausrichtet. Es ist darin gehalten. Ein Pol mag vielleicht weiblich sein. Der andere männlich. Der eine Part mag mächtig erscheinen. Ein großer Kerl. Stark. Der andere Part dünn wie ein Faden. Vielleicht kennen Sie ein gegensätzliches Paar von aktiv und passiv. Alle müssen sich auseinandersetzen. Das ist das Wort dafür, dass sie miteinander auskommen. Das bildet ein Beziehungsfeld für ihre Kinder.

An diese Vorgaben sind Kinder gebunden bis ins Erwachsenenalter. Bis sie dann endlich auf ihrem eigenen Grund stehen. Sie setzen alles dafür ein, eine gute Position zu erobern. Für jetzt und für später. Dafür müssen Eltern sie sehen, anerkennen und billigen, schätzen, beschützen und lieben.

Wenn einem Kind keine Position so wirklich zusteht, ist das an der Position im Tonfeld zu erkennen, und an anderen Feld-Faktoren. Wenn das Lebensfeld von einem Kind mit sexuellem Missbrauch vergiftet ist, dann gibt es dafür oft am Tonfeld Hinweise. Solche Fehlerquellen für die gesunde Entwicklung können wir aufspüren und sie symbolisch entmachten. Die Situation ist für den Moment egal. Einer von uns verändert seinen Stand im Leben. Und das ändert alles.

Fehlerquellen ausgleichen
Fehlerquellen im Tonfeld-Setting ausgleichen heißt Fehlerquellen im tatsächlichen Leben ausgleichen. Selbst dann, wenn eine Gefahr weiter besteht. Menschen lernen aus einem symbolischen Spiel. Kinder tun das genauso wie Erwachsene. Und was ist eine Therapie anderes als ein symbolisches Spiel?

Fehler kommen vor. Die äußere Abwesenheit von Eltern kommt vor. Die scheinbar unsichtbare innere Abwesenheit von Eltern ebenso. Fehler kommen vor beim Alleinerziehen und bei psychischer Krankheit. Bei Gewalt, in einer weltweiten Krise, die an die Nerven geht, oder weil die *Bestie* ein Elternteil besetzt. Das innere Totsein von Eltern ist eine Fehlerquelle. Trennung und Scheidung sind Fehlerquellen. Wir kommen nicht darum herum: Das Nicht-zur-Verfügung-stehen hat Folgen, und es können bittere Folgen sein.

Eltern-Mangel kann so weit gehen, dass Kinder ein Elternteil zu Unrecht beschuldigen. Das kann üble Ausmaße annehmen. Wenn das Ungleichgewicht im Beziehungsfeld sehr bitter ist. Wenn ihre Welt so ver-rückt ist, dass ihnen nichts anderes einfällt, dann schildern Kinder manchmal fantasierte Geschichten. Das können auch sexualisierte Geschichten sein. Ich wünschte, diese Fehlerquelle gäbe es nicht. Aber manches Kind ist insgeheim davon überzeugt, dass unbedingt etwas geschehen muss, wie Doris Brett schreibt. Die Psychologin sagt, dass ein Kind sich dazu getrieben fühlen kann, den Rahmen auf sehr praktische Weise zu testen: Indem es die Dinge auf die Spitze treibt. Mit einer Falschaussage vielleicht. Dieses Motiv kann das Kind aber selten verbal ausdrücken oder bewusst begreifen.[3] Dann hat der beschuldigte Elternteil nichts zu lachen.

Doris Brett beschreibt den Hintergrund aus der kindlichen Sicht. Sie sagt, es ist einfach für ein Kind, die Fehler eines kompetenten Elternteils zu sehen. Denn das Kind weiß, dass dieser Elternteil auch mit ein paar Fehlern stark und gut genug ist. Dass es weiter zu ihm aufsehen und sich auf ihn verlassen kann.[4] Da kann es auch mal mit dem Finger auf ihn zeigen und sagen: Der war's. Ich wünschte, dass Kinder nicht in diese Not geraten würden. Denn ein solcher Fall kann weite Kreise ziehen, böse enden, besonders dann, wenn er vor Gericht kommt. Dennoch müssen wir dies als eine Ausdrucksmöglichkeit anerkennen.

Es ist eine interessante Tatsache: Kinder beschützen den schwächeren Elternpol. „Manchmal idealisiert ein Kind einen Elternteil umso mehr, je schwächer und unzulänglicher er ist. Das liegt daran, dass es für das Kind zu schmerzhaft sein würde, zuzugeben, wie bedauernswert oder unzulänglich sein Vater/seine Mutter ist; stattdessen baut es eine Fantasiegestalt auf."[5]

Wenn..., dann...
Wenn Eltern sich trennen, dann kommt es am Tonfeld oft vor, dass Kinder eine Brücke aus Ton bauen. Sie verbinden damit zwei voneinander getrennte Bereiche wieder miteinander. Sie verarbeiten mit einem materiellen Umkehrbild die Scheidung. Für ein getrenntes Kind ist es hilfreich, wenn es Elternfiguren am Tonfeld symbolisch zusammenbringt. In seinem Inneren sind die Eltern wenigstens auf diese Weise verbunden. Wenn es im wahren Leben schon nicht klappt.

So bewältigen Kinder Scheidungen. Kommen die Idealeltern im Inneren zusammen, wie sie gebraucht worden wären, gleicht dies den inneren Bruch aus. Die Erfahrung sagt mir: Kinder und Jugendliche kommen dann leichter mit der Trennung zurecht. Wichtig ist der haptische Gewinn für das Kind. Im Umkehrschluss vermutet ein Tonfeldtherapeut aus der Situation mit der Brücke, dass das Kind mit einer Trennung umgehen muss.

Wenn ein Kind einen Schneemann baut, dann übersetzen Tonfeldtherapeuten das so, dass die Beziehung zum Vater abgekühlt ist (Abb. 5.5). Ich habe diese Situation in tausend Varianten erlebt. Und ich habe tausendmal bei einer Umkehr mitgeholfen, wenn die Situation sich anhand von einem Schneemann zum Guten wendet (Abb. 5.6). Die Beziehung kann auf verschiedene Weise abgekühlt sein.

---

[3]Doris Brett: *Ein Zauberring für Anna. Therapeutische Geschichten für Kinder von 3 bis 8 Jahren*. Salzhausen: iskopress, 2020, Seite 141.
[4]ebenda, Seite 132.
[5]ebenda, Seite 131.

5.2 Transformation

Abb. 5.5 Ein Kind gestaltet einen Schneemann. (© Andrea Brummack)

Abb. 5.6 Ein Kind zerstört einen Schneemann. (© Andrea Brummack)

Wichtig: indem ein Kind die Figur umgestaltet, ändert es die Beziehung so wie es sie haben will. Es setzt sich anders zu seinem Bild vom Vater in Beziehung. Und das klärt die Beziehung.

Wenn ein Kind die Situation zum Beispiel so löst, dass es den Schneemann auslöscht, kann an dessen Stelle vielleicht endlich jemand anders die berechtigten Beziehungsbedürfnisse erfüllen – im wirklichen Leben. Ohne Zweifel ist im Beziehungsfeld damit der Raum geschaffen für neue Erlebnisse, die einem Kind wohltun.

Der Schneemann ist, indem er die Zerstörung durchleidet, zu einem positiven Trigger für positive Lebensgestaltung geworden. Oder ist es das Verformen selbst, die Aktion, die Bewegung, die den Wandel wahr macht? Ja, das ist so.

Wenn ein Problem das Feld des Kindes bestimmt, dann wird uns dieses Problem am Tonfeld begegnen. Vielleicht gut versteckt. Vielleicht unverstanden, nicht übersetzt oder ganz verborgen. Egal, ich finde es wesentlich, dass ein Kind die Möglichkeit bekommt, eine Bruchstelle neu zu verhandeln.

Der Therapieverlauf
Tonfeldtherapeuten bieten echte Nähe an. Ihre Arbeit ist wie Focusing mit den Händen. Die Rollenverteilung geht so: Der Therapeut öffnet ein Türchen, und das Kind erschließt sein Potenzial. Oder mit einem Bild aus der Handarbeit: Der Begleiter fädelt ein, das Weitere tut das Kind. Die Sitzung endet mit dem Body Shift, wenn das Gefühl der Befreiung da ist. Es entsteht aus einer Antwort, die die Hände gewinnen.

Ich führe die Therapie in drei Phasen: Standhalten. Erfassen. Einordnen. Dabei bin ich von den drei Phasen ausgegangen, denen Traumatherapeuten nachgehen: Stabilisierung. Exploration. Integration. Ich habe sie mit der Zeit *reframed*. Den Begriff Standhalten habe ich bei einem Erlebnis im Privatbereich gefunden. Als meine Schwester die Diagnose Krebs bekam.

Ich bin bei meinen Eltern zu Besuch. Mein Vater ist im Wohnzimmer und wir begrüßen uns – wie jede Woche. Dann wendet er sich um, zu seinem Eckstuhl, und sagt: „Nun setz dich erst mal." Er benimmt sich anders als sonst. Ich merke auf. Dann sagt er: „Hanna hat Krebs."

Ich höre das. Aber es geht auch an mir vorbei. Zum einen kommt es mir so vor, als hätte er nichts gesagt – und zum anderen weiß ich, dass er etwas gesagt hat, aber es ist wie Luft, die durch mich zieht. Oder eher wie ein Vakuum. Es ist dieses Gefühl, als wäre man gar nicht richtig anwesend. Als würden alle Gefühle, Geräusche und Empfindungen gedämpft wie durch eine Glaswand. Ich glaube, ich sage etwas, aber ich kann nichts hören. Unwichtig. Ich kann dem, was er gesagt hat, nur langsam zuhören. Ich kann noch nicht standhalten. Erst nach und nach komme ich wieder aus der Dissoziation,

5.2 Transformation

der Trennung von mir selbst. Und je mehr das so ist, desto besser kann ich erfassen, was ich gehört habe.

Das Beispiel finde ich sehr passend für den Halt, den wir haben können in den schlimmen Momenten. Wenn der erste Schock vergeht und der Halt kommt. Als Tätigkeit ist es Standhalten.

Mein Vater hält vielen Dingen stand, seit je her. Ich habe mir das abgeguckt, solange ich denken kann. Das habe ich zunächst nicht bemerkt und nicht benennen können. Bei Hannas Krankheit machte es dann *Klick:* Ja, klar ... ich halte stand. Davor, während dem Noch-Nicht, während dem *Fuß-in-der-Luft* habe ich nicht standgehalten. Man muss erst dahin kommen.

Dann dachte ich: „Kann es vielleicht sein, dass das ein Teil meiner Arbeit ist? Halte ich mit Kindern stand?" Ich denke ja, ein Kind setzt seinen Fuß in die Luft – und sie trägt. Mein Feld trägt – die Kinder halten stand. Die Anleitung dazu ist: Ich lade ein, ich ermutige, ich inspiriere. Und wir folgen dem Handlungsdialog.

Ein Kind und sein Beistand setzen ihr Kapital dafür ein, dass das psychophysisch-sozio-emotio-vitale Kapital des Kindes nach der Sitzung gewachsen ist. Nach und nach wird ein Kind leichter *standhalten.* Umso klarer kann es *erfassen,* was mit ihm geschehen ist. Umso leichter außerdem, weil es konkret mit den Händen seinen Gefühlen und Gedanken nachgeht. Es gibt seinen Erinnerungen eine Gestalt und auch seinen Träumen und Wünschen. Und dann wird es die selbst geschaffenen Bilder in sein Leben *einordnen* (siehe Abb. 5.7).

„Wir müssen nicht alles verstehen. Es genügt, wenn wir uns zurechtfinden in der Welt." Dieser Satz wird Albert Einstein zugeschrieben. Wie finden wir uns zurecht? Indem wir die Dinge *einordnen.*

Im Therapieverlauf kommt ein Moment, in dem ein Kind am gegenüberliegenden Rand des Feldes innehält. Es ist durch ein Meer aus symbolischen Abenteuern dorthin gelangt. Auf der Wegstrecke sind haarsträubende Geschichten geschehen. Es hat Albträumen ins Gesicht geblickt und Ängste überwunden – und war der Held seiner Kämpfe. Es hat bestanden, wenn es auf der anderen Seite ankommt. Es blickt zurück. Und es kann aufrichtig sagen: „Das habe ich jetzt hinter mir."

Ein Kind arbeitet am Tonfeld

Ich kenne einen Jungen von den Philippinen. Sein Name ist Samuel. Er lebt seit wenigen Monaten in Deutschland. Jetzt hat er schon die Sprache gelernt und geht in die Schule. Er ist sieben Jahre alt und sein erstes Ziel ist es, akustische Flashbacks loszuwerden. Das zweite ist dazuzugehören. Und dann schließlich möchte er konfliktfreier, ausgeglichener und zufriedener leben. Das mag allgemein klingen. Für ihn ist es alles: ein normales Leben haben.

Abb. 5.7 Eine „quadratische" Ordnung. (© Andrea Brummack)

Das Problemfeld von Samuel

Sam hat einen Herzfehler. Er ist zart gebaut. Man kann ihn kleinwüchsig nennen. Sein linker Arm ist verkümmert. Als er ein Jahr alt war, brachte seine Mutter ihn zu Verwandten und bat sie, kurz auf ihn aufzupassen. Er sah sie nie wieder. Seine Aufpasser steckten den Kleinen in ein Gitterbett, das er nicht alleine verlassen konnte. Während sie tagsüber arbeiteten, saß er verzweifelt seine Zeit ab. Wenn er weinte, blieb ihm die Luft weg. Die Herzprobleme führten dann zu extremer Atemnot. Er hatte Todesangst. Im Zimmer kroch Ungeziefer umher. Kennen Sie die großen, tropischen Feuerameisen?

Nach einiger Zeit gaben seine Verwandten Sam weiter. Er lebte in Armut bei verschiedenen Familien – immer so lange bis er lästig wurde. Die Menschen fingen dann an zu feilschen. Wann kam ein Kind in eine Familie und wann ging es wieder? Was war es wert? Wie viel genau ist eine schöne Stange Geld? Sam war ein Teil Verhandlungsmasse. Eine Figur in einer Schachpartie der bösen Züge. Menschen, die er Mutter und Vater nannte, ernährten ihn mangelhaft. Sie sperrten ihn weg. Und an den Wochenenden verkauften sie ihn regelmäßig als Sexsklaven an Touristen in Hotels. Das ging so bis er fünf war. Dann trat eine wohltätige Stiftung auf den Plan und bezahlte eine Herzoperation für den Jungen.

In der Klinik fühlte Sammy sich unsäglich allein und ausgeliefert. Er lag verängstigt in den Räumen, in denen Musik und Geschrei durcheinander plärrten. Er durchlitt den

Eingriff, das Aufschneiden des Brustkorbs und alle medizinischen Notwendigkeiten wie Isolation, Beatmung u.s.w.
Die Lunge kollabierte. Sie füllte sich mit Wasser. Man ließ das Wasser ab. Dafür musste er punktiert werden. Drei Mal. Zwischen seinen Rippen sind die Lochnarben zu sehen. Sam konnte sich erholen, aber er blieb körperlich klein. Es ist unklar, ob er das je aufholen kann.

Die wohltätige Stiftung führte ein Kinderheim, das an die Klinik angeschlossen war. Im selben Gebäude lag ein Hospiz. Kinder starben. Kinder vegetierten vor sich hin. Sie lungerten herum. Sie rotteten sich zu Banden zusammen – und sie gingen mit Härte gegeneinander vor. Sie hatten nicht vergessen, was für eine Art von heißem Atem sie auf ihrer Haut gespürt hatten. Sie trauten niemandem über den Weg. Einzelne gingen Not-Freundschaften ein. Sex war dabei ein Mittel der Wahl. Und es war ein Machtwerkzeug. Diese Kinder kannten Erwachsene als Feinde, Frauen als Unterlegene und Europäer als gierige Langnasen, die man beklaute, wenn es ging.

Die Feldgeschichte von Samuel

Am Tonfeld begegnet mir ein Junge, der sich zurückhält. Er wirkt wohlerzogen, gepflegt und gut versorgt. Und er ist beim ersten Kennenlernen angenehm freundlich und schüchtern. Er geht kein Risiko ein. Zum einen weiß Samuel nicht, was ich von ihm erwarte. Er setzt sein braves Gesicht auf. Und er will es mir Recht machen. Darum wartet er erst einmal ab.

Zum anderen tritt ihm von der leeren Fläche etwas Dunkles entgegen. Das Feld wirkt gefährlich. Etwas in Samuel drängt ihn aufzustehen. Das ist jetzt ein Zeichen dafür, dass etwas daran für ihn so mächtig scheint, dass er es nur bewältigen kann, wenn er größer ist und steht. Wissen Sie: Es gibt keinen Grund, aufzustehen, wenn ein kleines Problem vor einem liegt. Unbelastete Kinder spielen einfach los.

Sam ritzt als ersten Versuch eine Fratze in die Tonoberfläche – das Gesicht einer Comic-Figur. Die Augen sind erschreckend falsch platziert. Sie liegen weit ab davon, wie ein Gesicht wirklich aussieht. Sam sieht das nicht so – das ist wie ausgeblendet. Für ihn ist offenbar bizarr eine Normalität. Ich schließe daraus auf eine verzerrte Wahrnehmung. Sein Sinn für die Wirklichkeit ist weit anders als der seiner gleichaltrigen Klassenkameraden. Noch ein Problem: Ins Tonfeld geritzte Bilder gelten als Zeichen für soziale Isolation. Samuel sagt mir damit, wo er herkommt. Aus einer unsäglichen Einsamkeit, die sich keiner wirklich vorstellen kann, der nicht dort war.

Sam schämt sich ein wenig für den behinderten linken Arm. Er verbirgt sein Handikap vor mir und beginnt mit der rechten Hand, in den Ton zu fassen. Mit der Zeit, als nichts Schlimmes geschieht, wächst sein Vertrauen. Er gestaltet zunehmend mit beiden Händen. Ich befürchte allmählich, dass er zu allem Unglück auch noch Linkshänder ist – beim Schreiben auf seine schwächliche Seite angewiesen.

Kinder, die Schläge kennen, schlagen auf eine bestimmte Weise in den Ton, die als nicht federnd beschrieben werden kann. Das ist bei Sam der Fall. Und er hat eine weitere Eigenart, mit dem Ton umzugehen, die er mit verletzten Kindern teilt. Sam platziert heftige Einschläge ins Feld, wie aus heiterem Himmel. Sie hinterlassen typische Fingerkrater und einen verwüsteten Eindruck im Feld. Solche Einschläge stehen für real erlittene traumatische Ereignisse.

Ganz selten erlebe ich eine ganz besondere Art zu lachen bei einem Kind: Das scheinbar grundlose, unpassende und heitere Lachen von einem Menschen, der einfach nur froh ist, dass er noch lebt – wie bei Sam in seiner ersten Sitzung.

Bei komplex traumatisierten Kindern, also bei Kindern, die seelisch mehrfach verletzt sind, rechne ich mit Zurückschrecken vor dem Feld (den Ton nicht berühren können), mit Nicht-Gestalten-Können (wie es einem sehr viel jüngeren Kind entspricht, zum Beispiel dem Handlungsmuster von einem Baby), mit wilden Inszenierungen (ein Loch bohren und den Penis hineinstecken), mit Ton-Essen, Ton-Werfen, Tonschlicker-Schlürfen und ähnlichem.

Bei Sam bin ich überrascht davon, welches Kapital er mitbringt: einen starken Gestaltungswillen und die Kompetenz, Figuren nicht nur zu formen, sondern auch in Szenen mit ihnen zu spielen. Ich sehe plötzlich, dass der Junge sich gesund spielen kann. Dabei geht er mit heftiger Zerstörungswut vor. Das Alte muss vernichtet werden, damit aus Schutt und Asche neue Möglichkeiten entstehen können. Sam arbeitet unermüdlich. Etwas soll bleiben können. Es soll Dauer haben können, die er in seinem Leben noch nicht erfahren hat – und so dringend braucht.

An den Abenden fahre ich nach Hause und ziehe mich in mein Arbeitszimmer zurück. Dort lese ich etwas nach über das Stufenmodell der Entwicklung von Jean Piaget. Er war ein schweizer Pionier der Entwicklungspsychologie im zwanzigsten Jahrhundert.[6]

Nach Jean Piaget ist das Wissen, dass Dinge weiterbestehen, die vor unseren Augen verborgen sind, nicht angeboren. Kinder müssen es erst lernen. Diese Fähigkeit ist nicht selbstverständlich. Sie heißt Objektkonstanz.

▶[Im Modell der kognitiven Entwicklung nach Piaget beginnt die **Objektkonstanz** in der sensomotorischen Phase. Sie ist das Wissen eines Kindes, dass ein Gegenstand weiter existiert, auch wenn er gerade nicht wahrgenommen werden kann. Ohne Objektkonstanz verschwindet ein Objekt, das verdeckt wird, aus der Wahrnehmung.[7] Objektkonstanz meint auch das stabile innere Bild liebender und geliebter Personen in der Seele eines Kindes.]

---

[6]Carolin Duss: *Piagets Theorie der geistigen Entwicklung. Handeln als Ursprung des Denkens*. München: GRIN, 2010.
[7]Stangl, W. (2020). Stichwort: '*Objektpermanenz*'. Online Lexikon für Psychologie und Pädagogik. www: https://lexikon.stangl.eu/4298/objektpermanenz/ (2020-09-25).

Ohne Objektkonstanz erscheint es dem Verstand so, als würden Treppenstufen der Entwicklung nicht existieren. Wir müssten immer durch sie hindurchtreten, wie durch eine geisterhafte Erscheinung, also stolpern. Wir könnten nicht weiterkommen und wüssten nicht wieso. Das führt zu einem Wahrnehmungsproblem – logisch.

Ohne die Fähigkeit zu erkennen, dass Gegenstände dort bleiben, wo sie sind, können wir nicht erwarten, sie wieder vorzufinden. Nicht einen Ball, nicht etwas zu essen, wenn es mal im Kühlschrank verschwunden ist, nicht unser Geld und nicht unsere Mutter.

Die Objektkonstanz wächst mit der Bindung an eine geliebte Person. Sie kann auch verlorengehen. Man kann sie kaputtmachen, verhindern, zerlöchern oder schrumpfen. Wem das passiert ist, der kann sich auch wieder davon erholen. Vor allem dann, wenn das Problem keine hirnorganische Ursache hat. Kinder reparieren es beispielsweise in einem Spiel, das darin besteht, einen Gegenstand immer wieder zu zerstören und ihn wieder aufzubauen. Das lässt die Treppenstufe real wahrnehmbar werden, vielleicht die erste Leitersprosse für eine bestimmte altersgerechte Entwicklung. Oder die Fähigkeit, eine geliebte Person annehmen und behalten zu können, sich anhaltend an jemanden zu binden.

Wenn wir einem Kind die Gelegenheit geben, das Konzept von Dauer zu reorganisieren, wird es das tun. Dann kann es zum Beispiel in der Schule ohne seine Mutter im Klassenzimmer sitzen. Es beruhigt sich, wenn es getröstet wird. Es findet Anschluss unter Freunden. Denn die Treppenstufe ist jetzt sichtbar geworden – ein Kind setzt den Fuß, und sie trägt.

Ein geeigneter Gegenstand, um Objektkonstanz aufzubauen oder sie zu festigen, besteht aus formbarem Ton in einer Kiste. Das Tonfeld ist ein Feld der Zerstörung, der schöpferischen Zerstörung. Wenn ein Schreiner einen Tisch bauen möchte, dann meistens aus Holz. Dieses Holz war ein Baum, den jemand zerstört hat. Schöpferisch zerstört, das heißt erst musste etwas kaputtgehen, damit etwas Neues daraus entsteht.

Beim schöpferischen Zerstören erhalten wir uns selbst. Dieses Prinzip hat Sabina Spielrein beschrieben.[8] Diese kluge und schöne Frau war weltweit die erste, die mit einer psychoanalytischen Arbeit promovierte. Sie machte ihren akademischen Abschluss 1911. Sabina Spielrein inspirierte in der frühen Phase der Psychoanalyse sowohl Sigmund Freud als auch Carl Gustav Jung. Jean Piaget war von ihr beeinflusst – sie war seine Psychoanalytikerin. Auch in die Arbeit-am-Tonfeld-Philosophie ist Sabina Spielreins Einfluss einfühlsam verwebt.

---

[8]Sabina Spielrein: *Die Destruktion als Ursache des Werdens*. Sämtliche Schriften. Gießen: Psychosozial-Verlag, 2008.

Kinder spielen das Spiel *Weg-und-Da* mit unendlicher Geduld. Ein Gegenstand aus Ton wird zerstört und immer wieder neu gemacht. So lange, bis er bleibt, bis das Prinzip von Objektkonstanz, von Dauer, fest verankert ist. Damit ist das Ziel da und eine wichtige Entwicklung nachgereift.

Samuel hat dieses Spiel schnell begonnen. Er mischt es immer wieder geduldig in seine Aktionen im Tonfeldsetting. Dabei lässt er nichts aus. Nicht die Ideologie der Gewalt, die ihn beherrscht. Nicht die Frauenverachtung seiner alten Welt. Nicht das Austesten meiner Regeln im Feld. Nicht das Spalten der Beziehung zwischen seinen Mitmenschen (indem er Zwietracht sät, immer das, was der Andere tut, ist schlecht) und nicht die Frage: Wer hat die Macht?

Sam spielt unsägliche Gewalterlebnisse nach. Und er macht obszöne Gesten. Er richtet sexuelle Angebote an mich und antisoziale Forderungen. Er fletscht die Zähne in einem wutverzerrten Gesicht. Er grimassiert als würden Dämonen ihn beherrschen. Er stellt seine Probleme mit nächtlichem Einnässen dar. Er formt Angstgestalten mit dem Ton, aus denen ich schließen kann, dass er nachts auch Panikattacken und Albträume hat.

Sammy ist gepackt von den Reaktionen auf seine seelischen Wunden. Er bewegt abwechselnd Flucht, Kampf und Erstarrung in sich herum, aus sich heraus und in die Welt. Es ist leicht zu sehen, dass er ziemlich unter Strom steht. Er reagiert den Hyperarousal, eine Übererregbarkeit des Nervensystems nach großer Bedrohung, immer wieder mit schüttelnden Bewegungen ab.

Er setzt Posen auf von Gleichgültigkeit und Wut. Er bricht eine Regel nach der anderen. Im Tonfeld findet er den beruhigenden Rahmen, die Sicherheit einer festen erwachsenen Macht, die ihn erhält und beschützt. Ich gehe auf alle seine Zeichen von Angst bereitwillig mit schützenden Signalen ein. Ich bleibe gleichmütig. Ich gebe ihm das Gefühl von Sicherheit und mache es ihm dadurch leichter, die schwierige Zeit zu überstehen. Die Widerstandskraft hat er schon – jetzt muss sie noch zu etwas Gutem führen.

Die Antworten bestimmen mehr und mehr das Feld. Während ich Sam zuerkenne, dass er seine Träume verwirklichen kann. Die vitale, emotionale und soziale Stärke, die Sam über alle Sinne und über die Hand-Auge-Hirnachse einholt, kommt direkt auf sein Körperbild zurück. Das ist sein neu erobertes Können. Neue Möglichkeiten gehen auf. Er legt an, er reichert an, er addiert Stunde um Stunde: „Ich bin beschützt." „Ich bin in Sicherheit." „Die Schrecken fließen von mir ab, und sie haben keine Macht mehr über mich." Was Sam sozusagen auf Probe, in Probeläufen wiederholt, kann er direkt im Alltag umsetzen. Seine Betreuer beobachten den Fortschritt und sie haben ebenso ihre Freude daran wie ich.

Die erlebte, nein, die von Sam selbst eroberte Selbstwirksamkeit ist das Gegenmittel zu den Auslieferungserfahrungen, die ihn krank gemacht haben.

Jede wiederverformbare Figur kann zu einem Umkehrbild werden, an der eine Situation sich zum Guten wendet. In einem der Spiele formt Samuel einen Knubbel aus Ton. Ich sage: „Was ist das?" Er sagt: „Eine Ameise." Dann quetscht er sie rasch ganz flach. Ich sage: „Jetzt ist sie weg." Wir halten inne und betrachten die Stelle. Ich mag Pausen.

5.2 Transformation

Ich kann auch gut selbst welche machen. Lasse mich durch Sams Megapause nicht aus der Ruhe bringen. Wir erleben einen Moment, den die Zeit aus dem Zimmer gebissen hat. Sam verwandelt einen Schreckens-Baustein in eine neutrale Leerstelle. Er bewirkt etwas ... es gibt keine Ameisen mehr in seinem Leben – jedenfalls keine riesigen. In vielen solchen Mini-Transformationen lassen Kinder traumatische Erlebnisse zurück.

Vielleicht wird Sam nicht von allen Erinnerungen frei werden oder von den Ohrgeräuschen, die sich aufdrängen, ohne dass er es möchte. Aber er kann frei davon werden, dass sie über sein Leben und seine Chancen bestimmen. Der Krimiautor Harry Bingham steht mir sprachlich bei:

Und Sam ist in Sicherheit.

Und Sam ist in Sicherheit.

Er denkt an den Biss der tropischen Ameisen. Er sieht sich selbst, ans Bett gefesselt. Alles an ihm erinnert sich. Er fühlt die Angst. Er fühlt die Schmerzen. Aber er fühlt auch die Gewissheit, dass er wohlbehalten ist. Er hat überlebt. Er ist jetzt hier im normalen Leben und spielt mit seinen Freunden wie ein Kind spielt. Er war noch nie so stabil wie jetzt. Das Unheil war noch nie so weit weg.[9]

Sam begegnet einer Schlüsselszene seiner Geschichte. Er erlebt aufs Neue, was geschah, und was damals ungelöst geblieben ist. Das Erlebnis ist wie eine offene Frage, die hier und heute eine neue Antwort verlangt. Diese Offenheit kann Samuel nun schließen. Tonfeldtherapeuten sagen: erfüllte Gestalt. Oder optimale Gestalt.

Sam bestimmt nach und nach eine neue Geschichte. Er baut ein Haus. Er bestimmt es als sein Zuhause. Er richtet es ein. Ein starker Papa beschützt das Haus. Sam spielt, wie die kleinere Figur – sie repräsentiert ihn selbst – das sichere Haus betritt und darin lebt. Er atmet, geht zur Toilette, isst und schläft – die Bettdecke bis zur Nase hochgezogen. Wenn die kindliche Figur morgens vor die Tür tritt, bricht Sam auf in die Welt. Er wehrt dort Räuber ab und besiegt die Bösen. Wenn der kleine Junge im Spiel mit den Tonfiguren wieder heimgeht und zur Tür hereinkommt („Das bin ich!"), begrüßen ihn seine Eltern. Die Spielfiguren Mutter, Vater und Kind leben zusammen in ihrem Zuhause. Die Wände umschließen die Tonfiguren fest und sicher in einem Quadrat. Das ist ohne Frage die beste Position. Sam hat überlebt. Nun recycelt er im Tonlabor das, was er mitgebracht hat, sein Baumaterial, zu einem europäischen Lebensentwurf. Mit einer positiven sozialen Prognose.

Indem er in jeder Sitzung *standhält*, den Ton anfasst, damit seine Geschichte erzählt, seine Situation *erfasst*, kann er die Dinge nach und nach *einordnen* und damit das Erlebte *bewältigen*. Was er am eigenen Leib als gestillt erfährt, bleibt unvergesslich.

---

[9]Harry Bingham: *Fiona: Unten im Dunkeln*. Reinbek bei Hamburg: Rowohlt, 2019, Seite 570 f.

Was Samuel im symbolischen Spiel erforscht, wird ein natürlicher Teil seiner Kindheit und seiner Person. Wie zum Beispiel Eltern, so wie er sie gebraucht hätte. So kann er nicht nur Nähe in einem liebevollen Umfeld genießen. Sondern sein neuer Umgang bringt das Gelernte, die Transformation, ins tägliche Leben. Die Probeläufe, wie er etwas nach seinem Bedürfnis gestalten kann, machen ihn stärker. Sie machen ihn vollständiger und zufriedener.

Man könnte denken, dass der kleine Junge bis in alle Ewigkeit ohne Grund und Boden durch sein Leben treiben muss. Aber das stimmt nicht. Samuels Hände holen ihn zurück aus dem luftleeren Raum. Sie tragen ihn zurück in die Gemeinschaft der menschlichen Wesen.

Der direkte Kontakt und das nonverbale Vorgehen führen zum *Standhalten + Erfassen + Einordnen = Bewältigen.*

Die positiven Erfahrungen bewirken ein sicheres Gefühl für innere Ruhe und Gleichgewicht, Selbstvertrauen, bessere Beziehungen zu sich selbst und zu anderen Menschen, mehr Energie und weniger Ärger in der Schule und im Privatbereich. Die Erfahrung zeigt, dass Kinder und Jugendliche sexuelle Übergriffe bewältigen und die Folgen abstreifen. Sie tun es gern und sie tun es mit Hand und Fuß. Sie lieben haptisches Reframing. Wer durch liebende Hände gegangen ist, verändert sein Leben.

Momentaufnahmen auf Fotos aus der Therapie zeigen, wie es aussieht, wenn jemand diesen Weg mit Hand und Fuß geht. Jede der folgenden Szenen steht für einen neuen Selbstgewinn. Zum Beispiel indem jemand nach 3 Sitzungen so die eigene Unversehrtheit zurückerobert (Abb. 5.8) Es ist ein besonderes Erlebnis, sie bildlich und mit allen Sinnen zu empfinden. „Ich lege Unversehrtheit selbst an, ich sehe sie vor mir, und ich lasse sie so entstehen, so groß und klar, wie ich sie früher gebraucht hätte. So mache ich's! So bin ich wieder ganz."

Kinder organisieren inneren Schutz, indem sie in umhüllenden Räumen Halt und Geborgenheit nachholen. Auch innere Sicherheit kommt zurück, wo sie fehlte. Sicherheit und Schutz (Abb. 5.9) müssen sich nicht unterscheiden, sie können genauso auch miteinander, zusammen in einer einzigen Sitzung geschehen – gleichzeitig und ineinander verschränkt.

Manchmal fühlt ein Kind sich der Herausforderung nicht alleine gewachsen. Die Feinde, die ihm auf der Reise begegnen, die es erwarten kann, sind mächtig. Dann kann es Freundinnen oder Freunde zur Verstärkung einladen – als Verbündete (siehe Abb. 5.10).

Innere Sicherheit und innere Freiheit liegen ganz nah beieinander. Solche Befreiungen haben verschiedene Gesichter. Und auch verschiedene Nuancen. Ob ein Kind dann einfach standhält oder durch etwas hindurchgeht (Abb. 5.11), positive Aggressionen für die Ablösung nutzt (Abb. 5.12), einen Innenraum aufbricht,

5.2 Transformation

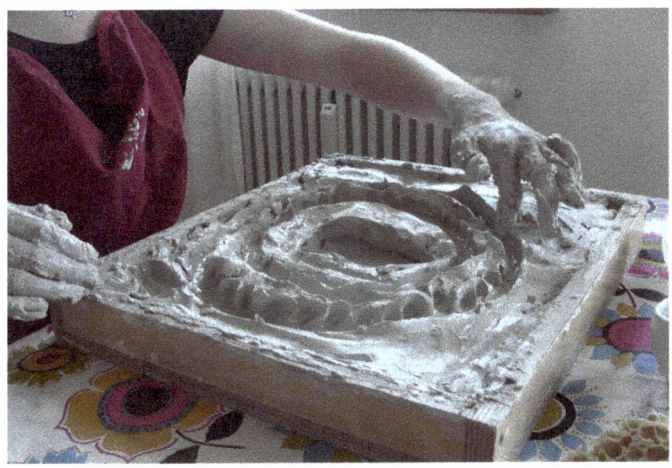

Abb. 5.8 Ein Mandala-Bild für die Seele. (© Andrea Brummack)

Abb. 5.9 Mit den Händen in Unterschlüpfen geborgen. (© Andrea Brummack)

Abb. 5.10 Gemeinschaftlich handeln. (© Andrea Brummack)

Abb. 5.11 Ein Kind durchschreitet ein Feld. (© Andrea Brummack)

5.2 Transformation

Abb. 5.12 Ein Kind setzt auf positive Aggression. (© Andrea Brummack)

oder ob jemand am Ende, auf der gegenüberliegenden Seite, einen Augenblick lang verharrt und sich besinnt und zurückblickt (Abb. 5.13) – die innere Freiheit entsteht nach und nach.

Abb. 5.13 Auf der anderen Seite angekommen. (© Andrea Brummack)

Literatur

Bingham, H.: Fiona: Unten im Dunkeln, S. 570 f. Rowohlt, Reinbek bei Hamburg (2019)
Bourdieu, P.: Das Elend der Welt. UTB, Stuttgart (2009)
Brett, D.: Ein Zauberring für Anna. Therapeutische Geschichten für Kinder von 3 bis 8 Jahren. iskopress, Salzhausen (2020)
Duss, C.: Piagets Theorie der geistigen Entwicklung. Handeln als Ursprung des Denkens. GRIN, München (2010)
Elbrecht, C.: Trauma healing at the clay field: A sensorimotor art therapy approach. Jessica Kingsley Publishers, London (2013)
Freud, S.: Gesammelte Werke, Band X, Erinnern, Wiederholen und Durcharbeiten. Fischer, Frankfurt a. M. (1991)
Spielrein, S.: Die Destruktion als Ursache des Werdens. Sämtliche Schriften. Psychosozial-Verlag, Gießen (2008)

Link

Stangl, S.: Objektpermanenz. Lexikon für Psychologie und Pädagogik. https://lexikon.stangl.eu/4298/objektpermanenz/. Zugegriffen: 25. Sept. 2020

Ebenfalls lesenswert

Bourdieu, B.: Politisches Feld und symbolische Macht. Gespräch mit Effie Böhlke. In Effie Böhlke und Rainer Rilling (Hrsg.) Bourdieu und die Linke. Politik – Ökonomie – Kultur, 263–270. Dietz, Berlin (2007)
Levine, P.A., Kline, M., et al.: Verwundete Kinderseelen heilen: Wie Kinder und Jugendliche traumatische Erlebnisse überwinden können. Kösel, München (2005)

Danke

In den vier Jahren, die ich gebraucht habe, um dahinter zu kommen, wie ich die Geschichten aus meiner Arbeit mit Kindern erzählen soll, haben mir viele Menschen geholfen.

Insbesondere danke ich Sonja Rauschenberger, die den Text in der Anfangszeit als Erste gelesen hat. Mit ihrer Hilfe habe ich 30 Jahre Erfahrung in der Jugendhilfe eingearbeitet.

Danke Dagmar für die Ko-Kreation mit ihren schöpferischen Zerstörungen, und für unsere Freundschaft, die alle überstanden hat.

Ich danke Heinz Deuser für alles, was ich von ihm über Arbeit am Tonfeld weiß. In Wirklichkeit ist es sehr viel mehr als Wissen.

Ich danke meiner Lektorin Sabine E. Rasch vom Textkontor Bremen. Ohne ihre Unterstützung wäre es nicht gegangen. Danke Ursula Breinl für die Illustration auf dem Bucheinband.

Ich danke dem Verlagsteam bei Springer für den hilfreichen Umgang und natürlich für die Veröffentlichung. Dem guten Stil von Heiko Sawczuk verdanken wir viel in diesem Text.

Unverzichtbar waren die Infos auf der Webseite von Andrew Vacchs und sein klares Vorbild.

Ich danke vielmals meiner Familie. Und allen anderen, die mir mit ihrer Liebe geholfen haben. Mit Zeit, mit Kritik, mit Fragen oder mit einem großem Glauben an diesen Text, den ich manchmal selbst verloren hatte. Danke Micha Schöller … das war bestärkend. Danke Martina. Danke Hama.

Danke an die Schriftsteller, in deren Fußstapfen ich gegangen bin. Und Herbert. Niemand anders kann mich dermaßen zum Lachen bringen, so ermutigen und mir so ans Herz greifen.

Schreiben ... lesen ... ein Buch ist ein Ritt. Danke, dass Sie mitgekommen sind. Es ist eine Ehre für mich.

Leben ist Geben. Vielleicht sind Sie reich, oder mächtig, und Sie möchten etwas dafür tun, dass missbrauchte Kinder ein normales Leben haben. Sie sind herzlich willkommen.

Und falls Sie einen eigenen Hilfsfonds für vergewaltigte Kinder und Frauen gründen möchten, habe ich eine Idee. Schreiben Sie mir!

Die Mini-Farm

Informationen für Menschen, die Verantwortung für verletzte Kinder haben.

A Wenn ein Kind sich mir anvertraut ...

1. ...dann reagiere ich ruhig und überlegt. Heftige Reaktionen belasten Kinder und lassen sie meistens verstummen.
2. Ich umsorge und pflege das verletzte Kind. Ich schenke ihm Trost.
3. Ich schütze das Kind vor jedem Kontakt mit dem Täter.
4. Ich höre zu. Aufmerksam und geduldig.
5. Ich lasse alle Vorwürfe beiseite, auch wenn das Kind sich mir erst spät anvertraut. Es ist eine große Sache, das Schweigen zu brechen und sich jemandem zu öffnen.
6. Ich anerkenne den Mut und die Kraft, die es kostet, Hilfe zu holen.
7. Ich stelle nur offene Fragen über den Ablauf. In einem ruhigen Tonfall. („Und was ist dann passiert?" „Was hat er oder sie dann gemacht?") Ich gebe keine Details vor.
8. Ich akzeptiere es, wenn ein Kind nicht weitersprechen will. Bohrende Fragen nach Einzelheiten lasse ich weg.
9. Ich stelle sachlich fest, dass die Taten unrecht, krass, schmerzhaft waren.
10. Ich nehme die Aussagen des Kindes als wahr an – auch dann, wenn sie mir unlogisch vorkommen. Dieses Vertrauen stärkt mein Kind. Denn es braucht mich neutral und auf seiner Seite.
11. Ich verspreche nur, was ich halten kann.

12. Ich vertraue auf meine Intuition.
13. Die Verantwortung für einen sexuellen Übergriff trägt der Täter, niemand anderes. Diese Tatsache spreche ich in geeigneten Momenten aus.
14. Ich gehe davon aus, dass das Kind oder der Jugendliche alles richtig gemacht hat.
15. Ich nehme Abstand vom Wunsch nach drastischen Strafen. Sonst können Kinder und Jugendliche mir nicht weiter vertrauen. Das Thema Strafe ist für das Kind erst viel später hilfreich.
16. Ich gehe davon aus, dass ich Boden unter den Füßen verloren habe. Auch dann, wenn ich es nicht spüre.
17. Ich mache mich darauf gefasst, dass ich meine ganze erwachsene Eltern-Kraft zusammennehmen muss. Ich werde vermutlich an die Reserven gehen.
18. Ich errichte geduldig ein Fundament der inneren Stärke – mit allem, was mir gut tut. Ich kann auftanken: Vitalität, Kreativität und ein sicheres Gefühl für innere Ruhe und Gleichgewicht.
19. Ich kann Fachleute fragen. Ich orientiere mich an Vorbildern.
20. Ich schließe mich mit vertrauenswürdigen Menschen zusammen. Je mehr Rückhalt ich habe, desto leichter kann ich für ein Kind da sein.

B So geben Sie Kindern einen sicheren Rahmen

Kinder und Jugendliche haben gute Chancen, sexuelle Übergriffe zu verarbeiten – ohne Langzeitfolgen. Wenn wir ihnen glauben, wenn wir sie vor weiteren Übergriffen schützen und wenn sie die notwendige Hilfe bekommen. Die folgenden Hilfestellungen unterstützen Sie dabei, ruhig und kindgerecht zu handeln:
1. Es ist normal in dieser Situation, wenn ein Kind massive Auffälligkeiten zeigt. Viele Kinder leiden unter den seelischen Folgen von Missbrauch und Gewalt. Sie haben Ängste, Schreianfälle, Panikattacken und Albträume. Sie zeigen Freudlosigkeit, Aggressivität, Babyverhalten, Babysprache, körperliche Reaktionen und Ekelreaktionen wie Würgen, Krampfen oder Krümmen.

Während einiger Zeit „... werden Kinder wahrscheinlich Anzeichen von Stress zeigen. Vielleicht haben sie Konzentrationsschwierigkeiten in der Schule; vielleicht werden sie auf dem Sportplatz ungeschickt und verlieren ihren Platz in der Mannschaft; sie können grantig gegen ihre Freunde werden oder Ängste und Phobien entwickeln. Wenn das passiert, helfen Sie Ihrem Kind, indem Sie mit ihm darüber sprechen, wie Stress unsere Konzentration beeinflusst, so dass wir uns nicht mehr kraftvoll und selbstsicher fühlen. Beruhigen Sie Ihr Kind, indem Sie ihm erklären, daß die nachlassende Konzentration nicht bedeutet, dass es dumm wäre, dass seine Ungeschicklichkeit nicht heißt, dass es ein Klotz ist, und dass seine Ängste es nicht zum Baby machen. Lassen Sie das Kind wissen, dass es anderen Kindern in Zeiten von Stress genauso geht. Die meisten von uns können sich an Zeiten von Stress erinnern, wo unser Verhalten so aus dem Rahmen fiel, dass wir dachten, wir würden „verrückt". Welch eine Erleichterung war es herauszufinden, daß es nur Stresssignale waren und nicht Verrücktheit oder irgendeine eigenartige degenerative Krankheit."[1]

2. Einige Kinder und Jugendliche leiden phasenweise unter schmerzhaften Körper-Erinnerungen. Dazu gehören Kopf- und Gliederschmerzen, Bauchweh, Fieber, Schüttelfrost und Lähmungen. Medizinisch ist oft keine Ursache festzustellen. Kinder brauchen dann liebevolle Pflege – ähnlich wie nach einer Operation oder nach einem Unfall.
3. Einige Kinder wechseln zwischen symptomreichen und symptomfreien Zeiten. Oder sie wirken im Elternhaus sehr belastet, in der Schule oder im Kindergarten aber normal – oder umgekehrt. Diese Information brauchen Sie für den Austausch mit Ihrem Umfeld. Möchten Sie jemanden einweihen, oder lieber nicht? Mit wem können Sie sich zusammenschließen zu einer heilsamen Gemeinschaft? Wen möchten Sie mit einbeziehen?
4. Falls ein verletztes Kind Unruhe, Traurigkeit oder Wutausbrüche zeigt, achten Sie darauf, was kurz vor diesen Stimmungsschwankungen geschehen ist. Notieren Sie alles.
5. Das volle Gewicht der Geschehnisse wird oft erst später deutlich, nach Wochen oder Monaten.
6. Reagieren Sie mit Sachlichkeit, wenn ein Kind Einzelheiten über die belastenden Ereignisse erzählt. Zum Beispiel: „Das hat weh getan, ... das war wirklich doof für dich. Ich bin jetzt bei dir."

7. Körperliche Reaktionen und Gefühlsschwankungen können Sie ebenfalls sachlich kommentieren. Zum Beispiel: „Vielleicht ist dir kalt, weil du wieder daran denkst. Es ist jetzt vorbei."
8. Viele Kinder verlieren sich immer mal wieder in schmerzhaften Erinnerungen. Sie wirken abwesend, schauen „durch einen durch" oder mit einem Tunnelblick vor sich hin. Unterbrechen Sie sanft diese Zustände. Ist ein Kind trotz ruhiger, klarer Ansprache schwer erreichbar, so hilft manchmal Singen, eine leichte Berührung, Ablenken oder Bewegung.
9. Akzeptieren Sie es, wenn ein verletztes Kind zunächst bestimmte Situationen vermeidet. Helfen Sie ihm jedoch, dieses Verhalten schrittweise wieder aufzugeben – behutsam und seiner eigenen Zeit angemessen.
10. Wir alle wünschen uns Sicherheit. Gewohnheiten spenden Sicherheit, weil sie uns vertraut sind. Geben Sie dem Kind Orientierung mit einer klaren, beständigen Tagesstruktur.
11. Ein verletztes Kind wünscht sich einen normalen Alltag. Es möchte keine mitleidigen Blicke und es braucht keine Zuweisung in die Rolle als Opfer. Es tut ihm so gut wie Ihnen, wenn es herzhaft lachen kann.
12. Setzen Sie weiterhin altersentsprechende Grenzen. Klare Regeln geben Halt. Trauen Sie einem Kind ruhig Disziplin zu, „in ihrer gerechten, gleichmäßigen und beständigen Form"[2], und natürlich auch ihre langweiligen und mühsamen Seiten. Angemessene Regeln, wie Pünktlichkeit oder Zuverlässigkeit, geben Sicherheit. „Wir halten Verabredungen ein." „Wir gehen freundlich und ehrlich miteinander um." Es kann auch sein, dass Sie ein Kind davor schützen müssen, sich selbst oder andere aufgrund unverarbeiteter Gewalterfahrungen zu verletzen.
13. Es hilft einem Kind, wenn Sie unterscheiden: mein Kind *war* Opfer von Gewalt, aber das *ist* es nicht mehr.
14. Die erlebte Hilflosigkeit ruft immer wieder neurotische Dramen auf. Diese Dynamik ist zwar unlogisch und eher unbewusst, aber sie funktioniert so ähnlich wie ansteckende Krankheiten. Plötzlich konkurrieren die Erwachsenen miteinander um Aufmerksamkeit. Auf einmal stehen Fragen im Raum wie: „Bin ich gut genug?" „Wer ist die bessere Mutter?" oder: „Wer hat jetzt Recht? Wer kann besser helfen?" Diese Fragen und die Gefühle, mit denen Sie dann angesteckt sind, wie vielleicht Angst, Verachtung oder Feindseligkeit, helfen wirklich keinem. Vor allem: Es geht nicht mehr ums Kind und darum, wie es aus der Not heraus kommt. Finden Sie Wege aus dieser Falle.

15. Es liegt nahe, dass Menschen vergleichen. Es hilft aber nicht aus der Misere. Mit einer Hierarchie des Leidens ist niemandem gedient.
16. Vermeiden Sie allzu häufige Problemgespräche, mit denen Sie sich im Kreis drehen. Es unterstützt weder Sie noch Ihr Kind, wenn sich alles nur noch um sexuellen Missbrauch dreht.
17. Wenn die Übergriffe in einer Institution stattgefunden haben, so prüfen Sie, ob die Fachkräfte dort den Schutz ab jetzt sicherstellen können. Ein wichtiger Punkt ist beispielsweise, dass sie bereit sind, mit einer Fachstelle zusammenzuarbeiten.
18. Setzen Sie auf Weitblick. Langsam und stetig ist wirkungsvoll. Wenn es geht, nehmen Sie Zeitdruck raus.
19. Falls Sie an eine Strafanzeige denken: Gehen Sie nur vor Gericht mit sicherem Rückhalt (Familie, Freunde, Anwalt, Therapie und Beratung). Darum empfehle ich Ihnen, zuerst bei einer unabhängigen Fachstelle gegen sexuelle Gewalt nachzufragen. Die Informationen und die Beratung sind kostenlos. Die Strafanzeige sollte gut vorbereitet sein. Am besten mit einer klaren Strategie. So kann der Missbraucher leichter überführt werden. Ein wichtiges Ziel ist, zu vermeiden, dass er mangels Beweisen freigesprochen wird. Die unabhängigen Fachberater kennen sich auf ihrem Gebiet aus und können Ihnen helfen, eine Strategie zu erarbeiten. Sie kennen die Grenzen und auch die Fallen, die am meisten Kraft kosten. Die Lücken unserer Rechtsprechung können Kinder sehr hart treffen und ihnen den Boden unter den Füßen wegziehen.
20. Traumafachberater können Ihnen schon in wenigen Gesprächen Möglichkeiten aufzeigen, wie Sie bei sich selbst Fantasien über den Ablauf der Tat oder belastende Erinnerungen stoppen.
21. Manchmal ist es für Kinder schwierig, ihre Gedanken und Gefühle in Worte zu fassen. Ermuntern Sie sie, sich anders auszudrücken. Auch wenn Kinder ihre Ängste nicht sofort in Worte fassen können, vielleicht können sie etwas davon malen oder zeichnen. Künstlerische Arbeiten von Kindern geben Einblick in ihre innersten Gedanken und Gefühle.[3]
22. Tauschen Sie sich mit Menschen Ihres Vertrauens aus. Einfach nur, weil es zusammen leichter geht.
23. Richten Sie eine Schlafroutine mit festen Zeiten ein.
24. Denken Sie abends vor dem Einschlafen für einen Moment an die schönen Erlebnisse des Tages zurück. Malen Sie sich aktiv eine glückliche und gesunde Zukunft aus. Wenn Sie möchten, können Sie noch einen

Schritt weiter gehen und jeden Abend eine feste, fürsorgliche Extra-Zeit einrichten. „Eine besondere Zeit für Sie und Ihr Kind zu finden in einer liebevollen, unterstützenden Atmosphäre ist eines der größten Geschenke, das Sie Ihrem Kind machen können."[4] Ein weiterer Schritt, wenn Sie hohe Ideale haben: Erzählen Sie Ihrem Kind eine therapeutische Geschichte – wie die Kindertherapeutin Doris Brett. Entweder frei nach Ihrer Fantasie, nach einer Idee von Doris Brett oder genau nach der Vorlage. Die Geschichten haben alle ein positives Ende, das betont: „Wenn auch die Geschehnisse schmerzhaft und traumatisch sind, so kann man sie doch überwinden und zum Licht auf der anderen Seite des Tunnels gelangen."[5]

25. Spielen Sie schöne Musik und lesen Sie eine Gute-Nacht-Geschichte vor. Lassen Sie ein angenehmes Nachtlicht brennen.

Die Mini-Farm ist bis hier zum Teil angeregt von der Fachstelle *Zartbitter*.[6]

Mit drei Übungen der Selbstfürsorge schließe ich die Mini-Farm. Wenn Sie möchten bauen Sie Selbstfürsorge in den Alltag ein.

Selbstfürsorge

1. Drei gute Dinge: Für diese Übung schreiben Sie am Ende des Tages drei Dinge auf, für die Sie heute dankbar sind. Diese Übung kann einen Wechsel der Perspektive bewirken und die Aufmerksamkeit hin zu den positiven Aspekten des eigenen Lebens verschieben.[7]

---

[1]Doris Brett: *Ein Zauberring für Anna. Therapeutische Geschichten für Kinder von 3 bis 8 Jahren*. Salzhausen: iskopress, 2020, Seite 138 f.

[2]Doris Brett: *Ein Zauberring für Anna. Therapeutische Geschichten für Kinder von 3 bis 8 Jahren*. Salzhausen: iskopress, 2020, Seite 140.

[3]Doris Brett: *Ein Zauberring für Anna. Therapeutische Geschichten für Kinder von 3 bis 8 Jahren*. Salzhausen: iskopress, 2020, Seite 132.

[4]ebenda, Seite 154.

[5]ebenda, Seite 155.

[6]Ursula Enders: *Ein Kind wurde sexuell missbraucht. Was kann ich tun?* Broschüre erhältlich bei www.zartbitter.de, 2010.

[7]Emmons, R. A., & McCullough, M. E. (200Counting blessings versus burdens: An experimental investigation of gratitude and subjective well-being in daily life. Journal of Personality and Social Psychology, 84, S. 377–389 in Judith Mangelsdorf: Posttraumatisches Wachstum https://link.springer.com/article/10.1007/s11620-020-00525-5 zugegriffen am 08.09.2020.

2. Vier Abend-Fragen: In einer anderen Version von einem Tagesrückblick lohnen sich die vier Fragen:

1. Was hat mir heute Freude bereitet?
2. Wofür und wem kann ich heute dankbar sein?
3. Wo habe ich mich heute lebendig gefühlt?
4. Welche Stärken konnte ich heute ausleben?[8]

3. Miniurlaub: Diese Technik kann ausgleichend wirken. Denn positive Emotionen bilden ein Gegengewicht zu der anstrengenden seelischen Arbeit, die man mit den Folgen von sexueller Gewalt hat. Machen Sie eine Liste von Aktivitäten, die Sie als wohltuend erleben. Dann reservieren Sie ein tägliches Zeitfenster. Der *Miniurlaub* besteht darin, dass Sie eine dieser Aktivitäten wahr machen. So unterstützen Sie positive Emotionen, und das kann ein Schlüssel für posttraumatisches Wachstum sein.[9]

---

[8] Ebner, M. (2017): *4-Evening-Questions: Eine einfache Technik mit tiefgreifender Wirkung. Organisationsberatung, Supervision, Coaching,* 24, 269–282, in Judith Mangelsdorf: *Posttraumatisches Wachstum* https://link.springer.com/article/10.1007/s11620-020-00525-5 zugegriffen am 08.09.2020.

[9] ebenda.

GPSR Compliance
The European Union's (EU) General Product Safety Regulation (GPSR) is a set of rules that requires consumer products to be safe and our obligations to ensure this.

If you have any concerns about our products, you can contact us on

ProductSafety@springernature.com

In case Publisher is established outside the EU, the EU authorized representative is:

Springer Nature Customer Service Center GmbH
Europaplatz 3
69115 Heidelberg, Germany

www.ingramcontent.com/pod-product-compliance
Lightning Source LLC
LaVergne TN
LVHW020331260326
834688LV00037B/982